Georg Landau
Die hessischen Ritterburgen und ihre Besitzer

Dritter Band

Hrsg. von Dieter Carl
Vellmar 2000

Dieter Carl (Hrsg.):
Die hessischen Ritterburgen und ihre Besitzer
von
Georg Landau
Dritter Band
Faksimile-Nachdruck der Ausgabe von 1836
Verlag: Historische Edition Dieter Carl GbR
Vellmar 2000
Alle Rechte vorbehalten
Herstellung: Druckwerkstatt Bräuning + Rudert, Espenau
Printed in Germany
ISBN 3-9806580-5-8

# Die hessischen Ritterburgen und ihre Besitzer,

## von G. LANDAU.

### 3.r Band,

Mit 3 lithographirten Ansichten und 4 Geschlechtstafeln.

Der Steckelberg.

---

### CASSEL,
Verlag von J. J. Bohné.
1836.

Lith. v. G. Francke in Cassel.

Eisenbuck.

# Vorwort.

Nur der Wunsch, meine Materialiensammlung erst zu einem höheren Grade von Vollständigkeit zu bringen, hat das Erscheinen dieses Bandes so lange verzögert. Wenn auch das kurhessische Haus- und Staatsarchiv, welches ich schon bei den früheren Bänden, vorzüglich beim zweiten, benutzen durfte, eine fast unerschöpfliche Quelle darbietet, so enthalten doch auch die übrigen Archive des Landes noch einen so reichen Schatz von Beiträgen zur Geschichte unseres Adels, daß auch deren Benutzung für mich eine höchst angelegentliche Sorge werden mußte. Ich fühle mich deßhalb auch zu besonderem Danke verpflichtet, daß kurfürstliches Ministerium des Innern mir nicht nur den Zutritt zu allen vaterländischen Archiven gestattet, sondern mich auch in den Stand gesetzt hat, dieselben genauer kennen lernen und mit größerer Muße gebrauchen zu können. Einen nicht unansehnlichen Beitrag lieferte mir auch das geheime Staatsarchiv zu Darmstadt, welches mir zu diesem Zwecke mit hoher Genehmigung geöffnet wurde.

Auf diese Weise wurde es mir möglich, die Geschichte der in dem vorliegenden dritten Bande vorkommenden Burgen und Geschlechter vollständiger und umfassender liefern zu können, als mir dieses in den frühern Bänden möglich gewesen ist. Indessen liegt es in der Natur der Sache, daß eine wirkliche Vollständigkeit in solchen Familien- und Ortsgeschichten nie erreicht werden kann und sich selbst Irrthümer bei der Menge der auftretenden Personen wohl nie ganz vermeiden lassen. Aber noch schwieriger ist es, die lange Reihe archivalischer Notizen auf eine nicht allzuermüdende Weise vorzutragen und dieselben zu einem lebendigen Ganzen zu gestalten. Ich fühle in dieser Hinsicht meine Schwäche und nehme deshalb die besondere Nachsicht der Leser in Anspruch.

Auch in Beziehung auf die Mittheilung solcher Thatsachen, welche den handelnden Personen nicht zur Ehre gereichen, bedarf es wohl einer Erklärung von meiner Seite, weil es sich zum Theil um Familien handelt, welche noch in unserm Lande blühen und von deren jetzt lebenden Mitgliedern mich mehrere mit ihrem Wohlwollen beehren. Mein Zweck ist keineswegs, vorzugsweise das Auffallende und Gehässige aufzuspüren und zu veröffentlichen, sondern das urkundlich und aktenmäßig feststehende Treiben und Wirken der einzelnen Familien, welches bereits größtentheils der Vergessenheit anheimgefallen schien, möglichst genau darzustellen, um den künftigen Geschichtsschreiber in den Stand zu setzen, ein wahres Bild von der Vorzeit und dem Leben und Treiben der Gesammtheit aufzufassen und wiederzugeben.

Leider ist durch willkürliche Auslassungen und Verschönerungen manches Zeitalter zu einem der Wahrheit wenig entsprechenden Glanze gelangt, während anderen der Vorwurf einer traurigen Barbarei herkömmlich zu Theil zu werden pflegt. Es ist nach meiner Ueberzeugung eine heilige Pflicht des Geschichtsforschers, diese Einseitigkeiten zu bekämpfen und die einer jeden Zeit eigenthümlichen Fehler und Vorzüge zu ermitteln und in die Jahrbücher der Geschichte zu verzeichnen. Der Wunsch, nur Gutes von seinen Vorfahren zu hören, ist jedem Menschen zu natürlich, als daß eine entgegengesetzte Nachricht uns nicht unangenehm berühren könnte; aber welche Familie kann sich rühmen, von den allgemeinen Gesetzen menschlicher Schwäche eine Ausnahme zu machen? Und wer wollte sich wohl die Verdienste seiner Vorfahren persönlich zurechnen, oder für deren Vergehen sich selbst verantwortlich halten? Nur die thatenlosen, der Vergessenheit anheimgefallenen Geschlechter haben von der Geschichte nichts zu fürchten, aber auch nichts zu hoffen, über alle übrigen schwingt dieselbe ihre Fackel und übt als Nemesis ihre unverjährbaren Rechte.

Kassel, im August 1836.

G. Landau,
Archivar am kurheff. Haus- und Staatsarchive.

## Inhaltsverzeichniß.

|  |  | Seite |
|---|---|---|
| I. | Biedenkopf | 1 |
| II. | Helfenberg | 9 |
| III. | Wolkersdorf | 29 |
| IV. | Falkenberg | 29 |
| V. | Tannenberg, mit einer Ansicht und einer Stammtafel | 101 |
| VI. u. VII. | Steckelberg und Stolzenberg, mit einer Ansicht (s. d. Titelvignette) und einer Stammtafel | 187 |
| VIII. | Stauffenberg, mit einer Ansicht, | 187 |
| IX. u. X. | Eisenbach und Wartenberg, mit einer Ansicht und einer Stammtafel | 357 |

# I.
## Biedenkopf.

Fünf Jahrhundert sind entflohen, seit ein Hessenfürst mich baute,
Und zum ersten mal ich nieder zu dem grünen Thale schaute.
Ringsum hat die Zeit gerichtet und mit mächt'ger Hand gewaltet,
Im Zerstören wieder schaffend eine neue Welt gestaltet.
In des Lebens Jugendkreise fühle ich des Alters Wehen,
Während jener Berge Häupter, die mich einstens sah'n entstehen,
Immer noch in Jugendfrische durch ein ew'ges Wiederzeugen,
Trotzend jedes Sturmes Wüthen ihrer Wälder Wipfel beugen;
Während rings um mich nichts altert, alles ew'ges Leben heget,
Und im stets erneuten Daseyn goldne Jugendflügel reget,
Steh' ich öde und veraltet, abgestorben für das Leben,
Denn der Mensch kann seinen Werken keine ew'ge Jugend geben.

## 1.

## Biedenkopf.

In dem großherzoglich-hessischen Kreise Battenberg, drei Stunden südlich von der Kreisstadt, erhebt sich im Lahnthale (820 par. Fuß über die Meeresfläche) ein hoher freistehender Kegelberg mit dem Schlosse Biedenkopf, an dessen südlichem Fuße sich das gleichnamige gewerbfleißige Städtchen anlehnt. Ein an dem bewaldeten nördlichen Abhange aufsteigender Fahrweg führt zur Burg. Diese besteht aus einem länglichen Viereck, dessen Südseite größtentheils durch das zweistöckige massive Schloßgebäude gebildet wird. Der auf dem Hofe angebaute Treppenthurm ist nicht mehr im Gebrauche, und eine neben demselben angebrachte Pforte führt in das leere Innere, welches jetzt zu einem Fruchtspeicher benutzt wird und nichts darbietet, was eine nähere Erwähnung verdiente. Auf der Westseite der Ringmauer, welche an der nordöstlichen und südwestlichen Ecke des Schloßgebäudes sich demselben anschließt, befindet sich in der Mitte ein runder Thurm, aus Bruchsteinen erbaut, zu dessen in der Hälfte seiner

Höhe befindlichem Eingange man aus dem Schlosse auf einem Umgange der Mauer gelangt. Rechts und links von diesem Thurme zieren die Ecken der Ringmauer kleine, jetzt zum Theil verfallene, Erkerthürmchen. Dieses ist das Schloß mit seinen innern Befestigungswerken, welche noch durch eine zweite äußere Mauer rings umschlossen werden. Ein Graben scheint nicht vorhanden gewesen zu seyn.

Die Aussicht ist durch die umliegenden zum Theil höhern Berge sehr beschränkt. Südlich blickt man auf die Stadt und das romantische Lahnthal hinab bis gen Eckelshausen; östlich sieht man die Ludwigshütte und das Schloß Witgenstein.

Als eine Regel, welche nur wenige Ausnahmen leiden möchte, läßt es sich feststellen, daß diejenigen Bergschlösser, welche unter sich, entweder am Fuße oder am Abhange des Berges, eine Stadt oder ein Dorf haben, erst durch ihre Erbauung die Veranlassung zur (meistens allmähligen) Entstehung jener gegeben haben. Auch mit Biedenkopf wird dieses der Fall gewesen seyn. Aber die Zeit der ersten Erbauung des Schlosses und der Stadt sind eben so unbekannt, als der Name ihrer Begründer. Biedenkopf, ursprünglich und noch bis zum 17. Jahrhundert Biedenkap geschrieben, wird zuerst in der Schrift von den Wundern der h. Elisabeth, obgleich sehr entstellt (Biedentamp), genannt.[1]) Erst im Jahre 1296 lernen wir urkundlich Biedenkopf als einen den Landgrafen zuständigen Ort kennen. Damals, erzählen die Chronisten, habe Landgraf Heinrich I. seinem Sohne Otto dasselbe zum Wohnsitze gegeben, und dieser habe die Burg, welche anfänglich auf der entgegengesetzten Seite des Berggipfels gelegen, auf der Stelle, welche sie jetzt einnimmt, erbaut. ²) Dasselbe erzählen Volkssagen, nach denen auch die Stadt verlegt wurde. Zu des letztern Bestätigung zeigt man auf der Nordseite des Berges die ehemalige Stelle derselben, welche noch jetzt die Altestadt genannt wird.

Im Jahre 1304 wird das Thal Biedenkopf zuerst als Stadt genannt. ³) Später 1311 erhielt beide, Burg und Stadt, mit einem großen Theile von Oberhessen Landgraf Heinrich's I. Sohn, der Bischof Ludwig von Münster, zu lebenslänglicher Nutzniesung, als eine Abfindung von den väterlichen Landen. 1316 erklärte derselbe, daß sein Bruder Otto Biedenkopf mit 2400 Mark Pfenn. von ihm lösen möge. Dieses geschah jedoch erst 1353 durch Heinrich II. und seinen Sohn Otto, welche das Geld zur Ablösung der Aemter Biedenkopf und Marburg von Wigand v. Sichertshausen und Johann v. Breidenbach entnahmen, und diesen beide Aemter als Pfand einsetzten. 1357 wurde der Pfandvertrag erneut und nicht allein der alte Pfandschilling um 1000 fl. erhöht, sondern auch Burg und Stadt Biedenkopf nebst den Gerichten Dautphe und Dexbach für 11,205 fl. verschrieben; jene 1000 fl. sollten an die Gebäude der Burg verwendet werden. Dieser Bau muß beinahe einem Neubaue gleichgekommen seyn. 1360 wurden von Neuem 1486 Mark Pf. aufgeschlagen, welche der Landgraf an Johann v. Breidenbach schuldete;

desgleichen 1365 nochmals 500 Goldgulden. Der sicherts=
hausensche Theil kam 1385 an Kraft v. Hatzfeld und später
an Ludwig Schenk zu Schweinsberg. Nachdem Landgraf
Ludwig denselben 1428 durch Tausch wiederum an sich ge=
bracht, schloß er mit den v. Breidenbach, welche zwei
Drittheile besaßen, einen Burgfrieden. 1433 betrug der
breidenbachsche Pfandschilling 4533 fl. Philipp v. Breiden=
bach, der um diese Zeit in den Diensten des Grafen Johann
von Ziegenhain eine Niederlage erlitten, mußte seinem
Schwager Gottfried v. Hanxleden, der ihn unterstützt und
gleiches Schicksal mit ihm gehabt hatte, mit 1000 fl. ent=
schädigen, welche er ihm auf Biedenkopf verschrieb. Doch
schon 1434 löste der Landgraf den breidenbachschen und
1435 auch den hanxledenschen Theil wieder an sich.

Ehe ich weiter fortfahre, kehre ich erst zu den land=
gräflichen Amtleuten und Burgmannen auf Biedenkopf
zurück. Bereits 1283 erscheint Ritter Heccehard als Burg=
graf. 1304 findet man zuerst die v. Breidenbach im
Besitze eines Burgmannslehns, welches sie auch bis zu
den neuern Zeiten behielten. 1334 war Sifried v. Bieden=
feld zugleich Amtmann und Burgmann; als Burgmannen
werden ferner genannt: die Döringe, die v. Buchenau,
die v. Melsbach ꝛc., desgleichen die v. Hohenfels. Von
1353 bis 1365 tritt der Pfandbesitzer Johann v. Breiden=
bach auch zugleich als Amtmann auf. Als 1396 mit
Krieg v. Buchenau dessen Geschlecht erlosch, kam dessen
Burgmannslehn durch Ganerbschaft auf die v. Linden.
Später finden sich auch die v. Bicken als Burgmannen.

Im Jahre 1446 verschrieb Landgraf Ludwig I. für Anna, die Gattin seines Sohnes Ludwig, Biedenkopf zum Witthume. 1462 wurde Arnold v. Breidenbach zum Amtmann bestellt. Er sollte einen Schreiber halten, so wie einen Knecht, um das Wasser auf die Burg zu führen, als Besoldung erhielt er jährlich 8 Mlt. Korn, 24 Mlt. Hafer, 3 Kühe, 3 Mastschweine, 6 Hämmel, 6 Gänse, 50 Fastnachts= und Michelshühner, den Salzzoll in der Stadt Biedenkopf, 20 fl. für Trank, Kost und Beschlag, 3 Wagen Heu und Streuzeug („Strauwesal") für seine Pferde, und einen Garten hinter dem Haine. 1469 be= stellte Landgraf Heinrich III. seinen geheimen Rath Johann v. Hatzfeld, Herrn zu Wildenberg, auf 10 Jahre zum Amt= mann zu Biedenkopf. 1489 folgte Wilhelm d. J. v. Breidenbach als lebenslänglicher Amtmann; dieser sollte 4 reisige Pferde, 2 Knechte und 1 Knaben halten; da= gegen wurden ihm jährlich ausgesetzt 20 Goldgulden, 20 Mlt. Korn, 60 Mlt. Hafer, 12 Mlt. Gerste, 8 Kühe, 10 Häm= mel, 60 Hühner, 6 Schweine, 6 Wagen Heu, das Fisch= wasser vor Biedenkopf und das nothwendige Brennholz und Stroh. 1503 findet sich Johann v. Breidenbach als Amt= mann, desgleichen 1528 Hermann Rumpf. Später wurde Biedenkopf wieder verpfändet. Im Jahre 1527 er= hielt dasselbe Wilhelm v. Sayn, Graf zu Witgenstein und Herr zu Homburg, von dem es 1551 wieder abgelöst wurde. Diesem folgte Anton v. Wersabe, von dem es Landgraf Philipp im Jahre 1565 mit 8520 Goldgulden (9418 Thlr. 21 Alb. 6 Pf.) einlöste. Von nun an blieb

Biedenkopf im unmittelbaren Besitze der Landgrafen. Als 1611 die Pest in Oberhessen wüthete, hatte man die Regierung von Marburg nach Kirchhain verlegt, als sie aber auch hier ausbrach, zog sich im Oktober d. J. die Regierung in das bergige Hinterland zurück und schlug ihren Sitz zu Biedenkopf auf.

Im Jahre 1543 bestand das Geschütz zu Biedenkopf aus 4 messingenen Hacken und 4 messingenen kleinen Stielhacken. Im 30jährigen Kriege hatte das Schloß und die Stadt mancherlei Schicksale, und der oft wechselnde Besitz brachte namentlich der letztern großen Schaden.

Das Bild, welches das Schloß im Anfang des 17. Jahrhunderts gab (s. Dillich und Merian), ist noch jetzt ziemlich dasselbe; doch sind die damals vom Schlosse nach der Stadt herablaufenden Mauern nur noch in kleinen Ueberresten sichtbar.

Das ehemalige Amt Biedenkopf bestand aus etwa 18 Orten, welche schon seit sehr früher Zeit zum Schlosse geschlagen waren. Jetzt ist Biedenkopf der Sitz eines Landgerichts, welches den ganzen Kreis Battenberg umfaßt.

---

### Anmerkungen.

1) Kuchenb. A. H. Col. IX. 127 et Col. V. 158. — 2) Siehe meine Abhandlung: Einige Aufklärungen 2c. in der Zeitschrift des Vereins für hess. Geschichte u. Landeskunde. I. 1. S. 33 2c. — 3) Gudenus cod. dipl. III. 24.

Das Uebrige ist aus dem H. und St.-Archive und dem Regierungs-Archive zu Kassel, so wie aus dem hess. Gesammt-Archive zu Ziegenhain entnommen.

## II.

## Helfenberg.

---

Einst stand eine Burg hoch oben auf dem Felsen öd' und grau,
Drohend schauend in die Weite, schauend zu des Himmels Blau;
Und die Ritter, die sie bauten, nahmen's Fehdeschwert zur Hand,
Streiften raubend durch die Thäler, kriegend gegen Hessenland;
Drob der Hessenfürst erzürnend, sandte seine Mannen aus,
Stürmend sie den Berg erstiegen und zerbrachen's Räuberhaus.

## 2.

## Helfenberg.

Etwa eine Stunde östlich von Wolfhagen, beinahe in der Mitte zwischen dieser Stadt und dem Dorfe Wenigenhasungen, erhebt sich nordwestlich dem nahen Istheberge ein freistehender Basaltrücken, der sich von Mittag nach Mitternacht zieht, und an dessen Fuße die Kolonien Philippinenthal und Philippinenburg angelegt sind. Kein Baum belebt den schwarzen, weit in die Ferne schauenden Felsen, nur kurzes Gestrüppe, namentlich der Wacholderstrauch grünt an den steilen Abhängen. Auf dieser Höhe lag einst vor mehr als fünf Jahrhunderten die Burg Helfenberg; nur Schutt und die stets den Wirkungen der Zeit am meisten widerstehenden Gräben geben noch Zeugniß von deren Lage. Sie lag auf der nördlichen Spitze des Bergrückens und scheint nicht von besonderer Größe gewesen zu seyn. Der durch starke Senkungen unebene Burgplatz wird rings von einem tiefen Graben umschlossen. Um die Burg mehr zu sichern, ist der Bergrücken in der Mitte mit einem Graben durchschnitten und ein anderer Graben um die Südspitze der Bergfläche gezogen, der auf der Ostseite noch ein Stück fortlauft.

Die Aussicht von der Höhe ist schön. Während sich gegen Mittag und Mitternacht waldige Berge erheben, sieht man gegen Abend Wolfhagen, den Weidelberg, Naumburg und weithin in das Waldecksche, sowie gegen Morgen Burghasungen, die Gudenberge, den Dörnberg, die Malsburg ꝛc.

Zwischen den Städten Landau und Wolfhagen, an der waldeckschen Grenze, da wo jetzt die auch zuweilen Gasterfeld genannte Kolonie Philippinendorf liegt, stand ehemals ein Dorf **Gasterfeld**, von dem man nur noch die wenigen Reste der ehemaligen Kirche findet. Dieses Dorf war der Ursitz eines adelichen Geschlechtes, welches von demselben den Namen v. **Gasterfeld** führte. Adelung ist der erste dieses Namens, den ich gefunden. Er gab 1151 dem Kloster Hasungen tauschweise gegen das praedium **Niechem** (Nieheim, Wüstung bei Isthe), 4 Hufen zu Gasterfeld und 5 Aecker zu Langele. Erzbischof Heinrich zu Mainz bestätigte diesen Tausch. Im Jahre 1189 findet sich Eberhard I. mit seinem Sohne Heinrich in der Umgebung des Landgrafen Ludwig von Thüringen.[1] Außer diesem Sohne hatte Eberhard I. noch einen zweiten, Eberhard (auch Eckhard) II. Beide befanden sich 1196 gegenwärtig, als Erzbischof Konrad von Mainz das Kloster Berich in seinen Schutz nahm.[2] Heinrich war 1199 in dem Gefolge des Landgrafen Hermann von Thüringen und wurde 1213 mit in die Fehde seiner

Nachbarn und Verwandten verwickelt. ³) Obgleich er hierbei allein genannt wird, so lebte sein Bruder Eberhard doch noch 1219, wo derselbe eine Urkunde des Abts Reinhard von Hasungen bezeugt. Diese Brüder waren, wie es scheint, die Erbauer des Schlosses Helfenberg, denn ihre Söhne legten den alten Stammnamen nieder und nannten sich v. Helfenberg. ⁴) Jene Brüder wurden nun die Stifter zweier Linien; die Eberharde wohnten auf ihrer Burg und zu Wolfhagen, die Heinriche zu Frankenberg und Wolkersdorf. Außer ihren ansehnlichen Gütern um ihren alten Stammsitz hatten sie deren auch in Oberhessen und am Westerwalde. Wie sie letztere erworben, ist dunkel; wahrscheinlich war dieses durch Heirathsverbindungen mit Familien der dortigen Gegend geschehen; so nennt Gottfried v. Hatzfeld um's Jahr 1240 Eberhard v. Gasterfeld, von dem er früher eine halbe Hufe zu Herzhausen an der Eder erkauft, seinen Blutsverwandten (consanguineum). ⁵) Diese Güter wurden von beiden Stämmen unter sich vertheilt und zwar nach Eberhard's Tode, als Heinrich noch lebte. ⁶) Eberhard hatte fünf und Heinrich zwei Söhne; letztere waren Johann II. und Werner I. 1239 gaben dieselben in Gemeinschaft mit ihrem Ohm Eberhard und dessen Bruder Arnold Wolf v. Gudenberg sowie Konrad v. Elben und Gumbert v. Hohenfels Güter zu Bodenhausen ⁷) der Kirche zu Schützeberg bei Wolfhagen. Sie befreiten dieselben von aller Gerichtsbarkeit und dem Zehnten, und bestimmten, daß die Kolonen von Bodenhausen ebenso der Kirche in Schützeberg verbunden seyn sollten, als es die zu Gasterfeld von je gewesen. 1237 hatte Werner mit Walthalun vom Kloster Hasungen eine Fischerei zu Wolfhagen in Pacht genommen. Johannes Hausfrau war Gisla. Einer von beiden Brüdern, wahrscheinlich Johann, hatte einen Sohn Rudolph (auch Roolf und Rode) II. Ritter. Dieser war der erste, der seinen Wohnsitz gänzlich nach Oberhessen verlegte, wo er zu Frankenberg wohnte und in vielen daselbst ausgefertigten Urkunden als Zeuge auftritt. 1249 bestätigte er den Verkauf eines Hofes zu Brinkhausen (Brunighusen) und wurde 1263 Bürge für die Herzogin Sophie von Brabant. Als ein Joh. v. Gasterfeld gen. Pappenrippe Güter zu Gasterfeld verkaufte, gab er 1269 zu Wolfhagen seine lehnsherrliche Bewilligung dazu. Das Kloster St. Georgenberg erwarb von ihm verschiedene Güter, so 1283 und 1284 zu Steinberg und Beltersberg. Mit seiner Hausfrau Agnes hatte er 2 Söhne, Friedrich I. und Eckhard V. Ersterer findet sich schon 1268 und war mit einer Petronella verehlicht, starb aber nach 1284 ohne Kinder. Nur Eckhard V., der sich 1270 zuerst findet, setzte die Linie fort. 1303 gab er dem Landgrafen Heinrich seinen Drittheil an dem Gerichte, dem Kirchlehen und dem Walde des Dorfes Gasterfeld, und erhielt dafür die Hälfte der Zehnten zu Fränkenau und Ernsthausen zu Lehen. 1305 verkaufte er dem Kloster Arolsen alle seine Güter zu Visebeck, nebst dem dasigen halben Zehnten; Graf Heinrich von Nassau gab als Lehnsherr hierzu seinen Willebrief. 1306 folgte er dem Land=

grafen Heinrich nach Fulda und bürgte für denselben bei der dort mit dem Herzoge Albrecht v. Braunschweig geschlossenen Sühne. 1307 war er zu Wolfhagen und verkaufte dem Kloster Hasungen einen Hof zu Elrixen für 26 Mk. S. 1309 findet er sich als landgräflicher Amtmann (Proconsul) zu Frankenberg. [8])

Schon im Anfange des 13. Jahrhunderts befanden sich die v. Helfenberg im Besitze von Wolkersdorf, unfern Frankenberg; später erscheint daselbst eine Burg, die wahrscheinlich durch sie begründet worden. Im Jahre 1310 trug Eckhard dieselbe, welche bisher freies Eigen gewesen, dem Landgrafen Otto auf, und wurde hierauf von demselben mit der Burg und der Hälfte der Zehnten zu Ernsthausen und Frankenau belehnt. [9])

Im Jahre 1312 focht Eckhard für den Landgrafen in der Fehde gegen den Herzog von Braunschweig und half unter dem Grafen Heinrich v. Waldeck Gudensberg belagern, welches sich im braunschweigischen Besitze befand. [10]) Am 31. Mai d. J. verkaufte er durch eine zu Frankenberg ausgestellte Urkunde dem Grafen Heinrich von Nassau die von demselben bisher zu Lehn besessenen Vogteien über die am Westerwalde gelegenen Dörfer Ebelshausen (im nassauischen Amte Dillenburg) und Fodingen (im preußischen Kreise Witgenstein), nebst 2 Theilen des Kirchsatzes und dem Zehnten an letzterm Orte, für 110 Mk. S. [11]) In demselben Jahre stiftete er auch einen Altar zum heil. Kreuze im Kloster St. Georgenberg. [12]) Am 11. November 1324 war er unter den Rittern, welche zu

Amöneburg über die ehemals zwischen den Landgrafen Otto und Johann von Hessen geschehene Landestheilung ein Zeugniß ablegten, und am 8. Januar 1325 auf dem zu Olmen im Mainzergaue wegen der mainzischen Lehen gehaltenen Manngerichte. Im Jahre 1326 lebte er nicht mehr. Seine Wittwe Agnes und seine Söhne Rudolph IV. und Johann VI. stifteten mit Gütern zu **Bestehe** zum Wohle seiner Seele eine Messe im Kloster St. Georgenberg. Jene Söhne, von denen sich ersterer seit 1305, letzterer seit 1291 findet, verkauften 1328 eine Hälfte der Burg Wolkersdorf an Friedrich v. Bicken, Dechant zu Kesterburg und Probst des St. Moritzstifts zu Münster, und errichteten mit demselben einen Burgfrieden. Der Knappe Rudolph verzichtete 1331 auf alle Ansprüche an dem Zehnten zu Sarmeringhausen und andern dasigen Gütern gegen das Kloster Arolsen. 1344 verkaufte er eine Wiese (apud arbores dictum Nesche) dem Pfarrer Gerlach zu Kesterburg und dessen Verwandten Friedrich v. Bicken. Auch veräußerte er in d. J. Ländereien in der Nachbarschaft von Frankenberg. Sein Tod erfolgte vor 1360. Mit seiner Gattin Jutta hinterließ er zwei Söhne, Eckhard VI. und Johann IX. Sein Bruder Johann VI. lebte noch 1365, hatte aber keine Kinder und scheint überhaupt von den Gütern abgefunden gewesen zu seyn. Man muß dieses daraus schließen, daß er an den Verkäufen seines Bruders nie Theil nimmt, und nur als einfacher Zeuge in dessen Urkunden erscheint.

Eckhard und Johann, von denen sich ersterer schon

1344 findet, kamen nach ihres Vaters Tode mit dem Grafen Gottfried von Ziegenhain in eine Fehde, in der sie jedoch den Kürzern zogen; in Folge dieses Ausganges mußten sie zur Sühnung demselben am Schlosse Wolkersdorf die Erböffnung versichern, gegen alle, nur den Landgrafen und ihre Ganerben ausgenommen, und geloben, nie wieder des Grafen Feinde zu werden. Johann wurde mit Johann v. Traisbach 1382 vom Landgrafen Hermann die Amtmannschaft über die Alt= und Neustadt Frankenberg, der landgräfliche Theil des Gerichts Geismar und der Zoll zu Frankenberg für 300 Schill. Turnosse versetzt. Noch 1385 war er Amtmann; doch geschah die Lösung nicht lange nachher; denn als sie 1386 im Namen des Landgrafen 200 kleine Gulden an die v. Büren zahlten, versprach ihnen derselbe für den Fall, daß er ihnen diese Summe bis zu Michaelis nicht erstattet haben werde, wiederum den Versatz des Amtes Frankenberg. 1387 verglichen sich beide Brüder Eckhard und Johann um den Besitz des Schlosses Wolfersdorf. Beide starben nach dem Jahre 1388 und zwar ohne Kinder, so daß mit ihnen ihre Linie erlosch. In wie weit sie die wolfhagensche Linie beerbte, ist nicht bekannt; der größte Theil der Lehngüter wurde sicher von den verschiedenen Lehnsherren als heimgefallen eingezogen. Nur so viel läßt sich mit Sicherheit bestimmen, daß Wolfersdorf und einige andere Güter auf den andern Stamm übergingen.

---

Ich gehe nun zu der wolfhagenschen Linie über. Eberhard II., der Stifter derselben, hatte 5 Söhne. Florentin findet sich 1239 als Pfarrer in Schützeberg und 1252 und 1255 als Pfarrer in Wolfhagen. Adelung II. trat in den Orden der Minoriten, welchem Beispiele sein Bruder Rudolph I. um's Jahr 1260 folgte. Johann I. und Eckhard III. blieben dagegen im weltlichen Stande; beide finden sich seit 1233. Rudolph, der sich seit 1240 findet, traf 1255, wo er noch dem weltlichen Stande angehörte, mit seinen beiden Brüdern eine Theilung ihrer Erbgüter zu Hofmühlhausen, Visebeck, Visebeckerhagen, Gasterfeld, Sarwardinghausen, Bodenhausen, Langele ꝛc. Schon mit ihrem Vater hatte das Kloster Breitenau wegen Güter zu Elmarshausen, welche sie von dem Kloster zu Lehn getragen, dessen ungeachtet aber als Allodien verkauft, im Streite gelegen. Dieser wurde 1255 ausgeglichen. Johann gab 7 Hufen zu Gasterfeld und Eckhard 7 Hufen in Gran; im Falle aber das Kloster wieder den Besitz der elmarshäuser Güter erlangte, sollten sie jene von demselben zu Lehn haben, vorbehaltlich doch des Wiederheimfalls nach ihrem Tode. 1260 trafen Johann und Eckhard eine Theilung ihrer gemeinschaftlichen Güter zu **Houemulchusen** und **Hyldegerssen**. Erstere sollten Eckhard zufallen, außer der Mühle, welche gemein seyn sollte, letztere Johann; da Johann's Theil besser sey, sollte Eckhard noch jährlich 3 Mltr. aus **Ysekenhagen** beziehen. Ihre geistlichen Brüder Adelung und Rudolph (de ordine fratrum minorum) waren bei dieser Theilung gegenwärtig. Auf deren Rath schenkten sie 1263 und 1270 ihre Mühle zu **Mullehusen** dem Kloster Hasungen.

Sie finden sich hier zuletzt. Eckhard hatte mit seiner Hausfrau Gisla, Eckhard IV. zum Sohne, der zwar 1297 noch lebte, aber ohne Söhne starb. Desgleichen Johann mit seiner Hausfrau Lutgart, Johann III. und Werner I., von denen Johann schon 1268 genannt wird.

Diese, oder schon ihre Väter waren mit dem Landgrafen Heinrich I. von Hessen in Streit gerathen. Ob Räuberei oder Widersetzlichkeit gegen ihre Mannenpflicht die Ursache gewesen, ist nicht bekannt; der Landgraf zog gegen sie aus, eroberte die Helfenburg und brach sie nieder. [13]) Auch die Zeit dieser Zerstörung ist ungewiß, möglich, daß diese zugleich mit der der Gudenberge geschah, also 1294.

Außer dem Streite über elmarshäuser Güter, hatten sie mit Breitenau auch noch einen ähnlichen über andere Güter. 1295 kam zu Wolfhagen eine Ausgleichung zu Stande; sie gaben dem Kloster 1 Hof und 3½ Hufen zu Gasterfeld und 1 Hof und 3½ Hufen zu Viseberg. 1296 versprach das Kloster, sie an ihren Gütern zu Elmarshausen nicht zu beeinträchtigen. Johann übte in d. J. das Patronatrecht über die Kirche zu Elfungen und stiftete 1308 mit einem Hofe und einigen Gülten zu Gasterfeld ein Seelgeräthe zu Breitenau. Er starb noch in demselben Jahre. Denn gegen Ende des Jahres 1308 verkaufte schon sein Sohn Johann IV. allein einen Viertheil des Zehnten zu Elrixen, den er vom Kloster Hasungen zu Lehn trug; ferner einen Viertheil des Gerichts Elrixen nebst seinen übrigen Gütern daselbst und in Hildegersen, mit dem Waldrechte, dem genannten Kloster, sowie 1309 dem Kloster Arolsen seinen kleinen Hof nebst andern Gütern zu Visebeck. Johann IV. starb ohne Kinder und sein Ohm Werner wurde dadurch der einzige Stammhalter. Auch dieser verkaufte, nachdem er seine sämmtlichen Güter zu Hildegersen und Elrixen, als Entschädigung für ein unrechtlich verkauftes Viertheil des Zehnten zu Elrixen, auf 4 Jahre dem Kloster Hasungen überwiesen, demselben 1309 sein Viertel der elrixer Güter. Die andere Hälfte gehörte dem Knappen Joh. v. Osede, welcher dieselben gleichfalls in jenem Jahre an Hasungen verkaufte. Ebenso verkaufte Werner sein Viertel des Gerichts Visebeck 1309 dem Kloster Arolsen. Er hatte mit seiner Hausfrau Alverad 5 Söhne: Theodrich I., Friedrich, Werner II., Rudolph III. und Johann V. Theodrich wurde Geistlicher, und findet sich 1323 als Mönch und 1332 als Abt zu Hasungen. In seinem 1350 aufgestellten letzten Willen bestimmte er seinen Hof unter dem hasunger Berge dem Sakristeiamte seines Klosters, dergestalt, daß der Kustos desselben, jährlich dem jedesmaligen Abte 1 Mk. schw. Pfenn. geben, im Falle aber mehr herauskommen würde, dieses zur Zierde der Kirche verwendet werden sollte. Dem Konvente vermacht er sein sämmtliches Silberzeug, wie auch die Hälfte seiner fahrenden Habe, seiner Schaafe ꝛc. Ferner seines Bruders Friedrich Sohne, Theodrich, 2 Kühe mit 4 Mk. schwere Pfennige. Er starb kurz nachher.

Johann V. war gleichfalls Geistlicher und findet sich seit 1335 als Rektor der Pfarrkirche zu Wolfhagen. Er starb vor 1343 und hatte dem Kloster Hasungen 130 Mk. Pfenn. von seinen hinterlassenen Gütern und außerdem noch zu einem Seelgeräthe für seine Eltern 12 Mk. S. und 12 Mk. schw. Pfennige vermacht. Auch der Kirche zu Wolfhagen hatte er eine Bibel geschenkt, welche an einer Kette unter der Aufsicht des Kustos aufbewahrt werden sollte. [14])

Im Jahre 1336 trugen die Brüder Friedrich, Werner, Rudolph und Johann ihre Vogtei in Hönscheid (aduocatiam in Hoynscheyd) [15]), 17 Hufen zu Alveringshausen, Bodenhausen (prope Wotfh.), Vormedehusen, Gran, Engelbrachteffen und Langele, die Gerichtsbarkeit, die Kapelle und die Holzmark in Visebeck und Visebeckerhagen, dem Landgrafen Heinrich II. auf, und ließen sich von demselben damit belehnen.

Friedrich II. gab 1337 seinen ganzen Theil des Zwingers, der Baumgarten genannt, vor Wolfhagen (juxta indaginem valvae civium) seinen Brüdern Werner und Rudolph, die ihm dagegen 2 jährlich vom Kloster Hasungen zu liefernde Botenschue abtraten, welche er hierauf dem Kloster verkaufte. Werner erhielt 1339 vom Kloster Hasungen eine Hufe zu Renlybessen gegen eine jährliche Fruchtabgabe von 6 Vrtl. und erkaufte 1343 von den v. Horhausen ein Viertel des Zehnten zu Helminghausen, im waldeckschen Oberamte Diemel. 1350 gab das Kloster Hasungen seinen Garten vor dem Hagen=

thore zu Wolfhagen an **Werner** und **Rudolph**, zu Wald=
recht (jure emphyteutico), für die jährliche Abgabe von
2 Schill. schw. Pfenn. In demselben Jahre hatte Werner ein
Sechstheil der Dörfer Visebeck und Visebeckerhagen vom Ritter
Hartrad v. Reichenbach in Pfand. Der Knappe Rudolph
und seine Hausfrau Niklinda hatten vom Abte Heinrich
v. Hasungen und dem Vikar zu Wolfhagen, Theodrich von
Weidelberg, eine Hofstätte (aream) zu Wolfhagen inne,
statt deren sie 1354 dem genannten Vikar eine halbe Mark
schw. Pfenn. in Friedegassen (bei Wolfhagen) anwiesen.
1356 versetzte **Friedrich** seinem Bruder **Werner** die
Mühlen in den Karthausen vor Wolfhagen und die daraus
fallende Gülte; ferner seinen Drittheil der Vogtei Hön=
scheid, für 12 Mk. schw. Pfenn. Im Falle ihm etwas
abgehe an den Mühlen, von Herrennoth und andern Sachen,
das sollte ihm aus den elmarshäuser Gütern ersetzt werden.
Werner besaß mehrere Güter zu **Berlewissen** und Ober=
nothfelden vom Kloster Hasungen zu Meierrecht, deren
Heimfall nach seinem Tode er 1361 verbriefte. 1369
verkaufte **Friedrich** um die Leibesnoth seines Sohnes
Johann seinem Bruder Werner ein Drittel einer Hof=
stätte zu Elmarshausen.

**Friedrich** findet sich nach 1370 nicht mehr. Mit
seiner Hausfrau Adelheid hatte er 4 Söhne erzeugt, von
denen der älteste, Werner **III.**, schon kurz nach 1337 ver=
storben war. Theodrich **II.** wurde Geistlicher und findet
sich als Konventual zu Hasungen; 1357 überwies sein
Vater dem Kloster zu seiner Benutzung ein Fruchtgefälle,

und 1396 verkaufte ihm sein Vetter Rudolph ein Gefälle zu Bisebeck. Die beiden andern Söhne, Johann VII. und Ludolph, seit 1356 erscheinend, verschwinden nach 1370, ohne Söhne hinterlassen zu haben.

Außer Friedrich hatte auch dessen Bruder Werner, der vor 1369 starb und mit einer Sophie verehlicht war, Söhne: Rudolph V. und Johann VIII., welche seit 1356 genannt werden, von denen man aber den letztern nach 1370 nicht mehr findet. So blieb, außer dem Mönch Theodrich, der Knappe Rudolph der einzige seiner kurz vorher noch so zahlreichen Familie. Er war 1392 in Fehde mit dem Landgrafen gerathen, fiel aber in Gefangenschaft, mußte ein Gefängniß halten und eine Urfehde ausstellen. Da er keine Kinder hatte, so nahte mit seinem Tode das Erlöschen seiner Familie. Der Landgraf Hermann vermochte ihn deshalb 1409 zur Ausstellung einer urkundlichen Erklärung, wodurch er den Heimfall aller seiner Lehen und seiner väterlichen Erbgüter nach seinem Tode an Hessen verbriefte. Sein Tod und mit ihm das Erlöschen der Familie v. Helfenberg erfolgte nach dem Jahre 1414.

Schließlich füge ich hier noch ein Verzeichniß der helfenbergischen Güter an, dessen erster Theil ein Auszug aus dem, bei der im Anfang des 13. Jahrhunderts vorgenommenen Theilung aufgestellten, Verzeichnisse der Lehngüter, und dessen letzter ein Auszug des Güterverzeichnisses ist, wie es die Urkunde von 1409 giebt. Die hinter den Namen stehenden Kreuze zeigen an, daß die Orte nicht mehr vorhanden sind.

In Niederhessen: Güter zu **Gasterveld†, Gran†, Langele†** (sämmtl. bei Wolfhagen), **Engelbrachis†** (auch **Engelbrachtessen**, wohl gleichbedeutend mit **Elrixen**, zwischen Wolfhagen und Visebeck), **Dodinhussen†** (bei Wolfhagen), **Dithmelle** (Kirch= oder Rothendittmold), **Horoldishusen** (Harleshausen), **Rorbachg†** (bei Zierenberg), **Denehusen, Dorchaen** (Dennhausen und Dörnhagen, über Kassel), **Wagenhusen†** (bei Merxhausen), **Altensted** (Altenstädt), **Lutenscin†** (Lutwardessen? bei Zierenberg), **Iste** (Isthe), **Visbike** (Visebeck), **Visbikerhagen†** (beim vorig.), **Landsberg†** (bei Ehringen), **Scuteberg†** (Schützeberg bei Wolfhagen), **Mathem** (Maden?), **Nortwig†** (ein solches lag bei Gombet), **Eringishusen** (Ihringshausen?), **Notuelden sup. et inf.** (Nothfelden), **Usslacht** (im Hannöverschen), **Ysekenhagen†** und **Ysekenburgherade†** (beide bei Ehringen, ersteres jetzt Ischenhagen).

In Oberhessen: die Vogtei zu **Orke** (Orkene), Güter zu **Wolkirstorp** (Wolfersdorf), **Elkerhusen** (Ellershausen), **Ottersdorp†** (bei Frankenberg), **Poppindorp** (Bottendorf), **Brunighusen** (Brinkhausen), **Dadenowe** (Dodenau), **Ruhene** (Röddenau).

Im Waldeckschen: **Siwardinghusen, Sawardicusen, Zarwardickenhusen†** (bei Landau), **Gelinghusen** (Gellershausen an der Giflitz), **Munichehusen†** (unfern Arolsen), **Affoldern** (Afholdern, im A. Waldeck), **Beclenhusen** (Bellinghausen a. d. Diemel), **Meinrichusen** (Mengringhausen), **Reinbrachtishusen†** (bei vorig.),

Renliffisszin † (Reigerlützen bei Külte), **Welde** (Wellen), **Bergheim** (an der Edder), **Budenhusen** † (zw. Wolfhagen und Bühle), die Hälfte der Vogtei in **Honscide** (Hönscheid), **Hovemulehusen** und **Mulehusen** (entweder Mühlhausen, im Distrikt der Twiste oder eine Wüstung unfern Adorf), **Gepenhagen** † (zw. Bühle u. Hönscheid), **Ewerdinghusen** † (wahrsch. die Wüstung Ermerdinghausen bei Korbach), **Hiuelde** † (ob Giffelde, b. Stormbruch?), **Scamedehusen** † (Schaddehausen b. Berndorf), **Tunichusen** † (Denkhausen zw. Rhoden und Helminghausen), **Alverinchusen** † (zw. Wolfhagen u. Hönscheid), **Garwardinghusen** (ob Gieberinghausen, an der Diemel?), **Wilderynkusen** (Welleringhausen, im Distrikte Eisenberg?), **Warmundishusen** (wahrsch. Wammerichhausen, zw. Strothe und Höringhausen).

Im Westphälischen: **Gremelinghusen** (Grimelinghausen bei Bredelar).

Im Nassauschen: **Rauenscheid** (Rabenscheid, am Westerwald).

Die mir unbekannten Orte sind: **Alendinghusen, Dunzelhusen, Gozilberg, Heflehusen, Hecherdinghusen, Hockenbach, Harbelde, Inhemisberg, Kichirhusen, Mothecke, Merlare, Niterbelde, Stromeche, Vormedehusen, Wintkasten, Wipoldehusen, Wirzinhusen, Wallo**. Die Zahl ihrer Hörigen war ansehnlich. — Sie waren Lehnmannen von Hessen, Mainz, Nassau, Korvei, Waldeck, der Klöster Breitenau, Hasungen und Fritzlar, der Grafen von Schauenburg, von Bilstein, von Ziegenhain ꝛc. Dagegen waren sie Lehnsherren der v. Hatzfeld, v. Dersch, v. Brunhardessen, v. Viermünden, v. Breitenbach, v. Uslacht, v. Battenfeld, v. Allendorf ꝛc.

Rudolph V. v. H. übertrug 1409 dem Landgrafen Wolkersdorf, die Hälfte der Zehnten zu Frankenau und Ernsthausen, die Burg zu Gasterfeld nebst Ländereien daselbst und zu Langele, Grau, Alveringhausen, Bodenhausen, Engelbrachtessen, das Gericht und die Kapelle zu Visebeck, den Zehnten am Helfenberge und Grundgeld und Waldrechtzins aus der Vorstadt von Wolfhagen, die Karthausen (Garthüßen) genannt. Rudolph lebte noch 1414, wo Landgraf Ludwig seiner Hausfrau Katharine, geb. v. Dalwigk, für ihre Verzichtleistung auf obige Güter, 6 Mlt. Früchte zu einer Leibrente verschrieb. Jene Güter fielen bei dem bald nachher erfolgten Tode Rudolph's v. Helfenberg dem Landgrafen heim; ein Theil derselben war jedoch in andere Hände gekommen, zum Theil in die des Klosters Arolsen, welche dasselbe vom Landgrafen, ungeachtet dieser das Recht hatte, sämmtliche Lehen einzuziehen, zu Lehen erhielt. Es waren Güter zu Visebeckerhagen, zu Sarmeringkusen und besonders zu Visebeck. Das Wappen der v. Helfenberg war ein, nur wenig von der Linken nach der Rechten schiefgelegtes, Feuereisen; nur durch diese Stellung unterschied es sich von denen der v. Hatzfeld, v. Breidenbach, v. Roderixen; auch die v. Gudenberg führten zuweilen dieses Zeichen.

## Anmerkungen.

1) Wenck II. Ukbch. 119. — 2) Varnhagen Ukbch. 28. — 3) Siehe dieses Werkes 1n Bd. S. 363 ꝛc. — 4) Dieser Namenswechsel, der auch schon Winkelmann (S. 226) bekannt war, geht besonders aus dem Verzeichnisse der getheilten Güter hervor; darin heißt es: de Gasterueld qui etiam cognominatur Helffinberg und de G. alio nomine de H. — 5) Gud. c. d. 1. 602. Wahrscheinlich ist dieses Eberhard II. Der Name Eberhard wird in dieser Familie erst nur zuweilen, späterhin ganz mit Eckhard vertauscht. — 6) Die Verzeichnisse der getheilten Güter befinden sich im kurheff. H.- und St.-Archive. Einen Auszug derselben findet man am Schlusse. — 7) Dieses Bodenhausen ist ein ausgegangener Ort, zwischen Wolfhagen und Bühle, und darf deshalb nicht mit dem Hofe Bodenhausen zwischen Dörnberg und Ehlen verwechselt werden. In jener Urkunde heißt es: „latam qua sita inter fonticulum „prope Bodenhusen et utam qua ducet Gepenhagen et aream „cum duobus agris cum orto in sumitate eiusdem uille etc." — 8) Schannat. P. Client. Fuld. 344. — 9) Gerstbg. frankenbg. Chr. ap. Kuchenb. A. H. Col. V. 187. Hiernach hätten sie zwar nur die Hälfte der Burg besessen; dieses ist aber eine Verwechslung mit einer spätern Zeit. S. Wolkersdorf. — 10) Schminke M. H. II. 354. — 11) Wenck II. Ukbch. 389 und III. 180. — 12) Gerstenbg. frankbg. Chr. 187. — 13) Schminke M. H. II. 434. — 14) Kopp's Bruchst. z. Erläutg. der deutsch. Rechte und Gesch. II. S. 194. — 15) Diese Vogtei betraf nicht das Kloster Hönscheid, sondern das damalige Dorf. Jenes wurde 1235 gestiftet; Abt Hermann v. Korvei gab die Kirche zu Honschede dem Kloster Arolsen, damit dieses daselbst ein Kloster begründe; es heißt in der deshalbigen Urkunde: et iste sub iugo tuitionis corbeiensis ecclesie sine aduocato libere remanebunt. (Varnhagen's Grdl. z. waldeckch. Gesch. Urkbch. S. 68. Kindlingers Handsch. Sammlung Bd. 102).

Der größere Theil der Nachrichten ist aus Urkunden des kurheff. H.- u. St.-Archivs geschöpft.

## III.

# Wolkersdorf.

---

Ach! nicht des Wetters zerstörende Flammen,
Auch nicht der Jahre zernagende Macht;
Menschliche Hände mich brachen zusammen,
Menschen auf Geld und Gewinn nur bedacht.

## 3.

## Wolkersdorf.

Da, wo gegen Norden der Burgwald endet und sich in offene und angebaute Thäler verflächt, liegt etwa 2 Stunden südlich von Frankenberg, in dem Thale der Nempfe, das Schloß Wolkersdorf in seinen spärlichen Resten, nebst einem dabei befindlichen gleichnamigen Staatsgute.

Wolkersdorf findet sich zuerst in der ersten Hälfte des 13. Jahrhunderts und zwar in dem Besitze der Familie v. Gasterfeld, welche um diese Zeit den Namen v. Helfenberg annahm. Anfänglich war Wolkersdorf, wie schon sein Name zeigt, ein Dorf, in diesem begründete jene Familie eine Burg. Die Zeit, in welcher dieses geschehen, läßt sich zwar nicht angeben, doch mag es erst nach einer Theilung dieser Familie, durch welche sich dieselbe in zwei Stämme schied, Statt gefunden haben. Der eine dieser Stämme verlegte hierauf seinen Sitz nach Wolkersdorf. Wenigstens war die Burg im Anfange des 14. Jahrhunderts bereits vorhanden. Im Jahre 1310 machte nämlich Eckhard V. v. Helfenberg dieselbe — soweit sich ihre Gräben und Mauern erstreckten — dem Landgrafen Otto von Hessen lehnbar. Dessen ungeachtet verkaufte er sie später dem Erzstifte Mainz. Daß der Landgraf der mainzischen Besitzergreifung sich widersetzte, lag in der Natur der Sache. Es kam zum Streite, dessen Entscheidung einem Austrägalgerichte unterworfen wurde. Dieses entschied 1324: daß der Landgraf das Schloß zu dem Gerichte ziehen möge, in dem es gelegen, und daß der Erzbischof die Rechtmäßigkeit seiner Ansprüche darthun sollte. [1] Der Landgraf wurde also im Besitze geschützt, und das Erzstift hob seine Ansprüche auf günstigere Zeiten auf; denn ob es jenen Beweis zu erbringen versucht, läßt sich nicht sagen. Mit Eckhard v. Helfenberg mag sich der Landgraf wegen Verletzung seiner Lehnspflichten vertragen haben, denn Eckhard blieb im Besitze. Nach seinem um's Jahr 1326 eingetretenen Tode folgten ihm seine Söhne Rudolph und Johann. Diese verkauften im Jahre 1328 die Hälfte von Wolkersdorf an Friedrich v. Bicken, Pfarrer zu Kesterburg (Christenberg) und Probst vom St. Morizstift zu Münster. Sie errichteten zugleich einen Burgfrieden, dessen zufolge keiner seine Freunde ohne des andern Wissen zu Wolkersdorf aufnehmen, und etwaige Zwietracht durch zwei Gekorene geschlichtet werden sollte. Der Landgraf Heinrich II. ertheilte zu diesen Verträgen seine Genehmigung, belehnte den v. Bicken mit dem erkauften Theile von Wolkersdorf, so weit die Gräben der Burg sich ausdehnten, und versicherte seinen lehnsherrlichen Schutz. [2] Nachdem Friedrich gestorben, beerbten ihn seine Geschwister Ludhard und Gerlach, welcher letztere Domherr zu Münster war, sowie sein Neffe Friedrich v. Bicken. Diese kamen 1340 überein, ihren Theil an Wolkersdorf im gemeinschaftlichen und zwar ganerbschaftlichen Besitze zu behalten. Durch den Tod der erstern kam Friedrich später zum alleinigen Besitze.

Die helfenbergsche Hälfte an Wolkersdorf ging auf Rudolph's Söhne, Eckhard VI. und Johann IX., über. In Folge einer Fehde mit dem Grafen Gottfried von Ziegenhain mußten sie demselben 1360 die Eröffnung an ihrem Schlosse gegen jeden, nur Hessen und ihre Ganerben ausgenommen, verschreiben.

Im Jahre 1376 versetzte Friedrich v. Bicken seine Hälfte seinem Eidam Johann v. Hohenfels für den versprochenen Brautschatz von 600 Schillingen Turnosse und behielt auf den Fall, daß er ohne Leibeserben sterben würde, dem Landgrafen das Einlösungsrecht vor. Friedrich löste sie jedoch selbst ein. Nachdem er 1381 mit den v. Helfenberg den alten Burgfrieden erneuert hatte, versetzte er die Burg 1387 von neuem an Sifried v. Biedenfeld. In demselben Jahre verglichen sich auch die Brüder Johann und Eckhard v. Helfenberg um ihren Antheil an Wolkersdorf dahin, daß die Brücke und Pforte, welche Johann von seinem Gelde erbaut, von beiden, der Thurm aber von Eckhard allein benutzt werden solle.

Im Jahre 1389 verkaufte Friedrich v. Bicken sein Haus und seine Kemnade zu Wolkersdorf mit allen Zubehörungen an Landgraf Hermann. Zu den letztern werden gerechnet: die Länderei zu 3 Pflügen (1 Pflug wurde zu 40 Morgen Land und 1 Morgen Land zu 1 Mutt Korn oder 6 Mesten Hafer Aussaat angeschlagen), 20 Wagen Heu, der Teich hinter dem Schlosse, der halbe Zehnte vor Wolkersdorf (der 1336 durch Friedrich's Oheim von den v. Linne erkauft worden war), einige Gehölze und verschiedene Gefälle. Die Kaufsumme wurde auf 850 fl. bestimmt, und der Vertrag am 3. März abgeschlossen.

Mainz, Braunschweig und Thüringen hatten bereits 1385 und 1387 Hessen mit ihren Schaaren feindlich überzogen; im Herbste 1389 erhoben sie zum dritten Male das Schwert. In diesem Kriege wurde Wolkersdorf durch die mainzischen Truppen erobert, und fünf Jahre blieb es in den Händen des Erzstiftes, das seine alten Ansprüche wieder hervorgeholt zu haben scheint, um die Rechtmäßigkeit des Besitzes darzuthun. Während dieser Zeit geschah es häufig, daß Bürger von Frankenberg gefangen wurden; gewöhnlich wurden sie dann durch Hin- und Herführen im Burgwalde irre gemacht und endlich im Dunkel der Nacht nach Wolkersdorf geschleppt; hier schätzte man sie, d. h. man setzte für sie eine bestimmte Summe als Lösegeld fest, zu deren Zahlung sie sich eidlich verbindlich machen mußten; eine Urfehde, welche die Geprellten zugleich geloben mußten, schützte vor deren Rache. Bei Nacht führte man sie wieder in den Wald, und mahnte sie später, das Geld nach Rosenthal, Battenberg, Melnau oder Hatzfeld zu liefern.[3] Solcher Erwerbsmittel bediente sich eine Zeit, die unsere

Romantiker auf jede Weise poetisch auszuschmücken bemüht sind.

Erst im Jahre 1394 stellte Mainz, in Folge einer bereits vor einigen Jahren getroffenen Sühne, Wolkersdorf wieder an Hessen zurück. Landgraf Herman mußte jedoch vorher die Befriedigung etwaiger Ansprüche Johann's v. Hatzfeld übernehmen, dem wahrscheinlich Wolkersdorf während des mainzischen Besitzes anvertraut gewesen, und die Gebrüder Sifried und Volprecht v. Biedenfeld, denen der Landgraf die ihnen von dem v. Bicken verschriebene Pfandschaft bestätigt hatte, mußten auf den Ersatz des ihnen bei der Eroberung durch die Mainzer zugefügten Schadens verzichten.

Während dessen war die wolkersdorfsche Linie der v. Helfenberg in ihrem Mannsstamme erloschen, und deren Hälfte an Wolkersdorf dadurch an die Linie zu Wolfhagen gelangt. Nachdem auch diese sich um's Jahr 1414 mit Rudolph V. schloß, und ihre Lehen heimfielen, kam Wolkersdorf in den alleinigen Besitz der Landgrafen. Doch hatten diese 1425 nochmals mainzische Ansprüche zu beseitigen. Wolkersdorf wurde nun eine Reihe von Jahren hindurch in einzelnen Theilen, meistens zur Hälfte, an verschiedene Edelleute in Pfand gegeben. Bereits 1408 erhielten die Gebrüder Eckhard und Volpert v. Ders einen Theil für 400 fl. in Pfandbesitz; den andern Theil erhielt 1418 Johann Frisekin v. Nieheim für eine gleiche Summe. Letzterer ging 1431 auf Johann Hauck und seinen Sohn Heinrich über, welche dafür 200 fl. zahlten. Nachdem die v. Ders 43 und die Hauck 20 Jahre Wolkersdorf im Besitze gehabt, löste dasselbe 1451 Johann v. Dietzighausen für 500 fl. an sich, nach dessen Tode es 1479 auf seinen Tochtermann Johann v. Rosdorf kam. Landgraf Heinrich III. löste es endlich von diesem wieder ein, riß die Burg nieder und baute sie neu; blos vom Thurme blieb der alte untere Theil stehen und wurde nur ausgebessert. 4)

Wolkersdorf wurde nun ein landgräfliches Jagdschloß und häufig von den hessischen Fürsten besucht, denen der nahe Burgwald ein weites, reichbesetztes Feld für ihre Weidlust darbot. Im Jahre 1618 ließ Landgraf Moriz das Jägerhaus ausbessern, einen alten in der Mitte des Hofes stehenden Bau niederbrechen, einige Scheuern verrücken und das Schloß sehr verschönern. In dieser Zeit bestand dasselbe, nach der bei Dillich befindlichen Ansicht, aus 2 Hauptgebäuden und dem Thurme; das größere hatte neben den gewöhnlichen Erkerthürmchen, auch ein Glockenthürmchen, und der nicht hohe Thurm ein spitzes Kegeldach mit 4 Eckthürmchen. Im Jahre 1646 fiel zwischen den Niederhessen und den Hessen-Darmstädtern bei Wolkersdorf ein Treffen vor, in dessen Folge das Schloß, welches die letztern besetzt hatten, von den erstern erobert wurde. Noch im Anfange dieses Jahrhunderts war das Schloß im wohnlichen Zustande, als 1811 die westphälische Regierung dasselbe niederbrechen und die Steine verkaufen ließ. So sieht man denn jetzt nur noch einen wüsten Trümmerhaufen, aus dem sich kaum die Grund=

formen des Schlosses erkennen lassen; nur hier und da hebt sich noch eine Mauerbrocke empor. Es bildete ein ziemlich regelmäßiges, gleichseitiges Viereck, und wurde von einem breiten Wassergraben umgeben, über welchen südlich eine Brücke zum Thore führte. Oestlich von dieser Trümmerstätte liegt das Staatsgut Wolkersdorf, mit einer Försterwohnung, und westlich dehnt sich ein großer Teich aus.

Das ehemalige Amt Wolkersdorf, welches, wie es scheint, erst von Heinrich III. gebildet wurde, bestand aus den Gerichten Röddenau, Geismar und Viermünden.

### Anmerkungen.

1) Wenck II. Ukbch. 292. — 2) Das. S. 312. — Kuchenbecker Anal. Hass. Col. V. 211. — 4) Das. 232.

Die übrigen Nachrichten sind aus dem H.- u. St.-Archive zu Kassel und dem hess. Sammt-Archive zu Ziegenhain.

## IV.

## Falkenberg.

(Mit einer Stammtafel).

———

Dort, wo sich zwei Straßen scheiden,
Steht ein altergraues Kreuz,
Und zwei hohe Linden kleiden
Es in ihre Zweige ein.

Unverständlich sind die Worte,
Die man einst dem Steine gab.
Keiner noch kam zu dem Orte,
Der den Sinn enträthselt hat.

Und der Wand'rer steht und fraget,
Was des Kreuzes Deutung sey?
Ob's ihm auch der Stein nicht saget,
Kündet's doch des Volkes Mund.

Um an blut'ge That zu mahnen,
Ward errichtet dieses Mahl,
Denn ein Fürst von Braunschweigs Ahnen
Fiel einst hier durch Räuber Hand.

Diese Räuber waren Grafen,
Waren edler Ritter viel;
Drum entgingen sie den Strafen,
Die Gerechtigkeit gebot.

Auch ein Falkenberg gehörte
Zu den Führern jener Schaar;
Er war es, der keck entwehrte
Herzogs Friedrich starken Arm.

Traf des Kaisers Spruch auch nimmer
Kunzmann's stolzes Männer=Haupt,
Folgte doch ein Fluch für immer
Ihm bis an des Grabes Rand.

Erbte fort gar viele Jahre,
Schwer belastend sein Geschlecht;
Folgte bis die Todtenbahre
Auch den letzten Enkel barg.

## 4.

## Falkenberg.

Etwa eine Stunde nördlich von Homberg, zwischen den Dörfern Hebel und Rokshausen, erhebt sich von den Ufern der Schwalm aus, ein runder, nicht sehr hoher Hügel, auf dessen Gipfel die Trümmer des Schlosses Falkenberg liegen. Als ein isolirter Kegelberg steigt derselbe empor, und nur mit seinem nördlichen Fuße knüpft er sich an das nachbarliche Gebirge, von dem er einen Vorhügel bildet. Seine Oberfläche senkt sich gegen Süden, und die Abhänge, welche beinahe ganz (zu $^7/_8$) mit Wald bekleidet, sind ziemlich steil und schroff. Die nicht ganz bewaldete Seite ist die südliche, welche zum Baue von Gartengewächsen benutzt wird.

Am östlichen Fuße des Berges liegt das neue Schloß mit dem Dörfchen Falkenberg; von hieraus führt ein bequemer Fahrweg zu den Trümmern, die sich auf einem sehr unebenen Boden ziemlich weitläufig ausdehnen. Das Hauptstück derselben ist ein viereckiger Thurm, dessen unteres Stockwerk noch wohl erhalten ist; er steht an der mittägigen

Seite und scheint mit keinen andern Gebäuden in unmittelbarer Verbindung gestanden zu haben; es ist jedoch schwer hierüber mit Sicherheit zu bestimmen. Erst in ziemlicher Entfernung von diesem Thurme finden sich wieder Mauern, theils Außenwände von Gebäuden, theils Bruchstücke der Ringmauer, welche denselben gegen Norden in einem unregelmäßigen Vierecke umschließen. Die Ringmauer beginnt an dem südlich liegenden Thore, dem eigentlichen Eingange zur Burgstätte; von hier zieht sie gegen Norden, und endet mit einem Rondele. Die von diesem erst westlich, dann südlich weiter laufende Mauer scheint zugleich eine Außenwand von Gebäuden gewesen zu seyn; dafür spricht, daß sie beträchtlich höher ist und Fensteröffnungen hat. Rings um diese Mauer schlingt sich ein tiefer mit dem dichtesten Gebüsche verwachsener Graben. Nur die vierte, die Südseite, ist offen.

Innerhalb jener Mauern dehnt sich ein Lustgarten aus, der zwar die Ruine verschönt, bei seiner Anlage aber derselben auch viel geschadet haben mag; so ist z. B. der tiefe durch den Felsen gehauene Brunnen jetzt spurlos verschwunden. Auch über die innern Formen des Schlosses läßt sich nichts bestimmen, ja selbst die äußern sind schwierig aufzufinden, denn die Bäume und das Gebüsch verhindern jeden Ueberblick des Ganzen.

Auf der nordwestlichen Seite des Schlosses liegt, etwas tiefer als dasselbe, der Schloßgarten, welcher früher mit Gebäuden versehen gewesen. Mehremale bereits habe ich au diesem schönen Berge geweilt und in den kühlen Schatten seines üppigen Waldes geruht und mich gestärkt. Von den bewaldeten Abhängen hat immer der nördliche den meisten Reiz für mich gehabt; jäh stürzt sich hier der Berg in das enge romantische Thal des Bimbachs (Bäumbach), und durch das dichtverschlungene Gezweige wird die einsame Bimbachsmühle sichtbar.

Die schönste Seite des Berges bleibt jedoch die südliche. Von mehreren an höheren Punkten angelegten Ruhebänken überschaut man eine der schönsten Gegenden des Hessenlandes. Eine weitgedehnte von niedern Höhen durchschnittene Ebene bietet sich hier dem Blicke dar, begrenzt von mächtigen Bergen, durchströmt von zwei Flüssen, gekleidet in fruchtbare Fluren und üppige Wiesen, geschmückt mit wohlhabenden Städten und Dörfern.

Dort liegt Homberg mit seinem hohen Kegelberge und den spärlichen Trümmern seines Schlosses, weiter hin der hohe Knüll, die Landsburg, Spieskappel mit seiner alten Klosterkirche, hinter demselben der für Hessens Geschichte immer merkwürdige Spies, näher das Städtchen Borken, der Thurm des Löwensteins, die Hundsburg, das mächtige Edergebirge und das dieses überragende Schloß Waldeck, Fritzlar mit seinen Thürmen, das freundliche Wabern ꝛc. Außer diesen werden noch viele Dörfer sichtbar.

―――

Am Ufer der Schwalm, da wo der Falkenberg zu steigen beginnt, liegt ein altes Dorf, ehemals Hebelde, jetzt Hebel genannt. Von diesem Dorfe führte bereits im 12. Jahrhundert ein Edelgeschlecht seinen Namen; die ältesten Glieder desselben sind Ebold, Werner und Hartmann, welche 1141 genannt werden. ¹) In der Mitte des 13. Jahrhunderts theilte sich dieses Geschlecht in zwei Stämme; während, wie es scheint, Heinrich v. Hebel den alten Stamm fortsetzte, erbaute Konrad v. Hebel die Falkenburg und wurde Stifter des zweiten Stammes, der, das alte Wappen behaltend, ²) den Namen Falkenberg annahm und den andern bald weit überflügelte.

Nicht bestimmt läßt sich die Zeit angeben, in welcher Falkenberg erbaut worden; im Jahre 1250 findet sich der Namen zum ersten Male. Graf Gottfried v. Reichenbach stellte in d. J. in der Burg (in Walkenberc) eine Urkunde aus, unter deren Zeugen Konrad v. Hebel obenan steht. ³)

Konrad war der Sohn Konrad's v. Hebel, welcher bereits 1213 lebte. ⁴) Letzterer hatte Güter in Oberndorf veräußert, welche später das Kloster Haina erwarb und auf die sein Sohn 1259 nochmals verzichtete. Dieser findet sich 1248 zuerst. Er gab in d. J. durch eine im Kloster Spieskappel (in emunitate ecclesie Capellensis) ausgestellte Urkunde in Gemeinschaft mit seiner Gattin Lukarde und seinen Kindern, demselben Kloster Güter zu Unshausen und die Hälfte des dabei gelegenen Hügels **Stuphelinc**. 1254 findet er sich als Burgmann zu Homberg und als Landvogt (provincialis advocatus). Als letzterer stand er im Auftrag des Landgrafen einem Gerichte, wahrscheinlich dem Gaugerichte zu Maden, vor. Er starb zwischen 1263, wo man ihn zuletzt findet, und 1270. Nach der vorerwähnten Urkunde war er zweimal verehlicht gewesen und hatte aus beiden Ehen Kinder („... **liberi nostri, quos ex duobus semineis sexibus progenearum**"). Seine Wittwe, welche ohne Namen erscheint und durch **domina nobilis** bezeichnet wird, hatte mit ihren Kindern dem Kloster Kappel Güter in Binsförth abgetreten; diesem widersetzte sich aber Graf Gottfried v. Reichenbach, und da dessen Ansprüche wohl nicht ungegründet seyn mochten, ersetzten sie 1270 jene Güter dem Kloster durch ihren Lehnzehnten zu Hebel.

Graf Gottfried wird bei dieser Gelegenheit als **patruus** der Kinder genannt. Daß dieses Wort hier nicht in der engen Bedeutung als Vatersbruder zu verstehen sey, bedarf wohl keiner Auseinandersetzung. Wahrscheinlich war Konrad's erste Gemahlin eine unbekannte Schwester Gottfried's; denn daß die Verwandschaft nicht auf der zweiten Gattin Lukarde ruhte, läßt sich aus der erwähnten Urkunde entnehmen.

Konrad's Kinder waren: Otto I., Johann I., Heinrich I., Hermann I. und Lukarde, welche letztere Theodrich v. Elben zum Gatten erhielt. Heinrich war schon 1270 Pfarrer zu Mardorf und Hermann findet sich in den Jahren 1304 bis 1318 als Domherr zu Minden an der Weser.[5] Johann starb ohne Erben, und nur Otto setzte den Stamm fort. Er war Ritter und findet sich häufig als Zeuge. In den neunziger Jahren hatte er mit dem Grafen Gottfried von Reichenbach einen Streit wegen des Zehnten zu Kleinenglis, der sich zwar in des letztern Besitze befand, auf den aber Otto Ansprüche machte. Werner v. Löwenstein=Schweinsberg und Heinrich v. Urf wurden zu Schiedsrichtern bestellt. 1304 bestätigte Otto dem Kloster St. Georg bei Homberg den Besitz zweier Hufen zu Arnsbach und überließ demselben Ländereien zu Mengershausen gegen einen jährlichen Zins zu Waldrecht. Er starb kurz nach dem Jahre 1309. Mit seiner Hausfrau Mathilde hatte er 5 Kinder: **Johann II.**, **Konrad II.**, genannt v. **Hebel, Thilo (Thiling, Thilemann) I., Hermann II.** und **Adelheid**. Hermann wurde Pfarrer zu Mardorf und Domherr zu Fritzlar; seit 1332 war er Kustos, später Kantor und starb, nachdem er noch 1341 eine Seelenmesse aus Gütern zu Ungedanken gestiftet, 1348. Adelheid findet sich 1342 als Priorin des Nonnenklosters außer den Mauern Fritzlars.

Bis hierher hatte die Familie die **Falkenburg** noch als freies Eigenthum zu erhalten gewußt; doch auch sie folgte dem allgemeinen Zuge ihrer Zeit, die Güter in ein Lehnsband zu bringen. Im Jahre 1309 trugen die Brüder **Johann** und **Konrad** ihr Schloß dem Landgrafen Johann auf und ließen sich von demselben damit belehnen. In der hierüber am 13. Mai ausgestellten Urkunde versprechen sie dem Landgrafen das Oeffnungsrecht, und geloben, das Schloß nimmer von ihm oder seinen Erben zu wenden, so lange diese ihnen recht und wohl handelten, brächen die Landgrafen aber, so sollten sie ihre Lehen nicht verwirkt haben. Sie leisteten auch auf 4 Mk. Verzicht, um welche ihr Vater Otto den Landgrafen betheidingt, und gelobten, weder ihren Vater noch ihren Bruder Thilo auf das Haus zu lassen, ohne des Landgrafen Willen. Diese waren hiernach von demselben verdrängt und jene Brüder standen mit ihnen im Zwiste. Aber mit welchem Rechte konnten Johann und Konrad über ihres Vaters und Bruders Eigenthum verfügen? Jedenfalls hatten diese das Recht, sich gegen ein solches gewaltsames Verfahren zu verwahren. Ob dieses jedoch geschehen, darüber haben wir keine Kunde; nur so viel ist bekannt, daß nach des Vaters Tode sich Thilo seinen Brüdern anschloß. Als nach Landgraf Johann's Tode das Hessenland unter dessen Bruder Otto wieder vereint wurde und diesen eine Fehde mit Mainz bedrohte, gelobten die Brüder Johann, Konrad und Thilo dem Landgrafen eidlich ihm ihre stete Hülfe gegen alle Feinde, und dieser versprach ihnen dagegen seinen Schutz; im Falle der Landgraf ihnen 120 Mk. zahle, sollten sie die Dörfer, die sie zu Burglehn hätten, ledig geben und 12 Mk. auf Allodien anweisen, um diese wieder als Burglehn zu empfangen.

Die obengedachte Fehde mit Mainz brach noch im Jahre 1315 aus; nur wenig ist davon bekannt; erst 1318 wurde sie zum Theil beigelegt. Im Jahre 1320 errichteten die genannten Brüder in einem weitläufigen Vertrage den ersten Burgfrieden zu Falkenberg. Die Grenze desselben sollte so weit gehen, als der Hain des Schlosses von Alters her gewendet; wenn Einer sein Gut auf die

Falkenburg bringe, sollte er es auch ungehindert wieder abführen können, wer sich dem widersetze, sollte die Burg so lange meiden, bis er Ersatz geleistet; böse Worte sollten mit 20 Mk. S., Wunden mit 100 Mk. S. gebüßt werden. Wer aber Todschlag übe, dessen Antheil an der Burg sollte verloren seyn; habe Einer einen Feind und er komme zu einem andern Ganerben, der sollte Frieden haben im Burgfrieden und im Frieden weiter reiten; ebenso sollte derjenige Frieden haben, der sich in den Burgfrieden flüchte auf Gnade; wolle Einer seinen Theil verkaufen, so sollte dieses nur an Ganerben und nicht höher denn zu 20 Mk. geschehen; baue Einer an die Mauer oder in den Graben, und die Anderen sprächen, daß der Bau schädlich, so sollte er denselben wieder abbrechen; böse Worte eines Knechtes zu einem andern, sollte jener seinem Herrn mit 10, Wunden mit 20 und Todschlag mit 100 Mk. S. büßen ꝛc.

Nachdem Erzbischof Peter von Mainz gestorben (1320), erneuerte dessen Nachfolger Mathias die Ansprüche und Forderungen des Erzstifts gegen den Landgrafen Otto. Deshalb suchte er sich gleich im Voraus auf den Fall einer Fehde, durch Gewinnung eines Theils des hessischen Adels sicher zu stellen, eine Politik, deren Befolgung den Erzbischöfen bei den großen Besitzungen, welche Mainz in Hessen hatte, nicht schwer fallen konnte, die ihnen aber auch eben wegen dieser Besitzungen von der Nothwendigkeit geboten wurde. Auch mit den v. Falkenburg trat Mathias in Unterhandlungen, und ungeachtet des feierlichen Vertrags von 1315 gelang es ihm, sie für das

Erzstift zu gewinnen. Am 13. Juni 1322 schloß er mit denselben einen Vertrag, an dem alle vier Brüder Theil nahmen. Er machte sie zu Burgmännern zu Fritzlar, und sie versicherten ihm dagegen die Eröffnung der **Falkenburg** gegen alle Feinde, von denen sie nur Köln ausnahmen. Der Verträge von 1309 und 1315 mit den Landgrafen wird nirgends gedacht, nur Konrad v. Hebel spricht von einer Vereinigung mit dem Landgrafen Otto, von der er sich zu befreien suchen wolle, so ihm aber dieses mißlänge, sollten dennoch die mit dem Erzbischof getroffenen Bestimmungen über die Oeffnung nicht darunter leiden, und wenn er vom Landgrafen gegen das Erzstift aufgeboten werde, wollte er nur von den landgräflichen Schlössern, nicht aber von **Falkenberg** diesem Aufgebote genügen. Für die Aufrechthaltung dieses Vertrags setzten sie Bürgen. [6]) Konrad's Verpflichtung für Hessen scheint hiernach nur auf einem einfachen Burgmannslehen beruht zu haben.

Enthält dieser Vertrag auch keinen Lehnsauftrag, sondern nur das Versprechen des Oeffnungsrechtes, so muß man dennoch fragen, wie dieses mit den, mit den Landgrafen geschlossenen, Verträgen zu vereinigen sey? Nirgends wird der hessischen Lehnsherrlichkeit gedacht, ja selbst, wenn auch nur stillschweigend, die Oeffnung gegen Hessen gestattet, denn nur Köln wird ausgenommen. Daß für uns unbekannte Verhältnisse den Landgrafen vermocht, die geschlossenen Verträge aufzuheben und den v. **Falkenberg** ihr Schloß wieder als Allode zurück zu geben, daran ist wohl nicht zu denken. Daß aber auch jene Verträge nur de facto, nie de jure und nur einseitig von den v. Falkenberg aufgehoben worden, zeigt die Folge zur Genüge. Um so auffallender aber ist der Wille Konrad's, seiner gegen den Landgrafen eingegangenen Verpflichtung zu genügen. Es scheint dieses mit dem Fortbestehen der mit Hessen geschlossenen Verträge im völligen Widerspruche zu stehen. Wie hätte Konrad sich vor dem Landgrafen zeigen können, um einer einfachen Burgmannspflicht zu entsprechen, wenn er andere und höhere Pflichten gegen denselben verletzt? Es ist dieses ein Räthsel, dessen Enthüllung mir bei dem Mangel anderweiter Nachrichten unmöglich scheint.

Die Schicksale der v. Falkenberg in dem später zwischen Mainz und Hessen ausgebrochenen Kriege sind nicht bekannt.

Thilo I. starb um's Jahr 1330 und hinterließ mit seiner Hausfrau Mechthilde vier Söhne: Otto IV., welcher bald starb, Thilo II., Hermann IV. und Johann V. Diese stifteten eine besondere Linie, während Johann II. und Konrad III. v. Hebel durch ihre Nachkommen ebenfalls zwei Linien begründeten, so daß zusammen drei Stämme entstanden. Im Jahre 1330 verkauften sie gemeinschaftlich ihre eignen Güter zu Armsfeld und Elbenrod dem Kloster Haina für 85 Mk. S. Im nächsten Jahre sah sich die obige Wittwe genöthigt, ihren Antheil an dem Vorwerke, am Kirchlehen, an der Vogtei und den Vogtleuten zu Mardorf, an 3 Hufen zu Ahausen bei

Mardorf, sowie ihren Antheil des Zehnten zu Hebel und des Guts zu Harle ihrem Schwager Konrad III. für 115 Mk. Silber zu verschreiben.

Im Jahre 1336 wurde Ritter Johann II. vom Erzbischofe Balduin zum Burgmanne auf dem mainzischen Schlosse Jesberg bestellt; nach seinem Tode sollten zwei seiner Söhne das Burglehn haben, und der eine zu Jesberg, der andere zu Falkenberg wohnen; Johann versicherte hierbei von Neuem die Eröffnung von Falkenberg. [7]) Derselbe Erzbischof schuldete an Konrad III. 90 Mk. S., welche er ihm gegen Ende des Jahres 1336 sicher stellte, indem er ihm die Zinsen von 50 Mk. mit 12 Pf. Heller auf die Juden zu Fritzlar und für die Zinsen der übrigen 40 Mk. einen Schilling Heller auf den Zoll zu Ehrenfels anwies. Nachdem Thilo II. und Hermann IV. 1338 dem Erzstifte als Burgmannen gehuldigt und die Haltung des Vertrags von 1332 gelobt, beschworen sie am 15. Juni d. J. für sich und ihren noch nicht mündigen Bruder Johann V. auch den Burgfrieden zu Falkenberg, und erhielten am 4. Juli vom Landgrafen Heinrich die Dörfer Ober= und Niederbeisheim für 150 Mk. S. versetzt. Acht Tage später schlossen sie einen weiteren Vertrag mit dem Landgrafen. Dieser gab ihnen die Gerichtsbarkeit des Dorfes Rockshausen mit der Wüstung Wolfshausen (Wolueshusen) nebst 50 Mk. S. zu Erbburglehn, wofür das Schloß Falkenberg dem Landgrafen gegen alle seine Feinde, von denen sie jedoch Mainz ausnahmen, geöffnet seyn sollte. Also selbst der Landgraf

scheint seine lehnsherrlichen Rechte an Falkenberg ver=
gessen zu haben, denn vermöge dieser stand ihm die Oeffnung
und zwar unbeschränkt zu Gebote, und er hatte nicht nöthig,
sich dieselbe erst durch ein Burglehn zu versichern.

Konrad III. v. Hebel kam 1339 mit dem Grafen
Heinrich IV. von Waldeck in Streit. Die Söhne dessel=
ben, Otto II. und Heinrich V., von denen der erstere
bereits seit 1332 Mitregent war, überfielen Konrad's
Güter und verwüsteten dieselben durch Brand und Raub.
Die Sache wurde Austrägen zum Spruche unterworfen
und diese erkannten die Waldecker zur Entschädigung ver=
bunden.

Später kamen Hermann II., der Domsänger zu
Fritzlar, und sein Bruder, der Ritter Johann II., mit
Hermann v. Löwenstein=Schweinsberg zu einer Fehde.
Sie befestigten in derselben den Kirchhof zu Holzheim,
einem bei Fritzlar gelegenen, jetzt nicht mehr vorhandenen,
Dorfe; da dieses Dorf hessisches Lehn war, versprachen sie
am 2. Februar 1344 dem Landgrafen, nach beendeter
Fehde den Bau wieder abzuthun.

Um diese Zeit starb Johann II. Er war zweimal
verehlicht gewesen. Zuerst mit der Tochter des Ritters
Ludwig Kalb; als dieser 1306 dem Ulrich, Herrn von
Hanau, für 100 Mk. seine Güter zu Altenstadt an der
Nidder, in der Wetterau, übergab, um dieselben wieder zu
Lehen zu empfangen, behielt er sich vor, daß nach seinem
Tode, außer seinem Sohne Ludwig, auch seine Tochter=
männer Johann v. Falkenberg, Eberhard Schenk zu

Schweinsberg, Reinhard v. Dalwigk und Adelung v. Brei=
denbach mitbelehnt werden sollten. ⁹) Seine zweite Frau
war Mechtilde, Tochter des Ritters Widekind v. Graf=
schaft, deren Leibgedinge (dos) er 1324 auf verschiedene
ziegenhainsche Lehngüter zu Borken, Gombet, Arnsbach ꝛc.
anwies. 1342 verzichtete diese auf alle Ansprüche an
ihrem väterlichen Schlosse Norderna zu Gunsten der Gra=
fen v. Waldeck. ¹⁰) Johann's Söhne waren Otto II.,
Johann III., genannt Grüssing (auch Gruzzer, Gru=
ser, Gruziger, Grutzing ꝛc.), Widekind und Werner I.;
von diesen war Otto Geistlicher und zwar Domherr zu
Fritzlar; Erzbischof Heinrich gab ihm 1343 die Amtmann=
schaft über Fritzlar: er sollte 4 Gewaffnete halten und
seine Amtsgesessenen schützen und schirmen; dafür erhielt
er alle Pfenniggülte zu Fritzlar, jährlich 32 Pfund, und
einen Betrag an Früchten zu Fritzlar und Werkel, sowie
alle Bußen und Frevel zu Fritzlar, ausgenommen die
große Buße an Leib und Gut, angewiesen; nur für den
Fall er mehr Gewaffnete halte, wurde ihm noch eine be=
sondere Entschädigung versprochen. ¹¹) Otto war zu=
gleich Pfarrer in Mardorf. Von den andern Söhnen
starb Widekind schon nach 1349 und Werner scheint
bereits vor dem Vater gestorben zu seyn.

Auch Johann V. starb nach 1346 und wurde von
seinen Brüdern Thilo II. und Hermann IV. beerbt;
diese erkauften 1347 von Werner v. Löwenstein=Wester=
burg dessen Antheil an der Vogtei zu Frau=Münster bei
Obermöllrich.

Landgraf Heinrich II. war inzwischen mit dem Erzbischof Heinrich von Mainz in eine Fehde gekommen, in welcher die v. Falkenberg auf des letztern Seite fochten. Im Juli 1346 fand eine Annäherung der Parteien statt, deren Veranlassung insbesondere die am 10. desselben Monats geschehene Wahl des böhmischen Karls zum deutschen Könige seyn mochte. Am 1. August entbot Erzbischof Heinrich von Eltvill aus, den Landgrafen nach Gelnhausen, um sich daselbst durch kaiserliche Vermittelung zu sühnen; ob diese Zusammenkunft stattgefunden, ist nicht bekannt, sie hatte wenigstens keinen Erfolg. Am 15. August gab der Erzbischof durch einen zu Frankfurt ausgestellten Brief an Johann III., Hermann IV. und Johann V. v. Falkenberg und Friedrich v. Hertingshausen mehrere gefangene Landgräfliche zur Aufbewahrung und Schatzung. [12])

Während dieses geschah, hatte sich auch im Erzstifte Mainz eine Partei gegen Erzbischof Heinrich erhoben, und bald wurde durch die Unterstützung des Landgrafen der junge Gerlach, Graf von Nassau, zum Erzbischofe erwählt. Landgraf Heinrich hatte dadurch seinem Feinde einen neuen Gegner geschaffen und sich einen treuen Bundesgenossen erworben. Anfänglich schlossen sich die v. Falkenberg dem neuen Erzbischofe an; Johann Grüßing, dem das mainzische Schloß Jesberg versetzt war, erlangte am 24. Oktober 1346 von Gerlach die Erlaubniß, dasselbe an seinen Bruder, den Domherrn, sowie an die Gebrüder v. Linsingen für 267 Mk. zu versetzen, [13]) welches hierauf

auch von ihm geschah; doch verließen die v. Falkenberg
bald wieder Gerlachs Partei und schloſſen ſich von Neuem
dem Erzbiſchofe Heinrich an. Denn Johann Grüßing
baute mit deſſen Erlaubniß, und wahrſcheinlich auch mit
deſſen Unterſtützung, auf dem ſteilen Hügel über dem
Dorfe Densberg ein neues Schloß, womit ihn Heinrich
belehnte. [14] Da Gerlachs Hauptſtütze bis jetzt nur noch
der Landgraf geweſen, ſo ſchloß er ſich dieſem enger an,
und um ſich denſelben möglichſt zu verbinden, legte er in
einer Zuſammenkunft auf dem Schloſſe Idſtein, am 1. Mai
1347, den alten Lehnſtreit zwiſchen Heſſen und Mainz bei und
belehnte den Landgrafen mit den ſeit deſſen Oheims Johannes
Tode nicht empfangenen mainziſchen Lehen von Neuem.

Erzbiſchof Heinrich hatte noch die meiſten Feſten des
Erzſtifts in ſeinen Händen, und bot, unterſtützt von
ſeinem ſchlauen und tapfern Verweſer Kuno v. Falkenſtein,
ſeinen Gegnern kühn die Stirn. Da ſtarb plötzlich, am
11. Oktober 1347, König Ludwig, der Freund des Erzbiſchofs
Heinrich. Dieſer, der Karl nicht anerkannte, bemühte ſich
nun um einen neuen deutſchen König, und am 30. Januar
1349 wurde Günther von Schwarzburg als ſolcher gewählt,
der aber ſchon am 14. Juni die noch ungeſicherte Krone
mit dem Tode vertauſchte. Dieſes offene Auftreten des
Erzbiſchofs Heinrich gegen Karl machte ihm denſelben zum
erbitterten Feinde. Schon am 22. Februar ſchrieb Karl
aus Eger an Ulrich, Herrn von Hanau, und forderte die=
ſen auf, den Erzbiſchof Heinrich und die Stadt Frank=
furt zu befriegen, er würde ihm aus Böhmen Unterſtützung

bringen. Karl kam hierauf nach Kassel zum Landgrafen (21. März), worauf derselbe mit ihm an den Rhein zog und am 1. April zu Speier in seine Dienste gegen Günther trat; [15]) Erzbischof Heinrich wurde vorläufig vom Landgrafen ausgenommen, weil er seit Anfang des Jahres 1348 mit demselben in einem Frieden stand, welcher erst zu Johannis endete; wenn dieser Frieden abgelaufen, dann, versprach der Landgraf, wollte er auch des Erzbischofs Feind werden. Dieses geschah; zu den Ursachen der Feindschaft war noch der Bau der Densburg gekommen. Nachdem sich Landgraf Heinrich mit Thüringen und Braunschweig verbunden, brach er gegen Erzbischof Heinrich auf. Mit großer Macht wurde die mainzische Feste Heldessen, bei Hofgeismar, umschlossen und zu einem Vertrage genöthigt; auch die Falkenburg wurde erobert.

Um die Fehden des Mittelalters begreifen zu können, müssen wir alle die Bilder fahren lassen, welche uns die Kriege unserer Zeit gegeben, wo Völker gegen Völker geführt und in großen geschlossenen Massen oft Jahre gegen einander im Felde gehalten werden. Ein treues Bild derselben geben allenfalls die neueren Kämpfe in der Schweiz. Es waren meistens Streifzüge und Ausfälle, in denen gewöhnlich die schnelle Benutzung des glücklichen Augenblicks entschied. Man betrachtete die Fehde zugleich als Mittel zum Erwerbe, und strebte minder nach blutigen Kämpfen, als nach Beute und Gefangenen. Was am meisten zur Beendung großer Fehden beitrug, war die kostspielige Unterhaltung der Truppen und der baldige Ausgang der Lebensmittel. Da man keine Vorrathshäuser kannte — denn nur die festen Plätze wurden verproviantirt — und die Gegend die Lebensmittel zu liefern hatte, man aber diese gegenseitig verwüstete und verbrannte, so war eine baldige Aushungerung eine unabwendbare Folge. Nach jedem größeren Unternehmen trennte man sich deshalb wieder, und nur die Besatzungen der festen Plätze setzten den Krieg fort.

Auch der Landgraf entließ nach den obigen Eroberungen seine Bundesgenossen; als dieses aber der Erzbischof vernahm, sammelte derselbe seine Macht und brach von Fritzlar aus gegen den Landgrafen vor; bei Gudensberg trafen die feindlichen Heere zusammen, und es erhob sich ein großer Streit, der mit einer gänzlichen Niederlage des Erzbischofs endete. Die Zeit dieser Kämpfe fällt in die Jahre 1349 und 1350, in jene traurige Periode, wo eine schreckliche Seuche Europa entvölkerte und auch in unserm Vaterlande Tausende von Menschen hinwegraffte.

Ungeachtet jener Niederlage wich Erzbischof Heinrich eben so wenig seinem jungen Gegner, als er dem Landgrafen mit Vergleichsvorschlägen sich nahte; es ist wenigstens davon nichts bekannt. Erst 1352 schloß er mit dem Letztern einen Waffenstillstand. Als er diesen am 27. März 1353 zu Eltvill bis zum 22. Mai verlängerte, nahm er insbesondere die Brüder Otto II. und Johann III., sowie Thilo II. und Hermann IV. mit ihrem Leib und Gut darin auf. Diese hatten sich demnach noch nicht mit dem Landgrafen gesühnt; dagegen erklärten Konrad des III.

v. Hebel 5 Söhne am 1. April, daß sie sich dem Landgrafen Heinrich und dessen Sohne Otto mit ihrem Schlosse Falkenberg verbunden hätten, und ewig beim Fürstenthume Hessen bleiben wollten, der Landgraf habe sie wieder mit dem Schlosse belehnt, sollte sie schirmen und ihrer zu Rechte mächtig seyn; das Schloß sollte ihm offen stehen; auch gelobten sie, keinen, möge es auch ein v. Falkenberg seyn, auf das Haus zu lassen, ehe er dem Landgrafen dieselben Gelübde gethan; alle, welche das zwölfte Lebensjahr erreicht, sollten dasselbe beschwören. Ihre Vettern Johann Grüßing III. und Thilo II. und Hermann IV. v. Falkenberg wollten sie gleichfalls nicht eher auf das Schloß lassen, bis diese dasselbe vom Landgrafen empfangen. Brächen sie aber ihre Gelübde, so sollten alle ihre Lehen verfallen seyn.

Noch vor dem Ablaufe jenes Waffenstillstandes starb Erzbischof Heinrich, beladen mit dem Banne des Papstes, und erst jetzt gelangte Gerlach zum Besitze des mainzischen Stuhles. Am 10. Mai 1354 schloß er mit dem Landgrafen einen Ausgleichungsvertrag. Hiernach sollte die Densburg mit landgräflicher Hülfe niedergebrochen und die Falkenburg, weil sie schon früher Hessen gehört, dem Landgrafen wieder eingegeben werden. Dieses geschah also auf den Grund der Verträge von 1309 und 1315, welche demnach nichts weniger als erloschen waren. Die Densburg wurde hiernach vertragsmäßig zerbrochen, aber von Johann Grüßing bald wieder hergestellt. Dieses mochte den Landgrafen bewegen, demselben die

Wiederbelehnung mit seinem Ganerbtheile an der Fal=
kenburg zu verweigern. Johann klagte darüber, und
als 1355 Austrägen zur Beilegung der zwischen Mainz
und Hessen obwaltenden Irrungen zusammentraten, kam
auch diese Sache zu deren Entscheidung. Diese sprachen
am 10. August d. J., daß der vertragswidrige Bau der
Densburg wieder niedergelegt und Grüßing sich wegen
seiner Ausschließung von seinem Ganerbtheile am Fal=
kenberge an die Theidingsleute der früheren Sühne
wenden, und nach deren Ausspruch sich gerichtet werden
sollte. Die Densburg wurde nun zum zweiten Male zerstört,
aber auch zum dritten Male wieder aufgerichtet. Dieses
geschah mit der ausdrücklichen Erlaubniß des Erzbischofs,
der 1359 Johann mit dem neuen Schlosse und den
Dörfern Densberg und Rommershausen belehnte, wogegen
dieser die Hälfte seines Vorwerkes zu Nassenerfurt und
den Zehnten zu Rengershausen abtrat. Die Sache wegen
seiner Ausschließung zog sich in die Länge, obgleich sich
der Erzbischof seiner sehr annahm. Noch im Jahre 1364,
als man zur Schlichtung mehrerer Streitigkeiten zwischen
Hessen und Mainz Austrägen bestellte, unterwarf man
auch die über den Falkenberg deren Entscheidung.
Diese erfolgte auch 1365, ähnlich der frühern, dahin: daß,
da Hessen leugne, die Zurückgabe des grüßingschen An=
theils versprochen zu haben, beide Theile sich an die noch
lebenden Theidingsleute wenden und deren Spruch folgen
sollten. Wie dieser ausgefallen, ist nicht bekannt; doch
weder Johann Grüßing noch seine Nachkommen gelangten

je wieder zu einem Antheile an ihrer Stammburg, und hatten ihren Sitz bis zu ihrem Erlöschen auf der Densburg. Vor jenem Austrägalgerichte beschwerte sich auch Mainz über Schäden, welche ihm von den landgräflichen Schlössern und namentlich von dem Falkenberge zugefügt worden, und trug auf Entschädigung an, welche ihm auch zugesprochen wurde. [16] — Thilo II. und Hermann III. gelangten erst 1356 wieder zum Besitze ihrer Antheile am Falkenberge, nachdem sie der Erzbischof ihrer Pflichten in Ansehung der Oeffnung entledigt, weil sie des Stifts Mainz wegen das Schloß unschuldig verloren und nun dem Landgrafen damit warten müßten. [17]

Um die Geschichte der einzelnen Linien klarer darstellen zu können, werde ich dieselben von nun an getrennt erzählen.

Die densburgsche Linie. Diese war also von den hessischen Lehen ausgeschlossen und hatte ihren Sitz zu Densburg. Johann III., genannt Grüßing, ließ 1351 seine Burglehen zu Jesberg seinem Sohne Johann VI. übertragen, und verkaufte um's Jahr 1354 die Hälfte seiner Pfandschaft an der Burg Jesberg seinem Vetter Thilo II. v. Falkenberg für 450 Schill. Turnosse. Die andere Hälfte hatte er früher, wie bereits oben erzählt worden, seinem Bruder Otto und den Gebrüdern v. Linsingen versetzt; von dieser nahm er 1362 seines Bruders Viertel wieder in Besitz. 1364 erklärte Erzbischof Gerlach, daß er ihm 100 Mk. Silber schulde. Als dieser 1366 mit dem Landgrafen in eine Fehde verwickelt wurde, focht die densburgsche Linie für Mainz, während die übrigen v. Falkenberg auf der Seite des Landgrafen standen. Otto II., der Sänger zu Fritzlar, fiel in hessische Gefangenschaft. Als Kaiser Karl IV. am 9. Sept. 1366 zwischen den beiden kriegführenden Fürsten eine Sühne vermittelte, wurde auch die Freilassung der Gefangenen bestimmt, nur Otto wurde davon ausgenommen, um ihn sollte besonders gehandelt werden. Zwischen den v. Falkenberg selbst mag heftiger Streit obgewaltet haben, denn Otto klagte gegen die Gebrüder Konrad IV. und Werner II. v. Falkenberg beim Kaiser, und dieser sprach die Reichsacht über dieselben aus, welche er auf Otto's Bitte am 1. Januar 1367 zu Würzburg wieder aufhob. Er nennt Otto in der darüber ausgestellten Urkunde seinen lieben Kapellan. Johann Grüßing findet sich nach 1369 nicht mehr. Von seinem Vater ererbt, besaß er in Gemeinschaft mit seinem Ohm Konrad v. Hebel Güter zu Nassenerfurt, Zwesten, Uttershausen, Gerhardshausen und Hockenrode vom St. Johannisstift zu Mainz. [19]) Mit seiner Hausfrau Irmgard hatte er 3 Söhne erzeugt: Hans VI., Werner III. und Otto V., welcher letztere schon nach 1359 wieder verschwindet; seine Tochter Hedwig hatte Andreas v. Binsförth zum Gatten. Schon 1349 hatte Otto, der Sänger zu Fritzlar, ein Seelgeräthe gestiftet, gleichwie auch 1359. Im Jahre 1369 stellte derselbe, zwar krank an Körper, doch noch gesund am Geiste, sein Testament auf. Seinem Bruder vermachte er Gülten und Renten zu Wildungen, Gemünden, Holzheim und

Borken, sowie auch das Burglehn zu Hersfeld. Seinen Neffen Hans und Werner gab er 40 Mk. Silber, welche ihm ihr Vater Johann schulde und wofür sie das Dorf Holzheim inne behalten sollten. Ferner an Hans das Burglehn zu Werkel und an Werner die Gülte vom Zolle und die Fischerei zu Fritzlar. Er beschenkte die Kirchen zu Mardorf, Holzheim und Lützelberg, die Klausener zu St. Georg und St. Nikolaus und zu unserer Frauen Münster, wie auch die Spitäler zu Fritzlar; ferner mehrere Personen, z. B. seinen Kellner mit seinen Ackerpferden 2c.; außer seiner Magd bedachte er noch vier andere Frauen. Dem Chore zu Fritzlar gab er ein Psalmbuch, sein bestes Banklachen, eine gewirkte Decke und vier Stuhlkissen mit den falkenbergschen Schilden. Mehrere Kodizille sind angehängt, unter denen auch eins für seine Schwester Else. Er starb im Jahre 1372.

Johann's Söhne und deren Nachkommen nennen sich nun gewöhnlich v. Falkenberg zur Densburg. Hans VI. und Werner III., von denen der erstere Truchses (Drossesse) des Grafen von Ziegenhain war (1387), und 1390 Theil an einer Fehde gegen Frankfurt nahm,[20] verglichen sich 1395 mit dem Stifte Fritzlar und versprachen dieses an dem, von ihm in ihrem Gerichte Holzheim angelegten, Wehre und den zur Mühle gehörigen Wassergange nicht zu hindern, wofür ihnen das Stift 100 Viertel Früchte gab. Beide wurden in demselben Jahre mainzische Amtleute, Hans zu Battenberg, Werner zu Amöneburg und Rosenthal. Hans überließ 1398 seinem Bruder seinen Theil an Holzheim und Arnsbach, und dieser, nämlich Werner, versetzte 1402 mit Bewilligung seines Bruders das Dorf Arnsbach an Henne v. Urf für 200 fl., welches er nebst den Zehnten zu Rengershausen von den Grafen von Ziegenhain zu Lehen trug. Nur Werner hinterließ mit seiner Hausfrau Jselung Söhne: Hans VIII. und Werner V. Werner III. lebte noch 1421, war aber 1422 schon todt, ebenso auch sein gleichnamiger Sohn, nur Hans VIII., genannt Wolfszahn, lebte noch; dieser stiftete 1424 mit einem, 1363 von seinen Eltern seinem Oheime Andreas v. Binsförth versetzten Fischwasser zu Binsförth an der Fulda, nachdem das Kloster Heida dasselbe an sich gelöst, in demselben Kloster eine Seelenmesse, indem er auf die Wiedereinlösung verzichtete. Das Dorf Holzheim, welches im Unterfelde bei Fritzlar lag, hatten seine Voreltern als hessisches Lehn besessen; er hatte sich aber bewegen lassen, dasselbe 1411 dem Erzstifte Mainz zu Lehen aufzutragen; schon 1422 erklärte er es für hessisches Lehen, und bekannte 1426, zwar leibes- und lebensschwach, doch noch kräftig am Geiste, daß ihn der Erzbischof zu jenem Lehensauftrage gezwungen habe. Da er keine Söhne hatte, standen seine Mannlehen auf dem Heimfalle; um diese für seine Familie zu retten, erklärte er auf dem Hofe der Pfarrkirche zu Homberg am 5. Juli 1423 vor einem Notar, daß die Dörfer Arnsbach und Holzheim altes falkenbergsches Erbe und seinen Eltern in einer Mutschirung zugefallen seyen, er gebe deshalb diese und alle Schuld und Briefe und was er anderes vom Erzstifte Mainz über das Amt Battenberg habe, und alle seine Güter seinem Vetter Hermann V. v. Falkenberg. Er starb mit Hinterlassung einer Tochter Elisabeth, welche an Henne v. Linsingen verehlicht wurde.

Die konradsche Linie. Konrad III., genannt v. Hebel, dessen Geschichte bereits oben zum größten Theile erzählt worden, hatte 1348 in Gemeinschaft mit dem fritzlarschen Domherrn, Dietrich v. Hardenberg, des Ritters Joh. v. Stockhausen Sohn, Johann, gefangen genommen, der seine Freiheit mit 151 Mk. S. erkaufen mußte. 1349 wurde Konrad ziegenhainscher Burgmann zu Burggemünden. Er hatte 6 Söhne: Otto III. wurde Domherr zu Fritzlar und scheint erst 1420 gestorben zu seyn; Hermann III., der bereits 1353 nicht mehr lebte, Werner II., Konrad IV., Reinhard I. und Hans IV. Hinsichtlich der vier letztern traf er 1358 eine Verfügung, wie sich dieselben nach seinem Tode verhalten sollten. Hiernach sollten die beiden ersten Laien bleiben, die beiden letztern sich aber für Pfaffen halten, d. h. sie sollten in Beziehung auf die Güter in das Verhältniß einer zum geistlichen Stande gehörigen Person treten, ohne deshalb wirklich Geistliche zu werden. Nur in dem Falle, daß einer der Aelteren sterbe, sollte einer der Jüngeren an dessen Platz treten. Alle vier Brüder sollten in einer Kost bleiben, und wenn einer der Jüngsten ein Kain wäre und muthwillig sich trennen wollte, sollte er keine Macht dazu haben; nur wenn die beiden Jüngsten eine Trennung verlangten, sollten darüber die zur Aufrechthaltung dieser Bestimmungen Gekorenen entscheiden. Wenn die Aelteren in Fehden verwickelt würden, sollten ihnen die Jüngeren helfen, und würden jene keine Söhne haben, diese ihre Erben werden. Außer diesen Verfügungen traf Konrad noch andere über die Güter, welche die Jüngeren zu ihrem Unterhalt haben sollten, auf den Fall, daß diesen die für sie von dem Landgrafen versprochenen Kirchen oder Präbenden nicht würden, sowie über die Art und Weise einer Trennung, und ließ sie dieses feierlich beschwören. Er starb kurz nachher.

Werner II. war 1356 landgräflicher Amtmann zu Homberg und Gudensberg, und erhielt 1360 vom Grafen Johann von Ziegenhain alle die Güter, welche demselben durch Ludwig's v. Romrod Tod heimgefallen, für 200 fl. in Versatz. [21] Ebenso wurde ihm und seinem Bruder Konrad das südlich von Oberaula gelegene Schloß Hausen von Fulda auf Wiederkauf verschrieben. Aus der hierüber ausgestellten Urkunde ersieht man, daß sie dem Abte Heinrich von Fulda in einem Streite mit seinem Konvente gedient hatten; zu der reinen Kaufsumme von 1500 Schill. Turnosse wurden noch 200 Mk. für jene Dienste und 24 Mk. und 40 fl. für zwei darin eingebüßte Hengste, gleichwie auch für einen in einer Bürgschaft verlornen Hengst 420 fl. aufgeschlagen; das Stift behielt sich nur seine Mannlehen, den Kirchsatz, die Herberge und die Oeffnung zu Hausen vor. [22] Reinhard forderte vom Stifte Hersfeld das Patronatrecht an der Kirche zu Ottrau, aus welchem Rechte, läßt sich nicht ersehen, leistete jedoch 1361 auf seine Ansprüche Verzicht. Im Jahre 1366 fochten sie im Dienste des Landgrafen gegen Mainz, während ihre Vettern von der densburger Linie auf des Letztern Seite standen; sie kamen deshalb auch mit diesen in Zwist, und Otto **II.** wirkte gegen Konrad und Werner die Reichsacht aus, welche erst am 1. Januar 1367 wieder aufgehoben wurde. Durch eine am 7. September d. J. zu Amöneburg ausgestellte Urkunde, bestellte der Erzbischof von Mainz den Ritter Konrad zu seinem Amtmann zu Fritzlar. Dieser hatte Sophie, die Schwester des bekannten Friedrich, Herrn zu Lisberg, zum Weibe. Die dadurch mit diesem mächtigen Dynasten geknüpfte Verbindung führte zu einer zweiten, welche am 30. November 1370 geschlossen wurde. An diesem Tage wurde Werner's einziger Sohn, Konrad **V.**, mit der lisbergschen Nichte Katharine v. Rodenstein verlobt und Friedrich und seine Mutter verkauften die Hälfte ihrer Burg Herzberg an die v. Falkenberg. Diese erhielten die Gebrüder Werner und Konrad und des erstern Sohn für 8000 fl., wovon jedoch 3000 fl. zur Mitgift Katharinens bestimmt wurden; hinsichtlich der andern Hälfte wurde ihnen ein Näherrecht eingeräumt; wollte Friedrich oder seine Mutter die Burg verkaufen, so sollten sie dieselbe für 3000 Goldgulden haben; sterbe aber Friedrich eher, und zwar ohne Leibeserben, als dieses geschehen, so sollte ihnen dieselbe erblich zufallen; jedoch sollten sie an seine Mutter oder an die, welche diese bestimmen würde, 2400 Goldgulden zahlen. Für 1000 kleine Goldgulden, welche die v. Falkenberg an Friedrich schuldig blieben, versetzten sie demselben die Hälfte ihres Gerichtes Breitenbach, am Herzberg, welches sie von Fulda zu Lehen trugen und traten ihm die Hälfte ihres Rechtes am Neuenstein ab. [23]) Das Witthum Katharinens versicherten die v. Falkenberg mit 1000 fl. In einer besondern Urkunde wurden die Gebäude auf Herzberg getheilt. Ueber alle diese Dinge wurden an einem Tage nicht weniger als sieben Urkunden ausgestellt.

Im Jahre 1369 standen die v. Falkenberg in einem Bunde mit den v. Elben, v. Dalwigk, v. Löwenstein, v. Holzheim ꝛc. und befehdeten buchische Ritter, von denen sie Apel v. Haune zum Gefangenen machten. Auch nahmen sie von 1372 — 1374 Theil am Sternerbunde und dessen Kriege gegen Landgraf Hermann von Hessen. Ihr Schloß Herzberg mußte in diesem Kriege eine Belagerung aushalten, welche es jedoch glücklich bestand. [24])

Reinhard und Hans erhielten 1370 Güter zu Aula, Steina und Zelle von dem Grafen von Ziegenhain verschrieben. Werner, der jetzt erst die Ritterwürde erlangt hatte, und Konrad versetzten 1371 dem Kloster Kappel Güter zu Verna und bewilligten 1372 dem Spitale zu Treisa die Lösung des halben Zehnten zu Udorf.

Werner's Macht und Ansehen war so sehr gestiegen, daß Erzbischof Adolph von Mainz denselben zu seinem Oberamtmanne über die mainzischen Besitzungen in Hessen, Westphalen, Sachsen, Thüringen und auf dem Eichsfelde bestellte. Es geschah dieses in einer Zusammenkunft zu

Heiligenstadt am 18. Februar 1374. In dem Bestellungs=
briefe befiehlt er ihm die Schlösser, Städte, Lande und
Leute und deren Beschirmung und Vertheidigung, die Er=
hebung aller Gülten, Renten und Gefälle, die geistlichen
Renten mit einbegriffen. So lange er Amtmann sey,
sollte er jährlich 3000 fl. haben, wovon er die eine Hälfte
zur Bezahlung von Schulden und Diensten, und die an=
dere zur Beköstigung für sich und die Seinen, sowie zu
Kriegsrüstungen verwenden sollte. An dem Schlosse Rüste=
berg, auf dem Eichsfelde, sollte er jährlich 200 fl. ver=
bauen, und auf Verlangen jeder Zeit Rechnung ablegen.
Für etwaigen Schaden und zwar bis zum Betrage von
4000 fl. setzte der Erzbischof ihm und seinen Brüdern
das Schloß und Städtchen Neustadt zum Unterpfande.
In diesem wichtigen höchst einflußreichen Amte blieb er
bis zum Jahre 1377. Werner reiste mit seinen Brüdern
und seinem Sohn im Mai d. J. nach dem Rheine und
kamen mit dem Erzbischofe zu Gernsheim zusammen, um
sich wegen der Amtmannschaft mit demselben zu berechnen.
Dieses geschah am 10. Mai. Der Erzbischof blieb an
Werner für Zehrung, Kosten, Schäden, Pferde ꝛc. die
Summe von 524 Mk. S. schuldig. Werner hatte noch
Gefangene in seinem Gewahrsam, diese sollte er mit des
Erzbischofs Zustimmung schätzen und die davon fallende
Schatzung an der obigen Summe abziehen. Den Rest
wollte ihm der Erzbischof halb zu Weihnachten und halb
auf den Tag Johannes d. T. zahlen, und Neustadt sollte
ihm für die Zahlung als Unterpfand stehen. Jener Rest

betrug 1620 fl., welche die Burgmannen zu Neustadt in den bestimmten Fristen an Werner bezahlten. Dieser machte nun noch eine Nachforderung von 180 Mk. S. für Sold, den er im Namen des Erzbischofs dessen Mannen und Burgmannen auf dem Eichsfelde gelobt und dafür gut gesagt; die Zahlung dieser Summe versprach der Erzbischof durch eine am 28. Juni 1378 zu Eltville ausgestellte Urkunde. In d. J. nahmen sämmtliche v. Falkenberg Theil an der mißglückten Verschwörung gegen die Stadt Hersfeld.[25]) 1380, wo sie im Dienste des Landgrafen gegen den Falknerbund fochten, kam Konrad V. und Kurt Zein, welcher zu Falkenberg gewohnt zu haben scheint, mit der Stadt Fritzlar in Fehde; als dieselbe am 11. März gesühnt wurde, setzten sie den Erzbischof zum Obmanne der Austräge. Werner und Konrad erkauften 1379 und 1380 Güter zu Hertwigsdorf, Rimberg, Wagenfurt 2c. und 1384 erwarben Reinhard und Hans für 100 Mk. S. die hessische Pfandschaft an dem Dorfe Kappel und einem Theile des Dorfes Niedervorschütz. Konrad IV., der sich 1382 zuletzt findet, lebte 1383 bereits nicht mehr; er war ohne Söhne gestorben. In diesem Jahre erneueten sie das hessische Lehn des Schlosses Falkenberg, und erklärten, daß die von Landgraf Heinrich II. und seinem Sohne Otto über den Falkenberg gegebenen Briefe, welche verbrannt, machtlos seyn und nur die neuen Kraft haben sollten.

Im Jahre 1385 erhob sich ein großer Krieg gegen Hessen; Mainz, Köln, Thüringen, Braunschweig 2c. drangen von allen Seiten vor, und nur an den tapfern Vertheidigern Kassels scheiterte ihr Siegeslauf, vergeblich war die Belagerung der Stadt. Dennoch sah sich Landgraf Hermann zu einem drückenden Frieden genöthigt, er mußte Mainz 20,000 fl. versprechen, und als Unterpfand bis zur Zahlung die Städte Grebenstein, Immenhausen und Wolfhagen einsetzen; diese wurden hierauf einer Anzahl Ritter zu getreuer Hand übergeben; es waren dieses: Werner und sein Sohn Konrad v. Falkenberg, Hans v. Falkenberg zur Densburg und Friedrich v. Hertingshausen.

Werner II. findet sich nach dem Jahre 1386 nicht mehr. Sein Sohn Konrad V. vertauschte seinen Taufnamen mit dem gleichbedeutenden Namen Kunzmann; seit dem Jahre 1380 führte er denselben, anfänglich wechselnd, dann für immer, und da er nur unter diesen bereits bekannt, werde auch ich ihn in der Folge Kunzmann nennen. Als 1390 die v. Breidenbach in eine Fehde mit der Stadt Frankfurt geriethen, halfen ihm Kunzmann und dessen Oheime Reinhard und Hans. Im Jahre 1391 erhielt Kunzmann die Ritterwürde.

Bis jetzt hatte Kunzmann die Burg Herzberg noch immer in Gemeinschaft mit Friedrich v. Lisberg gehabt; dieser war zwar verehlicht, hatte aber keine Kinder und auch die Hoffnung verloren, noch deren zu erlangen. Er trat deshalb 1292 mit Kunzmann in Unterhandlungen und verkaufte am 26. Mai demselben auch noch die andere Hälfte des Schlosses. Außer der Kaufsumme bezahlte dieser ihm hierauf auch jene 1000 fl., welche 1370 auf das halbe Gericht Breitenbach verschrieben worden waren. [26])

Kunzmann war bereits zu solchem Ansehen gestiegen, daß sich Erzbischof Konrad bemühte ihn für seine Dienste zu gewinnen. Es gelang ihm dieses am 3. Mai 1393, als Kunzmann an seinem Hoflager zu Wiesbaden war; er zahlte ihm 900 fl. und dieser ließ sich dagegen mit seiner allodialen Wüstung Sauerburg, am Mosenberge, belehnen. In dem Kriege von 1385 ꝛc. hatten die Feinde unter andern auch Rotenburg, Melsungen und Niedenstein erobert und im Besitze behalten; nachdem nun Landgraf Hermann sich 1394 mit Mainz deshalb vertragen, übergab der Erzbischof seinen Antheil an diesen Orten an Burghard, Herrn von Schöneberg, und Kunzmann v. Falkenberg, um dieselben dem Landgrafen zu überantworten. 1396 trat Kunzmann in die durch Landgraf Hermann von Hessen und Herzog Otto von Braunschweig gestiftete Sichelgesellschaft, welche sich jedoch bald wieder auflöste.

Die Verbindung mit dem Erzstifte Mainz führte Kunzmann im Jahre 1400 zu einem in seinen Folgen für ihn sehr verderblichen Unternehmen. Höchst wahrscheinlich durch den Erzbischof Johann bewogen, war er mit seinen Freunden, dem Grafen Heinrich v. Waldeck und Friedrich v. Hertingshausen, zusammengetreten, um den Herzog Friedrich von Braunschweig zu überfallen, der mit dem Kurfürsten Rudolph von Sachsen von Frankfurt zurückkehrte. Der Ueberfall geschah am 5. Juni 1400 bei dem

Dorfe Kleinenglis, wo noch jetzt ein steinernes Kreuz an die That erinnert; der Herzog verlor in dem dabei stattfindenden Gefechte sein Leben. Ich habe die Geschichte dieses Mordes und der darauf folgenden Ereignisse bereits früher erzählt (s. Bd. II. S. 225), und beschränke mich hier nur auf das, was Kunzmann insbesondere betrifft. Hessen, Thüringen, Braunschweig ꝛc. waffneten sich zum Kriege gegen Mainz und die Thäter. Schon am 25. Mai 1401 verband sich Kunzmann deshalb enger mit dem Erzbischofe in einer Zusammenkunft zu Aschaffenburg; er versprach demselben 25 Mann mit Glenen gegen den Landgrafen zu halten, und dieser, ihm dafür monatlich 250 fl. zu geben. 1402 brach der Krieg aus, den König Ruprecht erst im September durch eine vorläufige Sühne beizulegen vermochte. Am 3. Februar 1403 sprach derselbe über die Raubmörder ein Urtheil. Friedrich v. Hertingshausen und Kunzmann wurden unter andern zu einem unbestimmten Thurmgefängniß und einer zehnjährigen Verbannung aus Deutschland verurtheilt. Doch dieses Urtheil wurde nur ausgesprochen, ist aber nie vollzogen worden. Kunzmann schloß sich um so fester dem Erzbischofe an, und wie ihn dieser schätzte, zeigte er im J. 1403. Als sich in diesem Jahre das Stift Fulda seinem Schirme unterwarf, bestellte er durch eine auf der Feste Klopp, über Bingen, am 9. Juni ausgestellte Urkunde Kunzmann zum Oberamtmanne dieses Stiftes; er überwies ihm zu dem Ende jährlich 1000 fl., wofür dieser zugleich einen Haufen Bewaffneter halten sollte. Noch in d. J. brach der Krieg von Neuem aus und sämmtliche v. Falkenberg nahmen daran Theil. In der Meinung braunschweigsche Güter zu erbeuten, warfen Reinhard I. und Hans IV. sowie Thilo III. im November einen friedberger Bürger nieder; die Beute bestand in 2 Wägen mit Stockfischen und 21 Pferden, auch machten sie den Handelsmann und fünf seiner Knechte zu Gefangenen; da sich aber die Burgmannschaft zu Friedberg des Gefangenen als eines der Ihren annahm, gaben die v. Falkenberg alles Genommene wieder zurück. Erst 1405 wurde dieser Krieg beendet. [27])

Friedrich von Lisberg war bereits vor dem Jahre 1398 gestorben und Johann v. Rodenstein hatte sich als dessen Erbe in den Besitz von Lisberg gesetzt, da aber Kunzmann gleiche Erbansprüche hatte, so kam 1405 zwischen diesem und Johann's Sohne, Hermann, ein Vergleich zu Stande. Diesem zufolge theilten sie sich in die Herrschaft Lisberg, so daß sie jeder zur Hälfte besitzen sollte; Kunzmann versprach an Hermann 2000 fl. zu zahlen, und zwar in drei Stückzahlungen binnen zwei Jahren, wofür seine Hälfte als Unterpfand dienen sollte; wollte Einer seinen Theil verkaufen, so sollte er dieses nur an den Andern thun; die lisbergischen Briefe sollten gemeinschaftlich seyn, die aber unnütz gewordenen, oder die v. Falkenberg betreffenden, wollten sie vernichten ꝛc. Da sich später keine weitere Nachricht über den falkenbergschen Mitbesitz an Lisberg findet, und auch weder Kunzmann noch sein Sohn einen thätigen Antheil an dem lisbergschen Streite nehmen, so scheint es, daß jener entweder das Geld nicht bezahlt, oder, was noch mehr für sich hat, seine Hälfte an Hermann v. Rodenstein verkauft habe.

Im Jahre 1410, in dem Kunzmann sich der Gesellschaft vom Luchse anschloß, ²⁸) hatte er und sein Sohn Werner eine Fehde mit Gopel v. Milnrod und Wetzel v. Buchenau; die erstere betraf eine Bürgschaft, welche Gopel für Werner geleistet; nachdem aber Gopel vor Niederjossa eine Niederlage erlitten und in die Hände der v. Falkenberg gefallen war, mußte er auf alle seine Ansprüche Verzicht leisten.

Obgleich die Mörder des Herzogs Friedrich jeder Strafe entgangen waren, so hatte doch die That, namentlich für Kunzmann sehr üble Folgen; sein Wohlstand wurde vernichtet. Der Krieg hatte seine Kräfte erschöpft, und er mußte zu einer Menge Güterveräußerungen schreiten. Noch sind viele seiner Pfandbriefe vorhanden, sie betreffen namentlich Güter zu Uttershausen, Schrecksbach, Hebel, Dorle ꝛc. Dessenungeachtet war er noch immer einer der mächtigsten Ritter des Hessenlandes, denn keiner konnte sich wie er rühmen, in dem Besitze dreier festen Burgen zu seyn: Falkenberg, Herzberg und Hausen. An Falkenberg erbte er nach dem Tode seiner Oheime Reinhard und Hans, von denen der letztere um 1406, und ersterer um 1412 kinderlos starb, deren Antheile, so daß er dadurch zum Besitze einer vollen Hälfte kam; Hausen war 1400 von Fulda an Mainz abgetreten worden, und Erzbischof Johann hatte bereits am 3. April d. J. den fuldischen Pfandvertrag erneuert.

Kunzmann hatte außer seinem Sohne Werner V. noch eine Tochter, Margarethe, welche an Hans v. Hanstein verehlicht wurde; als er 1406 von diesen beiden 1600 fl. lieh, verschrieb er ihnen ein Viertheil des Schlosses Herzberg, gab ihnen dasselbe jedoch nicht in Besitz; nachdem Hans gestorben, liehen er und sein Sohn nochmals von Margarethe 1000 fl. und versetzten ihr 1413 dafür das Schloß Hausen nebst dem dazu gehörigen Gerichte. Aber Hansens Bruder, Werner v. Hanstein, forderte nun jene 1600 fl. als Erbe desselben, und da man seiner Forderung nicht sogleich entsprach, verkündete er die Fehde und that den v. Falkenberg beträchtlichen Schaden. Während den Vergleichs-Unterhandlungen starb Kunzmann und zwar gegen Ende des Jahres 1417. Werner konnte sich erst im Jahre 1418 mit seiner Schwester, die inzwischen mit Berthold v. Hanstein in eine zweite Ehe getreten, gänzlich vergleichen.

Werner folgte seines Vaters Beispiele, statt sich zu bemühen dessen Schulden zu tilgen, machte er neue, so daß er die schönen Güter, welche sein Vater besessen, bald zum größten Theile zersplittert in fremden Händen sah. Bereits am 29. December 1417 versetzte er dem Landgrafen 1½ Viertel des Schlosses Herzberg für 900 Goldgulden, welche später auf 1403 fl. erhöht wurden; im folgenden Jahre für eine gleiche, 1431 auf 1393 fl. gesteigerte, Summe die Dörfer Uttershausen, Hebel, Mardorf und Berge, deren Versatz er 1441 in einen Erbverkauf verwandelte; 1419 den v. Holzheim seinen Theil an dem

Gerichte Rengershausen und den dazu gehörenden Dörfern;
1420 seinem Schweher Hans v. Urf, dessen Tochter Sophie
er zum Weibe hatte, seinen Antheil an der Falkenburg
für 900 fl. So bezeichnete er jedes Jahr mit Verkäufen.
Mit seiner Mutter stand er in einem beinahe feindseligen
Verhältnisse. Diese hatte das Schloß Hausen als ihr
Witthum im Besitze, also nur in Nutzniesung; dessenungeachtet verleitete sie der Haß gegen ihren Sohn, dasselbe
gegen ein jährliches Leibgedinge von 320 fl. an Mainz
als Pfandherrn zurückzugeben und Erzbischof Konrad nahm
ohne Weiteres Besitz davon. Werner beschwerte sich 1421
hierüber bitter beim Domkapitel und bat dasselbe, den Erzbischof zu vermögen, daß er ihm das Schloß wiedergebe;
so wenig er wie sein Vater hätten eine solche Ungerechtig-
keit um das Erzstift verdient, und unerhört sey die Gewalt,
die man gegen ihn übe. Aber nur theilweise erreichte er
seinen Zweck, denn das Schloß war für ihn verloren.
Man vermittelte nämlich im Jahre 1422 zwischen ihm
und seiner Mutter einen Vergleich und in dessen Folge
versprach der Erzbischof jenes Leibgedinge nach deren Tode
auf ihn zu übertragen.

Werner hatte keine Kinder; das Erlöschen seiner
Linie war deshalb gewiß. Um so mehr reizte darum das
Gerücht den Landgrafen, der sich gerade in Meißen befand
(Winter 143 1/32), Werner wolle Herzberg dem Erzstifte
Mainz übergeben. Nach seiner Heimkehr forderte er ihn zur
Rechtfertigung auf, doch Erzbischof Konrad von Mainz nahm
sich seiner an, und erklärte die Bezüchtigung für ungegründet.

Werner starb nach dem Jahre 1441. Während Herzberg ꝛc. dadurch als ein Sonderlehen dem Landgrafen heimfiel, erbte die falkenbergsche Linie die Gesammtlehen.

Gleich als ob durch den blutigen an Herzog Friedrich begangenen Mord ein Fluch über das falkenbergsche Geschlecht ergangen, wurde diese That der Wendepunkt seines Glückes; mit eilenden Schritten sank es seitdem von seiner blühenden Größe. Nicht allein, daß wir Werner tief gesunken und verarmt seine Linie schließen sehen, auch die beiden andern Linien hatte das Verderben ergriffen. Alle Anstrengungen, welche die überlebende thilosche Linie machte, die sich ihr mehrmals öffnenden glänzenden Aussichten zu verwirklichen, blieben fruchtlos und stürzten sie gleich trügerischen Irrlichtern nur noch tiefer herab.

Die thilosche Linie. Die Geschichte des Stifters Thilo I. ist bereits oben mitgetheilt worden, desgleichen zum Theil die seiner Söhne Thilo II., Hermann IV. und Johann V., von denen der letztere nach 1346 ohne Söhne starb. Thilo II., dem Johann Grüßing seinen halben Theil an Jesberg versetzt, welches er noch 1354 besaß, starb vor dem Jahre 1368 und hinterließ einen mit seiner Hausfrau Adelheid erzeugten Sohn Thilo III. Hermann IV. hatte durch seine Verehelichung mit Agnes v. Anzefahr deren väterliche Güter erworben. Schon 1341 versetzte er mit seinem Ohm Hermann v. Anzefahr den Hof zu Schönebach für 50 Mk. Pfenn. Nachdem ihm Agnes mit Hinterlassung eines Sohns, Johann VII., gestorben, ehelichte er Elisabeth N. N.

Im J. 1359 findet man ihn als mainzischen Amtmann zu Rosenthal. Als solcher löste er die fünf im Gerichte Bulenstrut gelegenen und zu Rosenthal gehörenden Dörfer: Todenhausen, Battenhausen, Hattenberg (damals Hadewercken), Willershausen und Sebbeterode für 1800 Schill. Turnosse von Ludwig Schenk und Hermann v. Schweinsberg an sich, welche sie früher von Johann Grüßing eingelöst. Da er dem Erzbischofe Gerlach auch noch baares Geld geliehen, so kam er mit demselben am 18. Mai 1362 zu Miltenberg am Maine zusammen, um sich darüber zu vertragen. Nachdem der Erzbischof die obige Pfandschaft bestätigt, versetzte ihm derselbe ebenfalls Burg und Stadt Rosenthal mit allen Zubehörungen und dem Gerichte für 2000 Goldgulden, sowie für 1094 Goldgulden das halbe Gericht Geismar bei Frankenberg, welches der Erzbischof erst kürzlich von den v. Keseberg erkauft, und dieses Geld benutzte, um die Kaufsumme zu bezahlen. Da hierdurch Hermann beinahe alle zunächst um das Kloster Haina gelegenen mainzischen Besitzungen in seine Hände bekam, übertrug ihm auch der Erzbischof den Schirm über dieses Kloster. Außer diesen Pfandschaften ertheilte ihm der Erzbischof an demselben Tage noch die vom Ritter Knybe heimgefallenen mainzischen Lehen: einen Burgsitz und ein Burglehen zu Melnau, die Gerichte und den Zehnten zu Baumbach und Hollinden, einen Hof zu Warzenbach, zwei halbe Höfe zu Helmarshausen, eine Mühle und eine halbe Fischerei daselbst, nebst dem Zehnten zu Röda, Alles in der Umgegend von Wetter gelegen, zu Erbmannlehn. [29] Um jene Summen aufzubringen, verkaufte er unter andern seine anzefahrschen Güter für 900 Schill. Turnosse. 1363 erkaufte er einen Hof zu **Hergirshusen** und versetzte 1368 mit seinem Vetter **Thilo** die Zehnten zu Beisförth, Schnellbach und Rockshausen für 300 Schill. Turnosse an den Stiftssänger Otto v. Röhrenfurt zu Rotenburg. **Thilo**, der 1371 seinen Theil am **Falkenberg** wieder von dem Landgrafen zu Lehn empfing und dabei gelobte, daß jeder Ganerbe in seinem zwölften Lebensjahre die demselben schuldigen Gelübde thun sollte, verzichtete 1379 gegen den Landgrafen auf alles Gehölze am Beisenberge, auf das er etwa Ansprüche von Binsförth, Beisförth oder Beisheim haben möchte, und erhielt von demselben eine Rente von 6 Mk. jährlich zu Mannlehen. Inzwischen war Hermann IV. gestorben und hatte einen Sohn, Johann VII., hinterlassen. Dieser und Thilo hatten Simon v. Schlitz genannt v. Görtz gefangen, der ihnen eine Urfehde geloben mußte. 1387 erhielt er vom Grafen Gottfried von Ziegenhain das Schloß Schönstein für 1601 Goldgulden verpfändet. Als sich in d. J. der Krieg gegen den Landgrafen Hermann von Neuem erhob, übertrug derselbe die Schlösser Homberg und Felsberg mit ihren Gerichten an Thilo zur Beschirmung und Vertheidigung und zwar auf dessen eigne Kosten, wofür er jährlich 150 fl. und die Hälfte aller Bußen versprach. 1392 versetzte ihm Graf Gottfried von Ziegenhain Schloß und Stadt Gemünden an der Wohra, nebst den Dörfern und Gerichten Josbach, Heimbach und Hertingshausen für 1801 Goldgulden. Er lebte noch 1413, war aber bereits 1416 verstorben, und obgleich verehlicht, doch ohne Kinder. Auch Johann VII. war vor 1396 gestorben und hatte mit seiner Gattin Katharina zwei Söhne hinterlassen: Heinrich, welcher Geistlicher wurde und Hermann V., der bei des Vaters Tode noch unmündig war und seinen Vetter Thilo beerbte. 1420 versetzte Hermann seine Kemnade zu Falkenberg an Hermann v. Hebel. Obgleich er der einzige seines Stammes war, und demnach dessen Güter vereint besaß, so hatte er dennoch gleiches Geschick mit seinen Vettern Kunzmann und Werner. Bei seinem frühen Tode hinterließ er seinen zwei noch sehr jugendlichen Söhnen, Hans IX. und Reinhard II., bedeutende Schulden; er hatte beinahe alle seine Güter verpfändet und hinterließ seinen Söhnen so wenig, daß einer derselben später versichern konnte, er und sein Bruder hätten bei ihres Vaters Tode nicht gewußt, wo sie einen Schilling erheben sollen. Seine Wittwe Jutta, Ritter Thilo's v. Elben Tochter, verehelichte sich 1430 mit dem reichen Hans von dem Borne. Merkwürdig ist die Eheberedung, indem dieselbe dem Rechte, wonach eine Wittwe bei einer zweiten Verehelichung ihr Witthum verliert, geradezu widerspricht. Sie behält hiernach ihre Leibzucht, nämlich die oberste Kemnade zu Falkenberg mit allen Zubehörungen, eine Fischerei und den Zehnten zu Hebel, und sterbe sie vor ihrem Gatten, so solle auch dieser noch drei Jahre nach ihrem Tode im Besitze bleiben, gleich als ob sie noch lebe, auch solle er befugt seyn, die von ihrem ersten Gatten verpfändeten

Güter einzulösen; alles dieses sollten Hermanns Kinder, sobald sie vierzehn Jahre alt geworden, durch Briefe bestätigen. Hans setzte ihr 400 fl. zur Leibzucht, welche nach ihrem Tode zurückfallen sollten. Während sie ihn zum Erben ihrer in die Ehe gebrachten fahrenden Habe setzte, that er dieses hinsichtlich ihrer nur in Beziehung auf das, was sie während ihrer Ehe angeschafft; alles andere jedoch, wie Harnisch, Silberwerk ꝛc. sollte seinen Erben werden. — Von verschiedenen Seiten regten sich bald Hermann's Gläubiger und klagten sogar am geistlichen Gerichte zu Fritzlar; die Kinder außer Stande zu zahlen, wendeten sich an ihren Stiefvater, der auch die dringendsten Schulden mit 618½ fl. tilgte, wofür sie demselben das wüste Dorf Rokshausen eingaben. Aber das genügte nicht, der Schulden waren noch zu viel und die Falkenburg so baufällig, daß ein Neubau derselben immer dringender wurde. Reinhard und Hans traten deshalb 1437 wieder mit ihrem Stiefvater und dessen Bruder Peter in Unterhandlungen, um diesen die Hälfte von Falkenberg zu verkaufen; ehe aber der Verkauf zu Stande kam, starben Peter und Reinhard. Hans verkaufte hierauf seinem Stiefvater die Hälfte des Schlosses Falkenberg, aller falkenbergschen Lehen und Eigen und alles dessen, was er noch ererben würde, namentlich seines Vetters Werner v. Falkenberg Antheil, für die Summe von 4700 fl., wovon Hans v. d. Born 1600 fl. bereits verbaut und auf andere Zwecke für ihn verwendet hatte. Sie errichteten nun einen ganerbschaftlichen Vertrag, wonach bei dem

Aussterben eines Stammes der andere diesen beerben sollte; die Töchter sollten stets mit Geld abgefunden werden 2c. Das Schloß Falkenberg wurde hierauf zum größten Theile erneuert. Hans v. d. Borne blieb 1454 am 18. Juni bei Dorle in einem Gefechte, und da er nur eine Tochter hinterließ, wurde Hans sein Erbe. Bereits früher hatte dieser auch Werner IV. Antheil an den Stammgütern ererbt. — Ich habe schon oben erzählt, daß der Letzte der densburger Linie 1423 Hansens Vater zum Erben eingesetzt, namentlich hinsichtlich der Dörfer Arnsbach und Holzheim, Hermann aber gelangte nicht zum Besitze; wie es scheint, betrachteten die Lehnsherren jene Güter durch den Tod Hans VIII. als heimgefallen, und zogen sie ein. Später kam Hans IX. zu dem Entschlusse, als Lehnserbe der densburger Linie die Densburg für sich in Anspruch zu nehmen. Er wendete sich zu diesem Zwecke an Hans des VIII. Tochter, Elisabeth v. Linsingen, und vermochte sie für die Summe von 160 fl. zur Abtretung ihrer Rechte, welche sie an der Densburg habe. In der darüber von ihr ausgestellten Urkunde, sagt sie unter an= derm: daß ein jeglich Lehngut, sonderlich aber Burglehn= gut, nach Gewohnheit der Ritterschaft, dem Helme des Stammes folgen solle; daß wenn ein zum Schilde gebormer Mann ohne Lehnserben abgehe, der keine Allodialgüter habe, und Töchter hinterlasse, die Lehnsherren, denen die Lehen erledigt würden, die Töchter abfinden sollten 2c. Hans kam hierauf mit Ebert v. Dernbach, welchen, wie es scheint, Erzbischof Konrad von Mainz die Densburg nach dem Aussterben der dasigen falkenbergischen Linie zu Lehen gegeben hatte, in Fehde, welche 1435 gesühnt wurde. In dem hierüber errichteten Vertrage heißt es jedoch nur, daß sie wegen eines vom Erzbischof Konrad über die Densburg gegebenen Briefes zu Fehden gekommen seyen. Hans erhielt die Burg nicht, und es mißglückte ihm also auch dieser Versuch sich zu bereichern. Er starb um's Jahr 1463 und hinterließ fünf Söhne: Thilo IV., Hermann VI., Kunzmann (Konrad) V., Hans X. und Reinhard III. Letzterer wurde Geistlicher und Pfarrer zu Mardorf und Berge. Hermann war 1480 bereits todt; Thilo wohnte 1476 der tapfern Vertheidigung von Neuß bei, und befehdete 1483 mit Widekind v. Holzheim, Werner v. Vorken 2c., als Genossen der v. Haune, die Abteien Fulda und Hersfeld.[30]) Kunzmann und Hans, welche 1484 von ihren weltlichen Brüdern noch allein lebten, kamen wegen des sogenannten Bischofsguts, welches von ihnen zu Lehen ging, mit den v. Lützelwig in Streit; als diese dasselbe vor dem falkenbergschen Manngericht verloren, entstand zwischen ihnen eine Fehde. Die v. Falkenberg nahmen die v. Lützelwig in ihrem eignen Hause gefangen und pfändeten ihnen mehrere Pferde und Kühe. Erzbischof Hermann von Köln, als Inhaber des Amts Homberg, lud sie vor sich und vermittelte eine Sühne, in deren Folge die v. Lützelwig auf jenes Gut verzichten mußten, während sie auf eine alte Urfehde des Gelübdes des Gefängnisses entlassen wurden; die Pfänder übergaben die v. Falkenberg dem Erzbischofe. Kunzmann stand

1493 als Rittmeister in braunschweigischen Diensten und starb um's Jahr 1501. Er hinterließ eine Wittwe Katharine v. Ens nebst fünf Kindern: Bodo, Kunzmann VI., Anna, Elisabeth und Ursula, von denen die beiden letztern an Johann Katzmann, Schöpfen zu Fritzlar, und Heinrich v. Lehrbach verehelicht wurden. Nachdem die beiden Söhne gestorben, und die Wittwe ihnen darauf bald gefolgt war, nahm ihr Oheim Hans Besitz von ihren väterlichen Gütern; schon 1513 wurde ein Vergleich zwischen ihm und seinen Nichten vermittelt; nach diesem sollte Hans die verpfändeten Güter einlösen, die Töchter dagegen die väterlichen Handschulden bezahlen, die Zehnten zu Beiseförth und Schnellbach und die Früchte auf dem Felde haben, Hans sollte ihnen 300 fl. versichern, jeder einen „Schamloit Rock" geben und die von ihrem Vater her bei Herzog Erich von Braunschweig stehenden 800 fl. eintreiben und ihnen zur Hälfte entrichten. Nachdem 1515 die Landgräfin Anna diesen Vergleich nochmals bestätigt, und Anna unverehelicht gestorben war, erhoben sich später neue Irrungen. Elisabeth Katzmann forderte ihres Vaters Antheil an den falkenbergischen Krummstablehen, sowie ihrer Mutter Witthum; ihre Verzichtleistung auf die väterliche Erbschaft widerrief sie, weil sie damals minderjährig gewesen. Sie klagte beim Hofgerichte zu Marburg, welches ihre Forderung auch durch Urtheil vom Jahre 1539 für gerechtfertigt erklärte. Die Sache ging durch verschiedene Appellationsinstanzen bis an das Reichskammergericht zu Speier, wo sie im Jahre 1559 noch anhängig war. Allerdings folgten nach hersfeldischem Lehnrechte in Ermangelung von Söhnen, die Töchter in den Lehngütern, man hatte aber schon frühe, um dem dadurch unausbleiblichen Zersplittern der Güter zu entgehen, beinahe bei allen adelichen Geschlechtern als Familiengesetz eingeführt und durch die ganerbschaftlichen Verträge erneuert und bestätigt, daß die Töchter von den väterlichen Gütern durch eine gewisse Summe abgefunden werden sollten. Auch bei den v. Falkenberg war dieses bisher immer geschehen. Nachdem aber die Richterstellen meist nur noch mit römischen Rechtsgelehrten besetzt wurden, und die römischen Rechtsbegriffe die deutschen allmälig verdrängten, wurde diese alte Gewohnheit, besonders seit dem Ende des 15. Jahrhunderts, häufig in Frage gestellt, und da die alten ganerbschaftlichen Verträge bei vielen Familien durch Nichterneuerung beinahe in Vergessenheit gerathen waren, meist umgestoßen, und die Verarmung gar mancher Familie dadurch herbeigeführt.

Hans X. starb um's Jahr 1519 und hatte drei Söhne: Thilo V., Georg I. und Hans XI. Seine zwei Töchter Anna und Merge wurden an Wilhelm von Wehren und einen reichen homberger Bürger, Konrad Kurzrock, verehelicht. Hans XI. war Domherr zu Paderborn und baute unter dem Falkenberg einen neuen Burgsitz. Er war zugleich Pfarrer zu Berge und Verne (1510), den Gottesdienst ließ er jedoch an beiden Orten durch Kapellane versehen. Obgleich die Pfarrei zu Berge durch ihre Filiale sehr einträglich war, so gab er dennoch seinem dortigen Kapellan so wenig für den Dienst, daß dieser kaum das Brod davon hatte. Nach 1530 scheint Hans zur Reformation übergetreten zu seyn.

Im Jahre 1521 erlosch mit Hans die Familie v. Hebel und Thilo und Georg wurden die Erben ihrer hersfeldischen Lehen. Schwerlich geschah diese Erwerbung allein auf den Grund ihres gleichen Ursprungs, es scheinen wenigstens noch neuere Verwandtschafts=Verhältnisse vorhanden gewesen zu seyn, die ihr Erbrecht begründeten. Sie nennen Hans ihren Vetter. Am Schlusse werde ich auf die den v. Falkenberg dadurch zugefallenen Güter zu reden kommen. Nachdem Georg gestorben, folgte ihm später, um's Jahr 1535, Thilo. Mit seiner Hausfrau Christine, der Schwester des bekannten Georg v. Reckrod, die sich später noch mit Christoph v. Herda verehelichte, hatte er drei Söhne erzeugt: Georg II., Konrad VII. und Hans XII., über welche sein noch lebender Bruder Hans, der ehemalige Domherr, Vormund wurde. Georg starb frühe, während Konrad 1557 seinem Oheime, Ritter Georg v. Reckrod folgte, der schon dem zweiten französischen Könige als Oberst eines Regiments Lanzenknechte diente und ein großes Ansehen besaß. Konrad traf ihn vor der Feste Montalcino, unfern Sesina in Italien, und wurde alsbald Hauptmann über zwei Fähnlein deutscher Lanzenknechte von seines Oheims Regiment, zog von hier unter dem Herzoge von Guise nach Rom, lag dort 1 Jahr und marschirte dann nach Frankreich, wo er sich wieder mit dem reckrodschen Regimente vereinigte. Nachdem er Calais

(Jan. 1558) erobern helfen, erhielt er vom Könige den Auftrag, ein Regiment zu errichten; sein Oheim erlaubte ihm, den Stock dazu aus den zwei Fähnlein zu nehmen. Mit diesem neuen Regimente zog er nach Diedenhofen (Thionville), half dasselbe erobern, kehrte dann nach Frankreich zurück und verschanzte sich vor Amiens, als am 3. April 1559 der Frieden zu **Chateau-Cambresis** und damit seine Beurlaubung erfolgte. Doch nur kurze Zeit überlebte er denselben. — Noch vor dem Frieden hatten Georg v. Reckrod Krankheit und Schwächlichkeit genöthigt, den Abschied zu nehmen. Ehe er aber in sein Vaterland zurückkehrte, errichtete er am 25. Oktober 1558 zu Noyon an der Oise sein Testament, durch welches er die Kinder seiner Schwester, v. Falkenberg und v. Herda, zu seinen Erben einsetzte. Er starb hierauf im 59. Lebensjahre am 28. November 1559 zu Herleshausen an der Werra. Hierdurch erhielten die v. F. namentlich die Herrschaft »**Tramleuy** und **Wildebrost**,« welche Georg vom Könige für 10,000 Kronen verpfändet erhalten, und woran er 5000 Kronen verbaut hatte, und das in derselben Herrschaft gelegene und von ihm für 3000 Kronen erkaufte Gut »**Crambei**« (oder »**Grambos**«); sie sollten jedoch ihre Halbgeschwister, v. Herda, davon abfinden. Ein neuer Stern der Hoffnung ging dadurch für die v. Falkenberg auf, aber nur die Hoffnung sollte ihnen leuchten. Konrad vertraute die Güter vor seinem Tode dem Hauptmanne Ludwig Memprodt v. Spiegelberg; dieser verwaltete sie auch längere Jahre, ward aber endlich aus denselben vertrieben. Vergeblich waren nun alle Bemühungen, die Güter oder das Geld zu erhalten; Jahre vergingen unter fruchtlosen Anstrengungen, und die mehrmaligen Reisen, die Hans in dieser Sache nach Frankreich machte, trugen nur dazu bei, seine Vermögens-Verhältnisse völlig zu zerrütten. Die schöne Erbschaft war für immer verloren. Hansens Sohn hatte zwar später an einen strasburger Juden 20,000 Sonnenkronen und 14,000 Fr. zu fordern, ob diese Summen aber aus jener Erbschaft herrührten, weiß ich nicht, und es ist diese Ungewißheit auch um so gleichgültiger, da auch er die Gelder niemals erhielt. Am 14. Februar 1566 wohnte Hans einem Fußturnier zu Marburg bei. Er führte eine eigne Rotte, deren Kleidung die Farben seines Wappens, schwarz und weiß, trug. Schon seit einiger Zeit war Hans über seine Jagd-Gerechtsame mit Landgraf Philipp in Streitigkeiten gekommen, indem er außer der ihm unbestrittenen niedern, auch die hohe Jagd in Anspruch nahm. Schon hatte ihm der Landgraf seine Wildhecken zerschlagen lassen, als derselbe die Anzeige erhielt, daß Hans wieder gejagt und 6 Stück Wild erlegt habe. Das erzürnte den noch immer die Jagd leidenschaftlich liebenden Greis so sehr, daß er alsbald (5. Jan. 1567) dem Schultheißen zu Felsberg befahl, mit 200 Mann nach Falkenberg zu ziehen und daselbst 12 Stück Vieh und die Wildgarne zu nehmen, und alles das bis zum Montag Morgen in Kassel abzuliefern. Dieser Befehl wurde pünktlich vollzogen. Nachdem Landgraf Philipp wenige Monate nachher gestorben, wendete sich Hans an dessen Nachfolger Landgrafen Wilhelm, fand aber auch hier eben so wenig Milde; nach einer für Hans sehr nachtheiligen Untersuchung seiner Jagdbefugnisse, befahl der Landgraf am 10. September d. J. seinen Förstern zu Melgershausen und der Karthause, mit einer Anzahl Mannschaft in die falkenbergschen Waldungen zu ziehen und alles Wild in die landgräflichen Wildfuhren treiben zu lassen. Dieses geschah, und der Streit ruhte bis zum Jahre 1572, wo Hans im Februar wieder 8 Stück Wild fing. Schon am 12. Februar belegte ihn der Landgraf dafür mit einer Strafe von 300 Thlrn. und befahl ihm, Hunde und Garne sogleich auszuliefern. Ob letzteres geschehen, weis ich nicht, die Bezahlung der Strafe verzog sich wenigstens so lange, daß sie endlich in Vergessenheit kam. Erst im Jahre 1581 wurde der Streit durch einen am 1. April geschlossenen Vergleich gänzlich beigelegt. Hans verzichtete auf die hohe Jagd, und der Landgraf versprach ihm jährlich zu verschiedenen Zeiten 3 gute jagdbare Hirsche, 5 gute alte Stücke Wild und 6 Säue (1 Schwein, 2 Bachen und 3 Frischlinge) mit Haut und Haaren nach Falkenberg zu liefern. Hans sollte das Wild nur mit Steubern und Hunden, nicht aber mit Rüden aus seinen Feldern hetzen, diese sollte er mit Gräben und Zäunen, doch ohne Spitzen befriedigen, und die niedere Jagd zwischen Johannistag und Egydii nicht üben, auch nicht eher damit beginnen, bis der Landgraf die Jagd gethan habe.

Im Jahre 1596 starb Hans und seine Hausfrau

Dorothea Schwerzel. Die reckrodsche Erbschaft hatte, wie schon gesagt, Hans nur noch in größere Schulden gestürzt, so daß deren Gesammtbetrag bei seinem Tode über 40,000 fl. betrug, von denen er, wie sein Sohn versichert, allein 3000 Thlr. an Gesinde, Schatzgräber und Landläufer verbrieft, also nicht einmal bezahlt hatte. Er hinterließ zwei Kinder, Georg III. und Margarethe, verehelicht an den hess. Rath Samuel v. Dalwigk zu Lichtenfels.

Georg hatte im Jahre 1585 mit Bernhard Hund und Gobert v. Löwenstein u. m. a. in Zimmersrode ein Gelage gehalten. Nachdem sie unter Trompetenschalle und tollem Lärmen sich völlig trunken gezecht, stürzten sie hinaus in das Feld, liefen wie rasend herum und trieben jeglichen Unsinn, bis ein Trompeter den v. Löwenstein durch einen Schuß so schwer verwundete, daß dieser nach kurzer Zeit seinen Geist aufgab. Als Landgraf Wilhelm IV. diesen Vorfall erfuhr, schrieb er alsbald dem Schultheißen zu Homberg: Er könne solchem Unwesen nicht zusehen und wenn die Eltern und Vormünder die Junker nicht besser ziehen und im Zwange halten wollten, so würde er das thun, damit sie lernten, „wie sich ein Edelmann adelicher Tugend und also die That mit dem Namen zu haben, befleißige." Es seyen deshalb Alle, welche dabei gewesen, zu einer Tageleistung nach Homberg angewiesen, wo sie bis nach verhörter Sache verweilen sollten. Der Amtmann möge sie deshalb, wo er sie im Amte treffe, bei den Köpfen nehmen und in eine Herberge zu Homberg setzen lassen. Dann sollte er sich zu Hans v. Falkenberg begeben und ihm anzeigen, was er gegen deſſen Sohn und andere junge Lecker vorgenommen ꝛc. ³¹) Am 17. Dezember d. J. ehelichte Georg zu Homberg Chriſtine, die Tochter Philipp Ludwig's v. Baumbach. Gleich nach ſeiner Eltern Tode kam er wegen deren Verlaſſenſchaft mit ſeiner Schweſter in Streit; ſie behauptete, daß ihr Vater auf ſeinem Tod= bette ihren bei ihrer Verehelichung gethanen Verzicht auf= gehoben, und ſie beide zu gleichen Erben in den Lehn= und Erbgütern eingeſetzt habe. Aber Georg leugnete das und ſie kamen in einen Prozeß, der am 10. Januar 1597 durch einen Vergleich zu Hersfeld beigelegt wurde. Margarethe und deren Gatte erhielten die Erlaubniß, die falkenbergiſchen Güter an ſich zu löſen, die fahrende Habe ſollte getheilt werden, die mütterliche Kleidung ſollte, mit Ausnahme zweier Röcke, Margarethe, dagegen den Haus= rath und das Silbergeſchirr, als dem Mannsſtamme ge= hörend, Georg haben. Auch verſprach dieſer ſich bei dem Landgrafen zu bemühen, ſeinem Schwager die lange geſuchte Antwartſchaft auf die falkenbergiſchen Lehngüter zu verſchaffen.

Georg war anfänglich bemüht, die väterlichen Schul= den zu tilgen, und verſichert 1608 bereits 17000 Thlr. abgetragen zu haben. Es iſt dieſes jedoch kaum glaublich. Der Druck ſeiner Schulden und die ſichere Ausſicht, daß mit ihm ſein Geſchlecht erlöſchen würde, vermochten ihn, dem Landgrafen Moriz ſeine Allodialgüter zum Verkauf anzubieten. Am 10. Auguſt 1609 kam der Kauf für etwa 6000 Thlr. zu Stande. Es waren das Dorf Rocks=

hausen, sein halber Zehnte vor Falkenberg, der Zehnte vor Rockshausen, die Mühle im Bäumbachsgrunde, sein Viertel des Zehnten zu Mardorf und das Vogtgericht zu Fraumünster bei Fritzlar. Diese Güter sollten dem Landgrafen nach seinem Tode zufallen. Dieser und mit ihm das Erlöschen der Familie v. Falkenberg erfolgte im J. 1613. Georg hinterließ an 22,000 Thlr. Schulden.

## Der Güterbesitz der v. Falkenberg im 16. Jahrhundert.

Das Schloß Falkenberg. Es war hessisches Lehn und scheint im 16. Jahrhundert, seitdem man im Dorfe ein neues Schloß gebaut, in Verfall gerathen zu seyn. Die v. Falkenberg waren jedoch nicht immer alleinige Besitzer, denn auch die v. Hebel, Holzsadel, Riedesel und v. Urf finden sich als Bewohner desselben. So versetzte 1420 Hermann V. v. Falkenberg seine dasige Kemnate an Hermann v. Hebel; er sagt, dieselbe sey gelegen auf der Ecke, inwendig des rechten Burgthores an der Burg, die vor Zeiten Henne Riedesel's gewesen, links, wenn man zum Thore eingehe und sey von einer andern Kemnade geschieden, welche an Werner's v. Falkenberg Scheuer stoße. Schon früher hatte demselben Hermann v. Hebel Kunzmann v. Falkenberg eine Hausung daselbst gegeben, welche Widekind Holzsadel gehabt. Obgleich alle Lehnbriefe und sonstigen Urkunden darüber schweigen, so scheinen doch die v. Hebel auch einen erblichen Besitz am Schlosse gehabt zu haben, und zwar als hersfeldisches Lehen. Als mit Hans v. Hebel dessen Geschlecht 1521 erlosch, und dessen meiste Güter an die v. Falkenberg fielen, heißt es in einem darüber ausgestellten Verzeichnisse: „Zu dem gehoret auch In das „hirsseldische Lehn, die Vnterburck sampt der Kirchen oder „der Oberburgk auf dem Falckenbergk, die Tempelburgk „genandt, darin Hans v. Hebell gewohnet, vnder der „Oberburgk, so die festen genandt wirtt gelegen, welche „Vnderburgk vnd Kirchen beneben den Bronnen, und dan „auch dem Platz, das Geschutt genandt, vnder der Tem= „pelburg gelegen, zwischen den breiten Burggraben, zur „Tempelburgk gehörig bis an das forderste Thor herfür „gelegen." Ferner wurden hierher gezählt der Burgberg, an dem damals Wein gezogen wurde, und der Burghagen; die Grenze aller Zubehörungen wurde genau bezeichnet. Alles dieses sey zur Hälfte hebelisch. Die angegebene Oertlichkeiten lassen sich jedoch nicht mehr auffinden.

Das Dorf oder Thal Falkenberg war erst durch die Gründung der Burg, jedoch weit später als diese und zwar durch allmähligen Anbau entstanden. Die Bewohner standen in strengen Hörigkeitsverhältnissen zu den v. Falkenberg. Sie mußten theils die eilfte, theils die dritte Garbe geben und zur herrschaftlichen Scheune liefern; von den Gärten, Wiesen, Huten, Trieschen ꝛc. einen jährlichen Zins, und Fastnachtshühner, Forst= und Mastgeld ꝛc. geben. Freie Herberge, Wein= und Bierschank nebst Gebäuden und allen Zubehörungen.

Die Kapelle neben dem großen Garten ist nicht mehr vorhanden und muß zum Schlosse gehört haben, denn das Dorf hat keine Kirche und ist nach Hebel eingepfarrt; erst seit 1826 hat es eine eigene Schule.

Der neue von dem Domherrn Hans v. Falkenberg erbaute Burgsitz, zwei freie Höfe im Dorf und den freien Wittwensitz unter dem Burgberg.

Der Bäumbachsgrund (auch Bim- und Beunebachsgrund), am nördlichen Fuße des Burgbergs, die Wüstung St. Anna und die Mühle darin.

In diesem Bezirke hatten sie die Ober- und Untergerichtsbarkeit, die Mannschaft, Folge, Schatzungssteuer, alle Dienste, hohe und niedere Jagd, die Forste, freie Schäferei, Hute ꝛc. Das peinliche Gericht und die hohe Jagd wurden ihnen streitig gemacht.

Allen Gebrauch an dem großen und kleinen Mosenberg und der gemeinen Mark derselben.

Der Streithof mit dem Rambelberg.

Die Wüstung Haselhof sammt dem Petersrain.

Die Wüstung der Dornishof mit einem Burgsitz und einer Kapelle nebst dem hohen Rühndeberg. Viele Fischereien, Länder, Wiesen ꝛc.

Die Zehnten zu Hebel, Borcken, Singlis, Gombet, Linsingen, Leimbach, Remsfeld, Malsfeld, Beisförth, Schnellbach, Relbehausen, Rothenditmold, Heuneburg und Bingerhausen.

Meierhöfe zu Ostheim, Mosheim, Harle, Mühlhausen, Zwesten, Kleinenglis.

Alle diese Güter sollen zum Theil hebelisch gewesen seyn, doch der hersfeldsche Lehnbrief über die hebelischen an die v. Falkenberg gelangten Güter vom Jahre 1521 nennt nur ein Gut zu Riebelsdorf (Amts Neukirchen). Ich vermag dieses Verhältniß nicht zu erläutern, es deutet jedoch auf den gemeinschaftlichen Ursprung beider Familien.

Als hessisches Lehen hatten die v. Falkenberg, außer dem Schlosse Falkenberg, Burgsitze zu Homberg und Rauschenberg und das halbe Dorf Malsfeld.

Als hersfeldisches Lehen die Kirchen zu Berge, Arnsbach, Kerstenhausen, Zwesten, Gombet, Verne, Kasdorf, Uttershausen, Hebel und Hülse, sowie die Zehnten zu Niederbeisheim, Kasdorf, Unshausen, Lützelwig, Sauerburg, Großenholzhausen und Uttershausen. Auch einen Burgsitz zu Hersfeld. Ferner die ehemals von Widekind v. Holzheim erhaltenen Lehen: Rockshausen nebst einem alten Burgsitz, der Kirche, einem freien Hof und aller Obrigkeit. Die Zehnten vor dem Werberger und Westheimer Thore zu Homberg, zu Mühlhausen, Mardorf und Allendorf (jenseits Neustadt). Meierhöfe zu Lützelwig und Borken; Ländereien zu Nassen- und Trockenerfurt, Harhausen, Holzheim ꝛc.

Sie besaßen ferner die Kirchlehen zu Rosenthal und Stausebach.

Sie hatten einen eignen Lehnhof, der schon im 14. Jahrhundert vorhanden war. Im 16. Jahrhundert findet man als falkenbergische Lehnmannen unter andern die v. Hesberg, v. Wehren, v. Wildungen, Mulich v. Orba, Winold,

v. Breidenbach genannt Breidenstein, v. Linsingen, v. Hatzfeld ꝛc., neben diesen viele Bürgerliche. Die ausgelehnten Güter lagen zu Homberg, Gensungen, Metze, Dornis, Harle, Berge, Lützelwig, Besse, Ziegenhain, Trockenerfurt, Unshausen, Remsfeld, Wenigenholzhausen, Linsingen, Binsförth, Arnsbach, Kirchberg, Rothenditmold, Berge, Mardorf, Gombet, Rotenburg, Lauterbach ꝛc.

Eine der wichtigern Besitzungen war das halbe Vogtgericht bei der Fraumünsterkirche zwischen Fritzlar und Obermöllrich. Diese Hälfte hatten 1307 die v. Löwenstein-Westerburg vom Ritter Ludwig v. Linsingen ertauscht, und verkauften dieselbe 1347 an die v. **Falkenberg**. Die andere Hälfte gehörte der Kirche. Es würde mich hier zu weit führen, wollte ich mich auf die Natur dieses Gerichtes näher einlassen. Nur so viel bemerke ich, daß dasselbe eine Anzahl Hufenbesitzer umfaßte, welche Vogtmänner genannt wurden und deren Zahl 1541 etwa 55 war. Die Hufengüter, mit denen sie von den v. **Falkenberg** belehnt wurden, lagen zu Wabern, Zennern, Ober- und Niedermöllrich, Harle, Hilgershausen, Hesler, Unshausen, Melgershausen, Udenborn, Kerstenhausen, Trocken- und Nassenerfurt ꝛc. Alle diese Hufen betreffenden Gegenstände gehörten vor dieses Gericht. Die Gerichtsordnung s. m. in Ledderhosens hess. Kirchenstaat S. 69 — 74. Jeder Vogtmann war zugleich auch Schöpfe. Wenn die Vogtmänner beisammen waren, ließ der Vogt die Kirche öffnen und das Gericht durch 3 Zeichen einläuten. Dann trat er mit dem rechten Fuße auf einen außer dem Kirchhofe befindlichen etwa Hand hohen Stein, kehrte den Rücken gegen Fritzlar und das Gesicht gegen Hessen und hegte das Gericht auf die althergebrachte Weise. Hierauf ging er mit den Vogtleuten in die Kirche und verlas die zwölf Gerichtsartikel, welche jeder neue Vogtmann beschwören mußte. Durch diesen Eid und die Lieferung eines Schönbrods geschah die Aufnahme. Bei dem Tode eines Vogtmanns mußte eine Hand voll des Bettstrohes auf dem der Todte gelegen und 1 Schilling an den Pförtner zu Falkenberg geliefert werden, desgleichen an die v. Falkenberg das beste Kleid oder 10 Alb. Außer gewissen Zinsen mußte jeder Vogtmann jährlich 1 Fastnachtshuhn nach Falkenberg liefern. (1615 betrug dieses zusammen jährlich 10 Vrtl. Waizen, 2 Vrtl. Korn und 72 Hühner). Das Gericht bestand bis zum Anfange dieses Jahrhunderts.

Ueber die kirchlichen Verhältnisse von Frauenmünster s. Bachs Kirchenstatistik S. 132 ꝛc.

Nach dem Chronisten Lauze übten die v. Falkenberg ein Geleite in Hessen, welches sie durch einen an den zu geleitenden Wagen befestigten Strick bezeichneten.

Das falkenbergische Wappen hatte zwei schwarze Schlüssel im silbernen Felde.

---

Landgraf Moriz hatte seiner Gemahlin Juliane versprochen, wenn sie ihm noch einen Sohn gebäre, ihr ein Landgut zu schenken. Ihr nächstes Kind war ein Sohn,

Moriz genannt (1614). Sein Wort zu lösen, schenkte der Landgraf hierauf seiner Gemahlin und diesem Sohne durch eine am 1. Januar 1616 ausgefertigte Urkunde, die ihm durch Georg's v. Falkenberg Tod heimgefallenen Güter: Schloß und Dorf Falkenberg mit dem halben Zehnten, Rockshausen mit dem Zehnten, ein Viertel des Zehnten zu Mardorf, das Burglehen zu Homberg, das Vogtgericht und die Mühle im Bäumbachsgrunde, und zwar erb- und eigenthümlich. Es war dieses eine Verletzung der mit dem Hause Darmstadt bestehenden Erbverträge. Am 30. März 1628 bestätigte Kaiser Ferdinand II. diese Schenkung. Da Moriz d. j. bereits 1633 ohne leibliche Erben starb, kamen diese Güter auf dessen Bruder Ernst, den Stifter der rotenburgischen Linie, bei der sie bis auf den Letzten derselben blieben. Dieser verkaufte sie am 23. April 1829 an seinen Oberforstmeister Ernst v. Blumenstein.

Im Jahre 1640 erlitt Dorf und Schloß durch die Kaiserlichen einen bedeutenden Brand, und letzteres wurde erst nach Beendigung des Krieges wieder hergestellt. Die beim Dorfe befindlichen alten Teiche sind zum Theil ausgetrocknet worden.

## Anmerkungen.

Der bei weitem größte Theil der benutzten Nachrichten ist aus dem Haus= und Staats=Archive und dem Regierungs=Archive zu Kassel geschöpft.

1) Kuchenbecker A. H. Coll. IV. 344. — 2) Für meine Annahme, daß Konrad v. Hebel der Stammvater der v. Falkenberg sey, stelle ich Folgendes zusammen. Im Jahre 1270 finden wir den Namen der Familie v. Falkenberg zuerst; es sind mehrere Geschwister mit ihrer ungenannten Mutter. Das Schloß Falkenberg wird dagegen schon 1250 genannt, indem Graf Gottfried v. Reichenbach daselbst eine Urkunde ausstellt; daß dieser der Besitzer gewesen, dafür spricht nicht eine einzige Nachricht, daß er es nicht war, ist vielmehr beinahe unzweifelhaft. Sehr wahrscheinlich war aber der Besitzer bei der Ausstellung der Urkunde; unter den Zeugen steht C. (Conradus) de Hebelde oben an. Dieser Name weist auf Konrads Wohnsitz, das Dorf Hebel, am Fuße des Falkenbergs. In beider Besitze findet man später die v. Falkenberg, und ein Sohn eines der ersten Brüder dieses Geschlechts Konrad, nennt sich gleichfalls v. Hebel. Nimmt man nun noch hierzu, daß des ältern Konrads Wappen dasselbe ist, welches später die v. Falkenberg führten, daß die v. Hebel mit den v. Falkenberg einen gemeinsamen Güterbesitz hatten, und diese jene bei ihrem Erlöschen beerbten, so wird meine Annahme mindestens nichts Unwahrscheinliches haben. — Die an der Diemel angesessene Familie v. Falkenberg darf mit dieser nicht verwechselt werden; diese war eine Linie der v. Schartenberg. — 3) Wenck II. Urkbch. 123. — 4) Gudeni cod. dipl. I. 429. — 5) Treuer's Geschl. Histor. der v. Münchhausen. Anh. S. 19. Wolf's Gesch. der v. Hardenberg, I. Urkbch. S. 40. — 6) Wenck II. Urkbch. 282. — 7) Würdtwein nova subs. dipl. V. 134. — 8) ibid. 143. — 9) Or. Urk. im Archive zu Hanau. — 10) Kopp von dem heiml. westph. Gerichten. Beil. S. 509. Estor's kl. Schr. II. 640 — 11) Würdtwein subs. dipl. V. 244. — 12) ibid. VI. 233. — 13) Wenck II. Urkbch.

362 — 14) S. den II. B. d. Werkes S. 179 ꝛc. und die daselbst angeführten Quellen. — 15) Der Kaiser zog hierauf gegen den Erzbischof; bereits an 11. Mai stellte er: zu Felde auf dem Marsch an der Steingrube bei Mainz, ein Privilegium für Ulrich v. Hanau und Gottfried v. Eppstein aus. — 16) S. die Quellen dieser Erzählung zum Theil in Wencks Urkbch. II. und v. Rommel's hess. Gesch. II. — 17) Wenck II. Urkbch. 388. — 18) Aus der Geschichte der densburgischen Linie ist die Geschichte der Densburg Bd. II. S. 169 zu vervollständigen. — 19) Würdtwein Dioec. Mog. III. 369. — 20) Kopialbuch der an Frankfurt ergangenen Fehdebriefe auf der Bibliothek zu Frankfurt a. M. — 21) Wenck II. Urkbch. 404. — 22) Diese und zum Theil auch die späteren Nachrichten über Hausen s. in Justi's hess. Denkwürdigkeiten IV. 1. S. 293 — 303. — 23) Wie dieses zu verstehen ist, weiß ich nicht. M. s. d. II. Bd. dieses Werkes S. 386 und 387. — 24) S. das. S. 74. — 25) S. Bd. I. S. 92 — 26) Nach diesen Nachrichten über Herzberg ist B. II. S. 73. die Geschichte Friedrichs v. Lisberg zu vervollständigen. — 27) S. B. II. 225 ꝛc. — 28) Gudeni cod. dipl. IV. 58. — 29) Wenck II. Urkbch. 412 — 414. — 30) Schannat Prob. Client. Fuld. 366. — 31) Justi's Vorzeit.

## V.

# Tannenberg.

(Mit einer Ansicht und einer Stammtafel).

―――

Wohl regt sich in meinen Räumen noch ein menschlich reges Leben,
Doch es ist nicht mehr ein kräft'ges, muth= und kampfdurch=
　　　　glühtes Streben;
Denn die Ritter sind gezogen von der Burg zum Thale nieder,
Und die Zelle, wo die Jungfrau sang der stillen Liebe Lieder,
Und der Greis dem Sohn erzählte, was als Jüngling er gewesen,
Haben jetzt der Armuth Kinder sich zum Wohnsitz auserlesen.

## 5.

## Tannenberg.

Südlich von Sontra, in dem nach dieser Stadt benannten Kreise, liegt in einem tiefen rauhen Gebirgsthale das Kirchdorf Nentershausen. Kaum ¼ Stunde südöstlich von demselben erhebt sich das Schloß Tannenberg. Zwei vom Herzberge sich in der Richtung nach Nentershausen ziehende und hier verflächende Bergrücken bilden ein Thal, dessen Mitte ein niederer Felsstreif durchschneidet, auf dessen nordwestlicher Spitze das Schloß liegt. Ein 30 Fuß tief in den Felsen gehauener Einschnitt trennt den Burgplatz von dem übrigen Berge.

Die Burg bildet ein regelmäßiges längliches Viereck, von nicht besonderer Größe, dessen nordwestliche Seite nach Nentershausen blickt. Der Weg zur Burg führt an dem zum Theil in Terrassen gehauenen Bergabhange hinan. Ehe man zum Burgthore gelangt, liegt nahe vor demselben die jetzt verfallene kleine Kapelle, welche zufolge ihrer Inschrift 1539 erbaut wurde. Von dieser tritt man durch das mit einem Spitzbogen versehene Thor, in die Burg, welche aus zwei Reihen von Gebäuden besteht, zwischen denen ein schmaler Hof hinlauft. Die linke Seite desselben hat zwei Gebäude; das erste ist ganz verfallen, das zweite massiv und fünf Stockwerke hoch; zufolge einer Inschrift wurde dieses von Ewald I. 1546 erbaut; es diente ehemals zu einem Pferdestalle und Fruchtspeicher. Die rechte Seite des Hofes hat vier Gebäude. Das zunächst dem Thore liegende ist zum Theil aus Holz und im 17. Jahrhundert (1690) erbaut; das zweite, unten von Stein, oben von Holz, ist das einzige Haus, welches die v. Baumbach noch jetzt besitzen. Ueber der Thüre steht die Jahrzahl 1690, im zweiten Stocke 1673 H. L. V. B.; das dritte Gebäude hat die Inschrift 1543 A. V. B. und ist ein verfallenes noch zur Stallung benutztes Häuschen. Das letzte Gebäude dieser Seite ist das siebenstöckige massive eigentliche Wohnhaus. Am Ende des Hofes befindet sich ein Stall, der an der Stelle des ehemaligen Thurmes steht. Dieser ist bis zur Erde niedergebrochen und nur der unter die Erde gehende Theil, das Verließ, noch vorhanden. Die von den Gebäuden offen gelassenen Stellen werden durch Mauern geschlossen.

Arme Tagelöhner, Bergleute c. bewohnen jetzt die Gemächer, welche einst zum Aufenthalte trotziger Ritter dienten. Aermlichkeit und Schmutz treten deshalb gleich bei dem Eintritt in den Hof dem Besucher entgegen und begleiten ihn die zerbrechlichen Stufen empor und durch alle Gemächer.

Auf der nördlichen Seite, dicht unter dem Schlosse, liegt das Staatsgut Tannenberg.

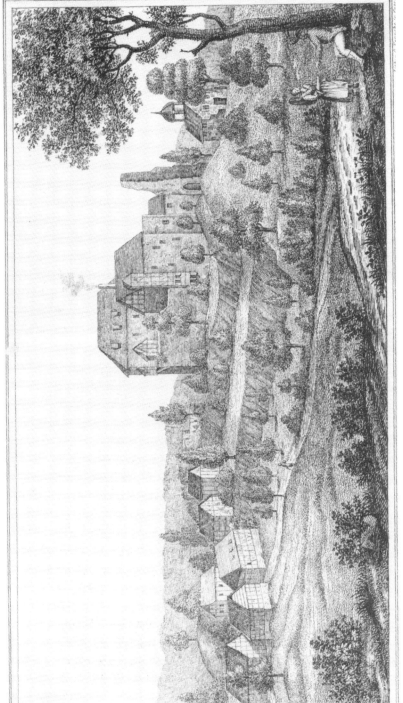

Tannenberg.

Die Aussicht ist durch die rings aufsteigenden Berg=
wände sehr beschränkt und kaum der Erwähnung werth.

Der rechte, den Tannenberg beherrschende und mit
dem schönsten Walde bekleidete, Bergrücken wendet sich
gegen Rentershausen in einer Krümmung und tritt mit
seiner Endspitze beinahe in die Mitte zwischen beide Orte.
Diese Spitze heißt die Altenburg und der Sage zufolge
lag hier das erste Schloß. Nur noch wenige Spuren
bezeugen, daß hier einst Gebäude gestanden.

Unweit des Tannenbergs, und zwar östlich, liegt
ein Wiesengrund, der Hersfeldergrund genannt. Eine
Sage erzählt, daß einst die v. Baumbach mit Hersfeld
in Fehde gelegen; als nun die v. Baumbach in dem
Teiche, der in diesem Grunde liegt, fischen wollen, und die
Hersfelder es erfahren, hätten diese sich bereitet, sie dabei
zu überfallen; aber die v. Baumbach, denen ihr Plan
verrathen worden, hätten sie erwartet und in die Flucht
geschlagen.

## Geschichte des Geschlechts der v. Baumbach, als Besitzer des Schlosses Tannenberg.

Unterhalb Rotenburg liegt dicht am linken Ufer der
Fulda das Dorf Baumbach; aus diesem Orte stammt
jenes niederadeliche Geschlecht, welches noch jetzt von dem=
selben den Namen v. Baumbach führt. Da sich hier
nirgends die Spur eines festen Schlosses zeigt, so mögen
die v. Baumbach nur einen gewöhnlichen Edelhof (den
Haupthof) daselbst gehabt haben. Doch schon frühe ver=

ließen sie diesen Sitz; denn wo sie uns zuerst begegneten, sind sie zwar noch daselbst begütert, aber ihre Wohnung hatten sie bereits von dort verlegt.

Erst in der Mitte des 13. Jahrhunderts lernen wir die v. Baumbach kennen, also später als viele andere, besonders der Abtei Hersfeld nahe wohnende, Familien. Eine alte Familiensage erzählt: Zur Zeit als der Mannsstamm des thüringischen Landgrafenhauses erlosch und Hessen und Thüringen sich trennten unter zwei verschiedene Herrscher, lebten zwei Brüder v. Baumbach, Heinrich und Ludwig. Heinrich hing dem jungen Landgrafen von Hessen, Ludwig aber dem Erben Thüringens, dem Markgrafen Heinrich von Meißen, an. Einst nun, erzählt jene Sage weiter, begleitete Heinrich seinen jungen Fürsten weit in das Land der Thüringer, und als hier der Fürst verrathen wurde, faßte Heinrich den Entschluß, sich der Erhaltung seines Herrn zu opfern; er wechselte mit demselben die Kleider und wurde hierauf statt seiner ermordet. Heinrich's Bruder, Ludwig, aber wurde wegen seines Ungehorsams durch den Landgrafen von den Lehngütern, welche er in Hessen hatte, ausgeschlossen; als er dieses seinem Herrn dem Markgrafen klagte, freite ihm dieser die einzige Erbtochter des Geschlechts v. Farnrode, belehnte ihn mit dessen Gütern und vermochte ihn, statt seines Stammnamens, den Namen v. Farnrode anzunehmen.

Dieses erzählt Collmann,[1]) ein Pfarrer zu Rentershausen, wie er es aus dem Munde alter v. Baumbach gehört. Ich lasse diese Sage auf sich selbst beruhen.

Der erste v. Baumbach, welcher urkundlich erscheint, ist Hartdegen (Herdegenus, Herdein). Die Abtei Hersfeld hatte ihm den Zehnten in Braach versetzt. Abt Werner gab 1246 der großen Kirche zu Hersfeld auf, denselben wieder einzulösen, und darüber und wegen der Kosten, demnächst auf einem Kirchenkonvente Rechenschaft abzulegen, den Zehnten aber zu seinem Gedächtnisse zu behalten. Hartdegen und seine Hausfrau lebten noch 1259, wo sie durch eine Güterschenkung an das Stift Hersfeld für ihr Seelenheil sorgten.

Später lebten zwei Brüder, Helmrich (Helwig) und Hermann. Sie erscheinen zuerst 1295. Helmrich erkaufte in diesem Jahre vom Stifte Hersfeld Gefälle zu Baumbach und Oberellenbach, sowie von Ludwig Kalb ziegenhainische Lehngüter in Dankmarshausen. Landgraf Heinrich I. verschrieb ihm 1303 für 100 Mk. S., jährlich 10 Mlt. Früchte und 6 Mk. Geld zu Rotenburg und Heinebach. Im Jahre 1307 finde ich ihn zuletzt.[2]

Es folgen nun drei Brüder, Ludwig, Helmrich und Reinfried. Es ist möglich, daß sie des ersten Helmrich Söhne waren. Jener Helmrich starb ohne Söhne, seine Brüder Ludwig und Reinfried aber wurden die Stifter zweier Stämme, des zu Tannenberg und des zu Bebra. Da letzterer bald wieder erlosch, so will ich ihn zuerst vorführen.

### I. Der Stamm zu Bebra.

Reinfried und sein Bruder Ludwig verkauften 1329 einen Theil ihrer väterlichen Erbgüter zu Baumbach, welchen sie von der hersfeldischen Kirche zu Lehen trugen, dem Ritter Joh. v. Schlutwingsdorf. **Reinfried** hatte zur Hausfrau eine Schwester des hünfeldischen Domherrn und Probsts zu Zelle Konrad v. Rode, dem er 1343 ein Gut zu Rode, unter dem Morsberge bei Rasdorf, und eine Hofstätte unter dem Burgstättel zu Tafta, die Mitgabe seiner verstorbenen Frau, Hedwig, verkaufte.³) Er hatte zwei Söhne, **Helmrich I.** und **Hermann I.** Ersterer hatte seinen Sitz zu Bebra, über Rotenburg, wo sich die alten Straßen von Hersfeld und Thüringen vereinten, Letzterer zu Rotenburg. **Helmrich** hatte eine Zeitlang einen Theil des Schlosses Friedewald im Pfandbesitze, der jedoch bereits 1344 nicht mehr bestand. Beide verkauften Güter zu Breitungen, Baumbach, Rotenburg, Hilwarderode ɾc., theils den Stiftern zu Rotenburg und Heida, theils den Landgrafen zu Hessen.

Bereits seit länger als zehn Jahren hatten die v. Baumbach mit der Abtei Schlüchtern wegen Forderungen in Streitigkeiten gelegen. Nachdem der Abt Hermann von Troksberg zum Abte von St. Stephan zu Würzburg erwählt, wurde der Streit unter dessen Nachfolger, Abt Hartmann, fortgeführt, bis endlich dieser 1357 einen Vergleich zu Stande brachte, welchen **Helmrich I.** und **Hermann I.** für sich und ihre Vettern, Ludwig des I. Söhne, abschlossen. **Hermann** beleibzüchtigte 1365 seine Hausfrau Sophie mit der Hälfte des Zolls zu Bebra und lieh 1366 mit seinem Bruder 60 Pfund Heller auf die Zölle zu Bebra und Ronshausen, die sie von den

Landgrafen als ein Burglehn zu Rotenburg hatten. Beide starben kurz nach dem Sternerkriege, in welchem sie unter Hermann v. Hertingshausen auf landgräflicher Seite gefochten. Hermann erhielt noch 1373 von den Landgrafen das, später ausgegangene, Dorf Hilprechterode versetzt. Helmrich hatte aus zwei Ehen, mit Jutte und Sophie, zwei Söhne: Simon und Helmrich (Helmbrecht) II., und Hermann vier Söhne: Hermann II., Ludwig, Johann und Stein. Simon und Helmrich hatten ein hessisches Burglehn zu Hasel, welches sie 1369 versetzten und erhielten 1370 ein anderes auf die Landbete zu Rotenburg angewiesen; auch wies ihnen 1374 der Landgraf Hermann 6 Mark jährlich auf die Bete und Gülten zu Bebra an, ablösbar mit 60 Mark. Später kamen sie mit dem Landgrafen in Irrungen und befehdeten denselben, hatten aber das Unglück in dessen Gefangenschaft zu fallen, und mußten 1376 eine Urfehde schwören. Von seiner Schatzung blieb Simon dem Landgrafen 30 Mk. S. schuldig, die er mit seiner Gattin Elisabeth auf seinen Theil an den hersfeldischen Gütern zu Bebra verschrieb. Beide Brüder starben ohne Söhne. — Hermann's obengenannte Söhne standen 1397 in dem Bunde des buchischen Adels gegen den Landgrafen von Hessen. Der Aelteste, Hermann II., theilte seiner Vettern früheres Mißgeschick, er wurde gefangen und mußte am 1. Dezember 1397 ein Gefängniß zu Kassel geloben. Die Sühne mit dem Landgrafen erfolgte jedoch erst im folgenden Jahre. Am 24. Juni 1398 erklärten sie, von dem

Landgrafen wegen aller ihrer Ansprüche befriedigt zu seyn, sich mit ihm wegen Verluste, Schäden ꝛc. verglichen zu haben und nimmer wieder seine Feinde werden zu wollen. Sie mußten demselben auch alle ihre eignen Leute und Vorwerke zu Breitungen, ein Vorwerk zu Baumbach, eine wüste Hofstätte zu Braach und alles, was sie noch an Eigen im Gerichte Rotenburg besaßen zu Lehen auftragen.

Mit ihrem Tode starb der hebraische Stamm aus.

II. Der Stamm zu Tannenberg.

Ludwig I., der Stifter dieses Stammes und der Stammvater des jetzt noch blühenden Geschlechts, findet sich zuerst im Besitze der Burg Tannenberg; er trug dieselbe vom Abte zu Hersfeld zu Lehen. Natürlich ist hier die Frage: wie war er in deren Besitz gekommen; hatte er sie erst erworben oder von seinem Vater ererbt? Es ist sicher, daß Ludwig's Bruder, Reinfried, keinen Theil am Tannenberg hatte und daß vielmehr Ludwig denselben allein besessen; dieses wäre nicht der Fall gewesen, hätte er die Burg von seinem Vater überkommen, denn wenn man auch eine Todttheilung unter den Brüdern annehmen muß, wofür ihre strenge, aus allen Verfügungen über ihre Güter hervorgehende, Trennung unwiderlegbar zeugt, so würde sich eine solche doch schwerlich auf eine andere Weise über die Tannenburg erstreckt haben, als daß man diese selbst unter sich getheilt, oder, wie man damals gesagt haben würde, mutschirt hätte, denn es war die einzige baumbachische Burg. Aus diesen Gründen glaube ich annehmen zu dürfen, daß erst Ludwig die Burg erworben habe. Ob er sie aber erst erbaut, oder, ob er sie als schon vorhanden von der Abtei Hersfeld erhalten, ist schwerer zu beantworten. Ich wage jedoch mich für das erstere zu entscheiden, weil in dem reichen Urkunden=Vorrathe der Abtei Hersfeld sich früher nirgends eine Spur von dem Namen der Burg zeigt.

Ludwig und seinem Vetter Helmrich zu Bebra hatte Landgraf Otto einen Theil der Burg Friedewald versetzt; sie versprachen 1323 diesen Theil gegen 165 Mk. S. und die aufgewendeten Baukosten wieder einzuräumen; dieses geschah vor dem Jahre 1344. Mit Reinfried verkaufte Ludwig 1329 Güter zu Baumbach und gab 1332 mit der lehnsherrlichen Einwilligung der Hrn. v. Frankenstein der hersfeldischen Kirche eine Hufe zu **Ytenhusen**. Er war Rath des Landgrafen von Hessen und focht als dessen Hauptmann 1333 in der Fehde gegen die v. Trefurt. Im Jahre 1334 wurde er fuldischer Burgmann auf Fürsteneck, und findet sich in d. J. zuerst als Ritter. Später, 1337 verkaufte er dem Stifte Hersfeld Güter in Renda und erhielt 1338 vom Grafen Johann von Ziegenhain das Gericht Ulfen (**Olfenahe**) zu Lehen. Derselbe hatte ihm auch den Vogtwaizen zu Lengsfeld und die Vogtei über Ronshausen, Weiterode und das jetzt nicht mehr vorhandene Rudolpherode für 152 Pfund Heller versetzt. In demselben Jahre erhielt er vom Kloster Germerode gegen einen jährlichen Zins die Wüstung **Grymolderode** zu Erbrecht. Mit seiner Bewilligung verkauften 1338 seine Söhne ihr hessisches Burglehn dem Kloster Breitenau und ersetzten dasselbe durch freie Güter zu Nentershausen. Im Jahre 1340 erkaufte er ziegenhainsche Lehngüter zu Breitau und dem in dessen Nähe gelegenen, später verwüsteten, Dorfe Eckhardshausen von Berthold Keudel. Auch besaß er um diese Zeit das hessische Gericht Lispenhausen als Pfandschaft. Nachdem er 1342 fuldischer Burgmann zu Vach geworden, findet er sich 1343 als landgräflicher Amtmann zu Rotenburg. In dem darauf folgenden Jahre verkaufte er Güter zu Braach und erhielt 1345 vom Landgrafen Heinrich für 200 Mk. S. zu einem Wiederverkaufe die Dörfer Weisenborn, Bruchhausen und Schickenberg, wovon beide letztern nicht mehr vorhanden, nebst einem Theile an Grandenborn und Breitau. Im Jahre 1346 wurde er hersfeldischer Burgmann auf Landeck, und während er 1347 einen Theil der Wüstung Elberode (östlich von Meckbach) erwarb, versetzte er 1348 hersfeldische Lehngüter zu Ungedanken, (jetzt ein Waldstück) und **Erkirsfurt**. Mit dem Landgrafen Heinrich II. war er wegen der zum Theil nicht mehr vorhandenen Dörfer Machtlos, Nauses (bei Tannenberg) und Walterdeberg (am Waltersberg, zwischen Neuenrode und Heimboldshausen) und mehrerer Wüstungen auf dem Säulingswalde (**Sulingesse**) in Streitigkeiten gekommen, welche 1348 durch einen Vergleich beigelegt wurden. Durch diesen blieben die obigen 3 Dörfer ganz dem Landgrafen, anderes wurde getheilt, und für die abgetretenen Dörfer und Wüstungen versprach ihm der Landgraf 100 Mk. Silber, welche Ludwig auf das Schloß Tannenberg zu dem andern Gelde schlagen sollte, welches er schon auf demselben habe.

Hier geschieht der Burg Tannenberg zuerst Erwähnung. Der letzte Satz des Vergleichs scheint auf Rechte zu deuten, welche die Landgrafen schon damals am Schlosse gehabt; doch ist diese Stelle zu dunkel, um darauf Folgerungen begründen zu können.

Vom Gerichte zu Ulfen besaß noch Hermann Goldacker einen Theil, den er 1352 an Ludwig verkaufte. Dagegen veräußerte dieser 1353 das Dorf Kathus und 1355 die Wüstung Hessenau. Nachdem er noch 1356 für seinen Verwandten Werner v. Leimbach im Kloster Kornberg eine Seelenmesse gestiftet, starb er. Im November 1357, wo seine Söhne mit dem Kloster Schlüchtern einen Vergleich trafen (S. 108), war er bereits nicht mehr am Leben.

Ludwig genoß ein bedeutendes Ansehen bei Landgraf Heinrich II., der ihn oft zu seinem Austrägen erwählte, und war derjenige, welchen man als den Begründer des Reichthums seiner Familie betrachten muß. Mit seiner Gattin Adelheid (v. Felsberg?) hatte er sechs Söhne: Helmbrecht I., Thilo I., Hermann I., Ludwig II., Heinrich I. und Johann I. Die drei Aeltesten finde ich seit 1337, die Anderen seit 1355. Hermann, schon 1337 als Geistlicher genannt, findet sich von 1365 bis 1385 als Pfarrer zu Rüsteberg auf dem Eichsfeld. Er war zugleich würzburgischer Domherr und machte 1366 eine Reise an den päpstlichen Hof nach Avignon, wo man ihn am 20. Mai findet. ⁵) Helmbrecht I., Ritter, nennt sich seit 1344 Burgmann zu Rotenburg. Der Landgraf hatte das Gericht Ulfen pfandweise an sich gebracht und versetzte es 1360 jenen Brüdern für 350 Mk. S. Es wurde zugleich bestimmt, daß, wenn er von dem Grafen von Ziegenhain die Lehnschaft erwerben würde, er es dann wieder ablösen könnte.

Bisher hatten die v. Baumbach das Schloß Tannenberg unmittelbar von der Abtei Hersfeld zu Lehn getragen, als sie durch einen mit dem Landgrafen Heinrich II. von Hessen 1360 geschlossenen Vertrag, zu dem der Abt von Hersfeld seine Einwilligung ertheilte, dieses Verhältniß änderten. In Folge dieses Vertrags wurde der Landgraf von dem Abte mit dem Tannenberge belehnt, und dieser gab denselben wieder den v. Baumbach zu Afterlehn.

Im Jahre 1361 versetzte ihnen der Landgraf das Dorf Dens für 50 Mk. S., welches jedoch noch in demselben Jahre Volkmar v. Berneburg an sich löste. In ihren Diensten stand damals Ditmar v. Landeck; dieser hatte durch den Abt Johann von Hersfeld Schaden erlitten; wegen dieses Schadens und anderer Entschädigungsansprüche, die ihnen Diethe v. Hornsberg übertragen, verglichen sie sich 1364 mit dem Abte. Dem Vertrage von 1360, wodurch der Tannenberg hessisches Lehn geworden, folgte nach wenigen Jahren ein zweiter, wodurch sich die v. Baumbach dem Landgrafen auf eine Weise unterwarfen, wie sie sich nur sehr selten in der Geschichte des Adels wieder findet. Sicher stützt sich dieser Vertrag auf frühere Verhältnisse, wodurch die v. Baumbach schon in eine nachtheilige Stellung zu Hessen gekommen waren; denn nur durch eine solche Annahme läßt sich das Zustandekommen eines solchen Vertrages begreifen. Der Abschluß desselben erfolgte am 29. Januar 1365. Indem der Landgraf Heinrich II. und sein Sohn und Mitregent Otto die v. Baumbach von Neuem mit dem Tannenberg belehnten, gelobten diese den Landgrafen die Oeffnung des Schlosses gegen alle deren Feinde, und zwar in solcher Ausdehnung, daß diese nur gegen sie selbst nicht stattfinden sollte; sie versprachen ferner, das Schloß nimmer von der Landgrafschaft zu wenden und derselben nie daraus einigen Schaden zuzufügen. Sie gaben den Landgrafen die Befugniß, jeder Zeit, wenn denselben es beliebe, den Tannenberg und alle baumbachischen Erbgüter, welche in der Entfernung einer Meile um das Schloß herum gelegen seyen, an sich zu kaufen. Wenn die Landgrafen diesen Kauf verlangten, sollten sie dieses den v. Baumbach ein Jahr vorher anzeigen. Der Kaufpreis sollte dann durch beeidete Gekorene bestimmt werden. Im Falle aber die v. Baumbach selbst auf den Kauf antragen würden und die Landgrafen binnen Jahresfrist nicht darauf eingingen, wurde den v. Baumbach das Recht eingeräumt, jene Güter an einen ihrer Standesgenossen, nicht aber an einen Herrn, zu verkaufen. Das Kaufgeld sollten sie unter den Landgrafen anlegen, und wenn der Verkauf an einen Anderen geschehen sey, so viel von dem erhaltenen Gelde, als vier Geschworene festsetzen würden. Auf den Fall, daß der baumbachische

Mannsstamm aussterben würde, machten sich die Land=
grafen verbindlich, das Lehn den hinterbliebenen Frauen
und Töchtern zu geben. Ferner wurde bestimmt, daß die
Landgrafen sie, ihr Schloß und ihre Güter beschirmen, die
v. B. dagegen den Landgrafen zu Recht unterworfen seyn
sollten. Auch mußten sie geloben, daß sie nie einen un=
gerechten Krieg anfangen, und wenn sie mit den Land=
grafen streitig würden, an den landgräflichen Hof reiten
und Gnade oder Recht suchen wollten. Dieser merkwürdige
oft erneuerte Vertrag befindet sich noch bis auf die Gegen=
wart in Kraft.

Im Jahre 1365 verkauften sie ihre hersfeldischen Lehn=
güter zu Neuseß (Nuweseysse) auf dem Säulingswalde
für 172 Mk. S. dem Stifte Rotenburg, und eine Rente
zu Ulfen dem Stifte Hersfeld.

Helmbrecht lebte 1368 nicht mehr, wo sein Sohn
Ludwig III. seinen Sechstheil am Tannenberg für
20 Mk. S. an Vaupel v. Berneburg versetzte, der alle
von Ludwig dem Landgrafen gethanen Gelübde übernahm.
Im Jahre 1371 versetzte Landgraf Heinrich von Neuem
das Gericht Ulfen an Ludwig II. für 600 kleine Gold=
gulden.

Die Gefahren, welchen die durch Handel und Reich=
thum blühenden Reichsstädte von der kecken Raublust des
Adels täglich ausgesetzt waren, nöthigten sie, sich durch
Bundesgenossen möglichst zu stärken. So schloß um diese
Zeit Erfurt mit den v. Baumbach eine Vereinigung, um
bei dem Gebrauche der Straße über den Säulingswald sich

**117**

durch dieselben beschützen zu lassen und nöthigenfalls einen festen Platz in der Nähe jener Straße zu haben. Die Stadt versprach dagegen einen jährlichen Sold und die Erhaltung der Mauern und Gebäude des Tannenbergs. Collmann, 6) dem ich hier nacherzähle, versichert, noch viele Pergamentbriefe der Stadt gesehen zu haben, worin sie die v. Baumbach ermahnt, das Bündniß zu halten. Erfurt habe um diese Zeit auch Gesandte gen Tannenberg geschickt, um die baufälligen Ringmauern besehen und bessern zu lassen. Aus Langensalza hätten diese um sicheres Geleite geschrieben, da sie ohne dieses sich gescheut hätten, die Reise nach Tannenberg zu machen.

Als die v. Baumbach wegen zweier fuldischer Dörfer, wahrscheinlich Weissenborn und Ufhausen, mit dem Abte von Fulda in Zwietracht kamen, brachen sie mit Hülfe der Erfurter verheerend in's fuldische Gebiet. Abt Konrad führte hierüber bei dem Landgrafen Hermann Beschwerde, aber die v. Baumbach wiesen dessen Vermittlung zurück und wollten erst die ihnen von Fulda entzogenen Güter wieder haben. Der Landgraf versprach hierauf dem Abte seine Hülfe und beide Fürsten erschienen 1375 mit ihren Heerhaufen vor dem Tannenberg. Zwei Lager wurden bezogen, nahe über dem Schlosse, auf den dasselbe beherrschenden Höhen. Wo der Fuldaer (Buchener) Lager war, heißt es noch jetzt der Buchenstein, und wo die Hessen gelagert, Hesseler (Hessenlager). Am letztern Orte sind noch die Erdaufwürfe sichtbar, auf der Allzunau genannt. Denn die Alten v. Baumbach glaubten nicht an die Feindschaft des Landgrafen, und als nun derselbe die Schanze aufgeworfen und ein Alter zum Fenster hinausblickte und das sah, soll er erschrocken gerufen haben: „Ach Gott! der Feind ist uns all zu nau." Diese Schanze ist jetzt mit Holz bewachsen; als 1750 hier eine Eiche gefällt wurde, fand man in deren Stamme einen Pfeil mit Holz und Eisen, den man zur Aufbewahrung nach Kassel sendete. — Höchst verderblich für die baumbachischen Besitzungen war diese Fehde; Mord, Raub und Brand hatte auch sie in ihrem Gefolge, gleich allen andern des Mittelalters; die Dörfer Oberhasel (oder tannenbergisch Hasel, bei Weißenhasel), Glimmerode (im tannenbergischen Walde), Blankenbach, Rexerode (an der Gerstunger Grenze), Rinnols (oder Röhmils bei Blankenbach), Neuensüß und Hohensüß wurden zerstört und erstanden später nur theilweise wieder aus ihrer Asche, Blankenbach an einem andern Orte. Noch in demselben Jahre kam eine Sühne zu Stande. Gegen jährlich 31 Goldgulden Manngeld verzichteten die v. Baumbach auf die streitigen Güter. Sie sollten, wurde festgesetzt, dem Stifte helfen, ausgenommen gegen Hessen, und in einem Kriege gegen dieses neutral bleiben; entstehe Streit zwischen ihnen und Fulda, so sollten Austräge denselben entscheiden. Der Tannenberg sollte Fulda offen stehen, diesem die neue Kemnate, Hessen dagegen die alte Kemnate. Die Belehnung mit den 31 fl. wurde 1438 durch einen besondern Vertrag erneut und von den v. Baumbach bis zum Jahre 1685 bezogen, wo sie Fulda ablöste.

Vom Landgrafen empfingen sie in demselben Jahre am 25. November von Neuem das Lehn über Tannenberg. Sie erneuten hierbei zugleich den Vertrag vom Jahre 1365 in seinem vollen Umfange. Thilo I. war damals abwesend, weshalb sie sich sämmtlich wegen seiner verbürgten. Helmbrecht I. war bereits um's Jahr 1368 gestorben und hatte einen Sohn Ludwig III. hinterlassen.

Schon 1374 hatte der Landgraf ihnen und den v. Hornsberg das Dorf Sibrachthausen für 140 Mk. S. verschrieben, welches 1379 die v. Buchenau an sich lösten. Seit jenem Jahre führte Johann I. den Beinamen Tannenberg. Derselbe trat später noch in den geistlichen Stand und findet sich seit 1385 als Spittler und seit 1395 als Pförtner des Stifts Hersfeld; 1401 war er Probst auf St. Petersberg und 1413 Dechant zu Hersfeld.

In dem Kriege, der 1385 von allen Nachbarn gegen den Landgrafen Hermann von Hessen erhoben wurde, waren auch sie dessen Feinde. Heinrich und Ludwig sühnten sich deshalb 1386 mit demselben. Sie sollten das Gericht Ulfen, wie es der Landgraf bisher gehabt, von Hartung Treusch v. Buttlar lösen. Auf die Pfandsumme schlug ihnen der Landgraf noch 20 Mk.

Thilo war inzwischen gestorben und auch Heinrich ihm bald gefolgt. Heinrich I. hatte 2 Söhne: Heinrich II. und Thilo II., und Ludwig II. einen Sohn: Helmbrecht II. Diese und ihr Vetter Ludwig III. erneuten 1392 den Vertrag von 1365. Niemand sollte zum Schlosse zugelassen werden, es seyen „Leygen, Phaffen, Meide adir Frauwen adir ere Manne", ehe sie denselben beschworen. Auch gelobten sie dem Landgrafen am Dorfe Ulsen keinen Eintrag zu thun, die Briefe aber, die sie darüber hätten, sollten erloschen seyn. Dieses gute Verhältniß zu dem Landgrafen wurde jedoch bald wieder gestört; schon im folgenden Jahre zerfielen sie mit demselben auf eine so ernste Weise, daß darüber eine Fehde entstand. Am 18. und 19. August 1393 verband sich der Landgraf mit dem größten Theile ihrer Nachbarn, den v. Buchenau v. Kolmatsch, v. Romrod, Trott, Treusch v. Buttlar und v. Herda zu ihrer Befriegung. Es wurde dabei unter andern festgesetzt, daß wenn die Tannenburg erobert werde, sie Hermann v. Kolmatsch, Hermann Trott, Eberhard v. Buchenau, Wilhelm v. Herda und Fritz v. Romrod für 1800 fl. in Pfand haben sollten und zwar mindestens 3 Jahre lang. Diese versprachen zugleich den Erbestein, welcher vor dem Tannenberg erbaut worden, nach der Eroberung sogleich abzubrechen. Wahrscheinlich war dieses ein zweites Schloß, welches die v. Baumbach vor dem Tannenberge erbaut hatten. Der Ausgang dieses Streites ist nicht bekannt.

Durch die beiden Brüder Helmbrecht I. und Ludwig II. entstandenen zwei Hauptlinien des tannenberger Stammes. Denn ihres Bruders Heinrich I. Söhne starben ohne männliche Nachkommen, Heinrich II. schon nach 1392, Thilo II. 1428. Jene beide Linien muß ich hier trennen, um ihre Geschichte nicht zu verwirren.

1) **Helmbrechtische Linie.** [7])

Des Stifters Helmbrecht des I. Sohn, Ludwig III., ist schon im Vorhergehenden gedacht worden. Er erkaufte 1383 die buttlar'schen Güter zu Niederhasel und lebte noch 1405. Er hatte 3 Söhne Helmbrecht III. Johann II. und Reinhard I. Letzteren ließ er 1405 in das Stift Hersfeld aufnehmen, wofür er dem Stifte Güter in Ulfen überwies. Doch Reinhard scheint der geistliche Stand nicht zugesagt zu haben, er vertauschte gar bald die Kleidung des Friedens wieder mit der männlichen Rüstung. Dieses war 1413 bereits geschehen, wo sein Bruder Helmbrecht nicht mehr lebte. Reinhard und Hans sowie ihre Vettern Helmbrecht II. und Thilo II. kamen 1414 mit den v. Buchenau in Fehde. Indem sich die letzteren mit dem Abte Johann v. Fulda verbanden, zogen jene die v. Boyneburg und v. Hundelshausen an sich und machten einen Einfall in das Fuldaische. Der Dechant und Konvent erhoben hierüber Klage am päbstlichen Stuhle und Martin V. bestellte Johann de Opizis, **Dr.** der geistlichen Rechte und päbstlichen Kapellan, zum Richter. Nachdem dieser vergeblich die Angeklagten vorgeladen, sprach er am 29. July 1418 den Bann über sie aus, nämlich über die genannten 4 v. B., Friedrich, Johann und Heinrich v. Hundelshausen und Hermann v. Boyneburg. Der weitläuftige Spruch ist durch die genaue Aufzählung der mit der Ausführung verbundenen Förmlichkeiten zu interessant, als daß ich nicht einen Auszug davon geben sollte.

Derselbe wurde dem Kaiser, den geistlichen Fürsten von Mainz und Würzburg, den Landgrafen von Thüringen und Hessen ꝛc. mit der Weisung zugeschickt, ihn zu verkündigen durch ihre Lande, und zwar innerhalb sechs Tagen nach seiner Uebergabe, bei Androhung geistlicher Strafen. Die Verkündigung sollte geschehen in allen Kirchen und Kapellen zur Stunde der Messe und in allen Stunden der sieben Gezeiten („infra missarum et aliarum horarum solemnia"), wenn gepredigt würde. Die Priester und Kapellane sollten, gekleidet in ihre Chorröcke, das Kreuz aufrichten, das gebildet sey nach den Martern Gottes und es mit Weihwasser besprengen zur Vertreibung der Teufel („ad fugandos demones"), die jene in ihren Banden hielten und sollten Gott anrufen, daß sie wieder zu dem Christenglauben zurückkehrten und nicht in solch' großer verstockter Missethat endeten. Sie sollten singen das **Responsorium**: „Reuelabunt celi ꝛc. Dy Hemil werden offinbaren dy große Boßheit Jude," und den Psalm **„deus laudem meam ꝛc.** O God vorswik nicht myn Lob, wann worumb der Mund des sünders vnd des bosliftigen ist vffgethan, vbir mich," und die **Antiphona**: „media vita etc., des halptheil vnßers lebens syn wir dem tode, wen suchen wir zu eyme Hulff anders wenn dich herren, du zcornest mit rechte umb vnse sunde, heiliger got, starker got, allmechtiger got vnd gesundmacher nicht gyp vns in den bittern vnde ewigen tod". Darauf sollten die Priester gehen an die Pforte der Kirche, die nach der Gebannten Wohnung blicke und

3 Steine gegen dieselbe werfen („tres lapides versus eorum habitationem proiciendo") zu einem Zeichen der ewigen Vermaledeiung, die Gott der Herr gegeben über Dathan und Abyron, welche die Erde als Lebende verschlungen und sollten Lichter entzünden, sie wieder auslöschen und zur Erde schleudern und während dessen mit (Todten=) Glocken läuten („candelis accensis extinctis et in terram proiectis, campanis pulsatis — vnde sal sy mit lichten beschißen vnd glocken beluten"). Und wenn die Gebannten 10 Tage verharrten in ihrer Missethat, dann sollte binnen den nächsten 6 Tagen allen Christen geboten werden, mit den Gebannten keine Gemeinschaft zu pflegen, mit Aufstehen, Wandeln, Grüßen, Herbergen, Trinken, Essen, Feuer, Salz, Wasser und anderer Nothdurft des Lebens und ihnen keine Kleidung zu reichen oder andere menschliche Bedürfnisse („seu quovis alio humanitatis solatio — oder andere menschliche Wolluste haben"), nur ausgenommen was in den Rechten erlaubt; die dagegen handelten, sollten gleichfalls in den Bann verfallen. Wo nun die Gebannten zehn Tage so freventlich verharrten, sollte bei deren Ausgang in allen Orten, wo die Gebannten wohnten oder hinkämen, so lange sie darin wären, kein Priester Messe lesen und bei offenen Thüren in Gegenwart des Volkes der Gottesdienst schweigen, so auch 3 Tage noch nach ihrer Abfahrt; so sollte Niemand reichen die Sakramente der Taufe, dem Kranken Gottesleichnam, keine Ehe sollte gestiftet werden mit der Würdigkeit der heiligen Kirche,

kein Todter beerdigt werden; die Gebannten sollten ausgeschieden und ausgeworfen seyn aus allen Rechten, also, daß sie allermänniglich mit Gerichte antworten sollten, Niemand ihnen aber zu antworten brauche. Und blieben sie in diesem großen Banne 10 Tage, dann sey billig, daß das weltliche Schwert zu Hülfe käme dem geistlichen, denn wen Gott nicht wende von seiner Bosheit, den sollte das weltliche Schwert zwingen zur Zucht. Dazu ermahnt er den Kaiser als den obersten Schirmer des Schwertes und alle, welchen die Hülfe des weltlichen Schwertes zustehe und gibt ihnen Macht zur Angreifung ihres Leibes und Gutes, jedoch ohne schwere Verletzung ihres Körpers („**potenter etiam manu forte sine tamen corporum et personarum graue lesione**"), so lange bis sie Gott und der Mutter der heiligen Kirche und seiner (des Richters) Verschmähung genug gethan. Und nur sich und seinen Oberen behält er die Absolution vor.[8])

Das ist der mit allen Schrecken der Kirche ausgerüstete Fluch. Mochte er auch in der Ausführung viel von seinem alten Ernste verloren haben, so mag seine Wirkung auf die in finsterem Glauben versunkene Menge immer noch furchtbar genug gewesen seyn. Ueber das aber, was unsere Gebannten thaten, ob sie es bis zum höchsten Banne kommen ließen, schweigen die Nachrichten.

Hans erhielt 1425 ein fuldaisches Burglehen zu Vach und die von Sophie v. Bessingen, gen. v. Buttlar, hinterlassenen Lehngüter zu Rabenau, Pferdsdorf ꝛc. Reinhard v. Baumbach hatte Katharine, Schwester Simon's

v. Homberg, zum Weibe. Dieser hatte ihm Güter zu Zennern, Mardorf und Ahausen versetzt, welche er 1429 weiter verpfändete. Durch Simon's Tod erhielt er auch Ansprüche auf dessen Güter im Amte Homberg, und auf das hombergische Burglehen zu Wallenstein. Wegen dieses und einiger Güter zu Ulfen, welche ihm Abt Hermann v. Hersfeld verschrieben, kam er mit dem Abte Konrad v. Hersfeld in Streit, der 1440 durch Schiedsrichter dahin beigelegt wurde, daß Reinhard auf das Burglehen verzichtete, der Abt ihm aber die Güter zu Ulfen als Mannlehn gab. In den folgenden Jahren veräußerte er viele seiner hombergischen Güter, zum Theil in Gemeinschaft mit Hermann v. Hornsberg, der gleichfalls eine hombergische Erbtochter zur Gattin hatte. Außer diesen hatte Reinhard von den v. Landeck Güter zu Iba und Netzenhausen, und von Dietrich und Hermann v. Buttlar eine Kemnate zu Ulfen erkauft.

Im Jahre 1434 schlossen Reinhard und Johann mit ihren Vettern einen Burgfrieden zu Tannenberg.

Hans II. verkaufte 1445 dem Landgrafen Ludwig Heselrode und Erdmannshain und erhielt vom Abte von Hersfeld die der Abtei durch das Aussterben der v. Lilienberg heimgefallene Hälfte des Gerichts Friedlos zu Lehn. Im J. 1454 findet man ihn zuletzt. [9] Mit seiner Hausfrau Anna v. Buchenau hatte er, außer 2 Töchtern, 3 Söhne Appel, Burghard und Ludwig IV. Diese erscheinen seit 1445 und verschrieben 1456 eine Gülte aus Friedlos. Nachdem Appel (dessen Wittwe Elisabeth noch 1497 lebte) gestorben war, starb auch Burghard (vor 1471) und nur Ludwig lebte noch 1489 und beerbte seine Brüder. Als um's Jahr 1483 seiner Mutter Bruder Appel v. Buchenau ohne Kinder starb, waren Ludwig und Appel's anderer Schwestersohn Kaspar v. Buchenau seine Erben in den Krummstabslehen. In Folge eines Vergleichs vom Jahre 1489 wurde zwar Appel's Theil am Schlosse Buchenau den buchenauischen Ganerben überwiesen, was aber nicht in's Ganerbiat gehörte, blieb in ihren Händen. Dieses waren namentlich die Güter im Gerichte Fürsteneck und eine Kemnate zu Eiterfeld. Als Kaspar v. Buchenau kinderlos starb, fiel dessen Antheil an Ludwig und da auch dieser keine Kinder hinterließ, beerbten denselben seine Schwestern Anna und Dorothea, welche jene Güter um's Jahr 1504 an Johann v. Haune verkauften.

Reinhard I., der sich bis 1468 findet, hatte mit seiner Hausfrau Katharine zwei Söhne: Ludwig V. und Heinrich III. Letzterer starb schon vor 1489, ersterer nach 1492, aber nur Ludwig hatte Söhne: Reinhard II. und Ewald I., welche die Hälfte der Gesammtgüter inne hatten und die Stammväter zweier Linien wurden.

Die tannenberger Linie stiftete Reinhard II., welcher in der Kemnate zu Ulfen wohnte. Er hatte Marie, die Tochter Henne Holzsadel's zum Weibe. Eine andere Tochter desselben hatte Hans v. Wallen=

stein. Als nun um's Jahr 1526 mit Henne's Sohne Werner, Amtmann zu Sinzig, das holzsadel'sche Geschlecht im Mannsstamme erlosch, wurden jene seine Erben in den Allodien und den geistlichen (hersfeldischen und breitenauischen) und Kunkellehen. Die hersfeldschen Lehen waren: das halbe Dorf Pfaffenhausen, die Zehnten zu Welfrod und Hombergshausen, Güter zu Reidingshausen ꝛc.; die breitenauischen: Güter zu Wenigenholzhausen bei Homberg. Die hessischen Lehen bestanden namentlich in Antheilen am Schloß, Dorf und Gericht Binsförth und dessen Zugehörungen in dem Pfarrlehen daselbst, dem Gericht Oberkonnefeld, einem Burgsitze zu Felsberg und Gütern zu Dagobertshausen, Malsfeld, Elnbach, Alt- und Neumorschen, Gunstrode und Holzmannshausen. Diese Güter besaßen die v. Baumbach mit den v. Wallerstein in Gemeinschaft und das Seniorat wechselte unter ihnen. Nur an Wenigenholzhausen hatte auch Ewald II. und seine Nachkommen schon seit 1519 Antheil. Reinhard war 1530 nicht mehr am Leben; seine Söhne waren Ludwig VII. und Heinrich V. Ersterer war hessischer Hofmarschall und wurde von den evangelischen Ständen 1536 an den Kaiser und 1538 und 1539 nach Frankreich und England als Gesandter geschickt. Der Besitz von Binsförth führte bald zu Streitigkeiten mit dem Landgrafen. Henne Holzsadel hatte 1471 ein Drittheil an Binsförth und den schon oben bezeichneten Gütern von Joh. v. Lehrbach erworben. Als treuer Anhänger des Landgrafen Ludwig II. hatte er demselben in allen seinen Kriegen gedient und dieser war ihm dafür 600 fl. schuldig geblieben. Landgraf Wilhelm d. ä. gab ihm zu deren Tilgung die übrigen zwei Drittheile an Binsförth. Dem aber widersprach Landgraf Wilhelm d. m. und setzte sich, nachdem ihm durch die brüderliche Theilung der Theil des Landes, wozu Binsförth gehörte, zugefallen war, in den Besitz jener 2 Drittheile, von denen er jedoch das eine 1490 wieder an Henne versetzte. So war das Sachverhältniß nach Landgraf Philipp's Behauptung. Der Streit zwischen diesem und den v. Baumbach und den v. Wallenstein bestand nun darin, daß letztere behaupteten in dem Besitze des Drittheils des Landgrafen Wilhelm d. ä. geblieben zu seyn, und das Drittheil des Landgrafen Wilhelm d. m. versetzt erhalten zu haben, daß ihnen also Binsförth ganz zustehe. Dieser Streit war 1555 noch nicht erledigt. Später findet man, daß der Landgraf Recht behalten. — Ludwig VII. war bereits 1552 gestorben und hatte nur Söhne hinterlassen: Reinhard IV. und Philipp Ludwig, welche die Linien zu Nentershausen und Binsförth stifteten. Diese und ihr Vetter der braunschweigische Hofmeister Ludwig VI. trafen 1564 mit dem Abte Michael von Hersfeld einen Erbtausch. Der Abt gab ihnen 600 Thaler und alle Gefälle ꝛc., welche die Abtei Hersfeld und die Probsteien Petersberg und Kreuzberg zu Ulfen, Iba und tannenbergisch Hasel in Lehnschaft gehabt, wogegen sie auf die Güter zu Menz und Spicht ꝛc. verzichteten. Die 600 Thlr. sollten sie auf eigene Güter anlegen und diese vom Stifte zu Lehn empfangen. Dieses geschah auf ihre Güter zu Lüdersdorf und Iba, Ulfen und Hasel.

Nentershäuser Linie. Reinhard IV., 1530 zu Tannenberg geboren, wurde Marschall des Abts Michael von Hersfeld, der die heimfallenden Lehngüter vorzüglich zur Belohnung seiner Beamten benutzte. So belehnte er 1565 seinen Marschall Reinhard nebst vier andern seiner Beamten mit den heimgefallenen finkischen Gütern zu Neukirchen, Zelle, Loshausen, Weringesdorf, Rommershausen, Schönborn und dem Pfarrlehn zu Schwarze. Kaum waren mit Helwig die v. Rückershausen im Mannsstamme erloschen, so erhielten dieselben Beamten am 12. Juli 1576 die Belehnung über deren hersfeldische Lehen: das Gericht Ottrau und Güter zu Ostenrode. Doch Helwig hatte noch eine Schwester, Dorothea, deren Vormund, unterstützt durch Landgraf Wilhelm IV., die Lehnsfolge in Anspruch nahm, welche ihr nach hersfeldischem Lehnrechte gebührte. Am 24. April 1577 kam ein Vergleich zu Stande und Dorothea erhielt die Lehen gegen 1500 fl., womit nun Reinhard und seine Genossen belehnt wurden. Reinhard erkaufte 1588 das hattenbachische Gut zu Kirchheim mit allen Zubehörungen, theils von den hattenbachischen Erben, theils von Hersfeld; desgleichen auch die fuldischen Lehngüter der v. Hattenbach zu Lauterbach, Werda, Minzebach, Blitzenrod ɩc., welche seine Nachkommen später an Hessen verkauften; ferner ein Burggut zu Hattenbach von dem würzburgischen Amtmanne Melchior v. Langenstein genannt Guntzerod. Er starb 1613 auf seinem Sitze zu Kirchheim, nachdem er Marschall bei fünf hersfeldischen Aebten gewesen und 1568 Obervorsteher der adelichen Stifter in Hessen geworden war. Mit Anne v. Buttlar hatte er zwei Söhne, Joachim Reinhard, welcher den von seinem Vater begonnenen Bau des jetzt noch vorhandenen Hofes zu Nentershausen vollendete, und Asmus VII. Dieser, geboren 1587 zu Kirchheim, wurde 1614 hersfeldischer Ober=Forst= und Jägermeister, und folgte später seinem Vetter Asmus VI. in der Landvogtei an der Fulda; als solcher hatte er seinen Sitz zu Spangenberg, und wurde im dreißigjährigen Kriege in viele Unannehmlichkeiten verwickelt. Nachdem er dreimal verehelicht gewesen, starb er zu Kirchheim im Jahre 1673. Sein jüngster Sohn, Otto (geb. 1617 gest. 1668), über welchen 1657 die übrigen v. Baumbach viele Beschwerden wegen Gewaltthätigkeiten führten, stiftete die nentershäuser Linie; sein älterer Sohn Heinrich (geb. 1614) aber die Linie zu Kirchheim. Letzterer fiel als hessischer Generalmajor am 29. Juli 1691 unweit Beaumont, im Hennegau, in einem Zweikampfe mit dem Oberst=Lieutenant Schwerzel, und wurde in einem Garten bei Donstiennes beerdigt. Von seinen Söhnen erwarb Joh. Ludwig das Schloß Belnhausen, im nordöstlichen Theile des jetzigen Kreises Ziegenhain. Landgraf Moriz hatte dasselbe im Jahre 1623 seinem Hofmarschall Dietrich v. d. Werder zu Anerkennung seiner Dienste zu Lehn gegeben, und dieser es noch in demselben Jahre für 2300 Thlr. an den Oberst Asmus VI. v. Baumbach verpfändet, von dem die Pfandschaft auf seinen Sohn Adam Georg überging; als dieser sie 1670 bei Dietrichs Sohne, Paris, kündigte, erbot sich Joh. Ludwig v. B., der mit Adam Georgs Tochter, Margarethe Lukretie, verlobt war, das Gut für den Pfandschilling und die Baukosten, mit dem Eingebrachten seiner Braut zu erkaufen. Dieses war Paris um so erwünschter, als er wegen seiner Entfernung weder Belnhausen selbst bewohnen, noch auch den Pfandschilling zu zahlen im Stande war, ohnedem auch die durch den Krieg sehr verwüsteten Gebäude einer Erneuerung bedurften. Paris willigte deshalb ein; am 10. Oktober 1670 erfolgte die lehnsherrliche Genehmigung, und im folgenden Jahre wurde Joh. Ludwig mit Belnhausen belehnt; nach seinem Tode sollte es seine Wittwe lebenslänglich behalten, und wenn er ohne Söhne sterben würde, den Erben die Kaufsumme und die Baukosten erstattet werden. Später verzichtete hierauf seine Gattin und er ließ seinen Bruder Heinrich in die Belehnung mit aufnehmen, so daß, als er am 5. Januar 1723 kinderlos starb, dessen Söhne, der Generalmajor Ernst Heinrich und der Major, später Generalmajor Joh. Rudolph die Belehnung erhielten. Als mit dem letztern am 23. März 1752 die Linie erlosch, fiel Belnhausen an die Landgrafen heim. Die übrigen Stammgüter erbte die nentershäuser Linie. Diese letztere erkaufte 1810 von den diedeschen Erben die ehemals bilaischen und hansteinischen Güter zu Frielingen und in dessen Umgegend für 18,000 Thlr., sowie 1820 die dasigen Güter des

Generalmajors Marschall für 11,000 Thlr. und 1821 Obermöllrich.

Binsförther Linie. Philipp Ludwig († 1611), des Marschalls Ludwig VII. Sohn, erwarb vom Landgrafen Philipp d. j. von Hessen zu Rheinfels, dessen Hofmeister er war, die durch das mit Hans Moriz erfolgte Aussterben der Stumpfe v. Waldeck heimgefallenen Lehen: einen Burgsitz zu Reichenberg, das Gericht Zora, Güter zu Rumrod und Hilgenrod, einen Hof zu St. Goar, Güter zu St. Goarsmark und Buchen. Er hatte drei Söhne Ewald Jost, Friedrich und Philipp Ludwig. Friedrich starb eines gewaltsamen Todes. Wilhelm v. Günderode hatte nämlich am 20. August 1593 in seiner Wohnung zu Kassel einige Freunde zu einem Kruge Wein geladen; es waren Friedrich v. Baumbach, Heidenreich v. Boyneburg und Philipp Meysenbug. Die Unterhaltung blieb heiter und fröhlich bis Heidenreich v. Boyneburg scherzend den Vorschlag machte, die Bärte abzuschneiden; nur Friedrich wollte sich nicht darauf einlassen: „er habe einen Bart für sich." Als ihn nun Heidenreich fragte: wie es komme, daß er sich mit seinen fünf Haaren mehr dünke, als Andere, fuhr Friedrich zornig auf: „es sey nicht wahr, daß er sich mehr dünke." Mit sanften Worten berief sich Heidenreich auf das Zeugniß des Landgrafen und Anderer und warnte Friedrich vor seiner Hitze; aber dieser wurde dadurch nur heftiger und schalt ihn einen Lügner, und als er dieses mehrfach wiederholte, wurde auch Heidenreich heftig und schlug ihn mit der Faust. Nun entflammte Friedrichs Jähzorn; kaum hatte er den Schlag, so saß sein Messer auch schon in Heidenreichs linker Schulter; vergeblich suchten die Anderen sie zu trennen, man kam vom Tische weg, Friedrich drang wüthend auf seinen Gegner ein, dieser ergreift seinen Rappier und — Friedrich war durchstochen. Er fühlte die Tödtlichkeit der Wunde, denn das Eisen war tief in den Unterleib gedrungen; auf sein dringendes Verlangen führte man ihn die Treppe hinunter, doch schon verließen ihn seine Kräfte, und er rief: „O Jesus, du Sohn Davids, erbarme dich meiner, des armen Sünders; ich habe mein Theil; vergieb mir meine Sünde, gern will auch ich Allen vergeben, die mich beleidigt haben," und ähnliche Worte der Reue, und verlangte den Pfarrer. Er starb am 22. desselben Monats. Unterdessen war Heidenreich entflohen. Es wurde ein peinliches Gericht niedergesetzt, vor dessen Spruche sich jedoch die beiderseitigen Verwandten verglichen. Der Landgraf gab Heidenreich ein zweijähriges Gefängniß, worauf derselbe sein Vaterland verließ. — Philipp Ludwig kam 1593 als Hofjunker an den Hof des Landgrafen Ludwig IV. von Hessen zu Marburg. Nachdem die erste Gemahlin des Landgrafen kinderlos gestorben war, hatte sich derselbe 1591 in seinem 54sten Lebensjahre, wo ihn ein heftiger rheumatischer Kopfschmerz schon über seine Jahre gealtert, mit der 24jährigen Tochter des Grafen Hans I. v. Mansfeld, Marie, zu einer zweiten Ehe vermählt. Philipp Ludwig, in der Blüthe seiner Jahre, erweckte bei der Landgräfin bald ein innigeres Interesse, als ihre ehelichen Pflichten es erlaubten. Man kam sich von beiden Seiten entgegen, und bald standen sie im trautesten Verhältnisse zu einander. Vom Hofjunker stieg Baumbach schnell zum Hofmeister des landgräflichen Frauenzimmers und nicht lange nachher auch zum Haushofmeister. Die Stellung, welche er durch dieses Amt am Hofe einnahm, mußte natürlich auf den Umgang mit der Landgräfin fördernd einwirken, der sich nun durch die innigste Vertrautheit, durch ein gegenseitiges Unentbehrlichseyn aussprach. Unverholen gab die Landgräfin ihre Liebe zu erkennen; es war deshalb kein Geheimniß am Hofe, nur der Landgraf sah mit sehenden Augen nicht, er überhäufte vielmehr Philipp Ludwig v. Baumbach mit so ansehnlichen Geschenken, daß dieser einen Aufwand machen konnte, der weder mit seines Vaters Mitteln, noch seinem Diensteinkommen im Verhältnisse stand. Er gab ihm sogar die heimgefallenen scheuernschlossischen Lehen, das Kloster Hachborn und einen Burgsitz zu Brauerschwend (zwischen Alsfeld und Lauterbach). Hatten die Landgrafen zu Kassel und Darmstadt schon die zweite Vermählung Ludwigs ungern gesehen, wie vielmehr mußte sie erst jenes Verhältniß reizen. Philipp Ludwig hatte deshalb nach dem Tode des Landgrafen Alles von der Rache derselben zu fürchten und nur zu bald machte er hiervon die traurige Erfahrung. Am 9. Oktober 1604 starb Landgraf Ludwig. Man machte Baumbach anfänglich nur die scheuernschlossischen Lehen streitig und zog ihn wegen einzelner Aeußerungen zur Rechtfertigung; aber bald gestaltete sich seine Lage gefährlicher. Man konnte sich mit der landgräflichen Wittwe wegen ihrer Abfindung nicht vereinigen und griff, um dieselbe zum Nachgeben zu zwingen, ihren Umgang mit Baumbach auf. Am 14. April 1605 ließ Landgraf Moriz denselben greifen und nach Ziegenhain führen, wo er in das Gefängniß des berüchtigten Grafen Christoph Ernst v. Dietz geschlossen wurde, um ihn des Verbrechens des Ehebruchs anzuklagen. Alsbald erhielt der landgräfliche Fiskal den Auftrag zur Anklage [10]) und ein peinliches Gericht, bestehend aus vier marburger Rechtsgelehrten und mehreren Edelleuten, unter Joh. Schwerzel als Richter, wurde niedergesetzt. Während dieses geschah, mißhandelte man auch die landgräfliche Wittwe und stellte sie unter eine sie sehr beschränkende Aufsicht, und ihre Kammerfrau und ihre Diener ließ Landgraf Moriz in's Gefängniß werfen. So stand die Landgräfin hülf= und rathlos. Vergeblich nahmen sich ihrer die Herzöge von Braunschweig und die Grafen v. Mansfeld an; selbst daß der Kaiser sie und ihre Dienerschaft in seinen besondern Schutz nahm, konnte ihr wenig helfen. Man stritt nur heftiger wegen ihrer Abfindung und betrieb um so eifriger den peinlichen Prozeß gegen Baumbach. Dieses Schreckmittel hatte dann auch die gewünschte Wirkung, denn die Wittwe hatte die völlige Entwickelung desselben allerdings zu fürchten und wurde nachgiebiger. Aber vorzüglich hartnäckig wurde noch der Streit wegen der Entlassung ihrer Dienerschaft, man wollte dieselbe gegen

Baumbach gebrauchen, da nur durch sie der Beweis des Ehebruchs geführt werden konnte. Vergebens stellten die v. Braunschweig und v. Mansfeld die daraus erwachsende Gefahr für die Ehre des landgräflichen Hauses dar, vergebens beriefen sie sich auf den vom Kaiser ertheilten Schutz, die eiserne Härte des Landgrafen Moriz schien unbesiegbar. Erst nach großen Mühen, und nachdem die übrigen Streitigkeiten beseitigt, gab er auch hier nach, denn Landgraf Ludwig V. von Hessen-Darmstadt war minder hartnäckig. Die Diener der Landgräfin wurden freigegeben. Auch Baumbach erhielt, nachdem am 5. Juni das erste Gericht über ihn gehalten worden, seine Freiheit, ob in Folge eines Vergleichs, oder weil man nach dem Abzuge jener die Beweise gegen ihn verloren, geht nicht aus den Akten hervor. Bei seiner Verhaftung war all' das Seine mit Beschlag belegt worden, dieses erhielt er wieder zurück, bis auf das Kloster Hachborn und die übrigen Güter, mit denen Ludwig IV. ihn belehnt hatte, diese zog Moriz ein. Zwar bemühte sich Baumbach eifrig um die Belehnung, doch stets im unterthänigsten Tone und diese als eine Gnade erflehend, aber vergeblich; obgleich die Belehnung in gehöriger Form geschehen, und Moriz selbst dazu seine Einwilligung, die nicht einmal nöthig gewesen, gegeben hatte, so trotzte er doch nicht auf sein gutes Recht. Moriz gab zuletzt seinen Gesuchen gar keine Antwort mehr und die Räthe wiesen ihn barsch zurück. So verlor er diese Güter nicht mit Recht, denn weder der Landgraf, noch seine Räthe gaben ihm je einen Grund an, sondern lediglich durch Gewalt, der er sich zu widersetzen nicht wagen durfte. — Die Landgräfin Marie vermählte sich 1611 nochmals mit dem Grafen Philipp II. v. Mansfeld. Auch Baumbach verehelichte sich, kaufte sich zu Homberg an und starb 1618. Als man 1831 sein Grab öffnete, fand man in seinem Sarge eine schwere Harke.

Philipp Ludwig's Bruder, Ewald Jost, hessischer Ober=Forst= und Landjägermeister, sowie Landvogt an der Fulda, pflanzte den Stamm fort. Sein Sohn Johann Philipp erkaufte 1646 von den v. Eschwege ein Rittergut zu Ulfen, sowie 1648 von den v. Boyneburg=Honstein ein Rittergut zu Sontra, und starb 1667 zu Tannenberg. Seine Söhne Adam Wilhelm (geb. 1640 gest. 1684) und Adolph Friedrich (gest. 1725) schieden sich in die Linien zu Sontra und zu Binsförth und er= kauften von den v. Buttlar Güter zu Königswald und Hornal. Ersterer erwarb 1674 von den v. Buttlar zu Friemen das sogenannte berneckische Lehngut zu Sontra, und baute daselbst 1680 das noch gegenwärtig vorhandene Wohn= haus. Nachdem die binsförther Linie schon mit des Stifters Sohne, Adam Georg, am 9. Juni 1754 wieder er= loschen, starb auch die zu Sontra mit des Stifters Enkel, dem Obervorsteher Reinhard Wilhelm, am 11. April 1773 aus. Von seiner Mutter hatte der Letztere das Gut zu Henfstädt in Franken ererbt und am 1. Aug. 1738 seinen $3/16$ Theil an den tannenbergischen Gütern dem Landesherrn für 36,200 Thlr. verkauft. Seine Tochter Sabine Friederike wurde seine Erbin und hatte

Wilhelm Ludwig v. Baumbach zu Lenderscheid zum Gatten.

Als 1745 der Mannsstamm der v. Wallenstein erlosch, setzte sich des letzten v. Wallenstein Schwester, Marie Amalie, verehelichte v. Schlitz, in den Besitz der holzsadelschen Güter, und diesen behielt auch das von ihr gegründete Stift Wallenstein, als sie 1761 starb. Die v. Baumbach vermöge der Sammtbelehnung die eigentlichen Lehnserben, kamen darüber mit dem Stifte in Streit; anfänglich führte nur Sabine Friederike den Prozeß, bis endlich die nentershäuser Linie als Mitbelehnte gegen beide auftrat. Am 5. April 1786 erfolgte vom Ober-Appellationsgericht zu Kassel das Endurtheil. Nach diesem wurden die Lehen dem Stifte abgesprochen, und erkannt, daß die Güter zu Pfaffenhausen, Wolferode, Hombergshausen den beiden Linien zu Lenderscheid und Nentershausen jeder zur Hälfte, der letztern aber die Güter zu Binsförth, Hommershausen, Mörshausen ꝛc. allein zufallen sollten. — Ein anderer Prozeß war zwischen den genannten beiden Linien wegen der Güter der sontraer Linie entstanden, und bis an das Oberappellationsgericht gediehen, als er am $^{19}/_{20}$ Februar 1791 durch einen Vergleich beigelegt wurde. Die Lenderscheider traten den Nentershäusern die holzsadelischen, hombergischen und landeckischen Lehen, sowie das Vorwerk zu Braach, vorbehaltlich der Mitbelehnung, für 5600 Thlr. ab, wogegen die Nentershäuser auf ihre Ansprüche auf Ellingshausen verzichteten. Auch die tannenbergischen Kaufgelder gingen auf die Nentershäuser über.

Ruhlaer Linie. Ewald I., (1498 † 1555) Heinrich des III. Sohn, war der Stifter derselben, welche ihren Namen von dem vor Nentershausen gelegenen Hofe Ruhla führte. Im J. 1541 erkaufte er die boyneburgischen Güter zu Ober= und Niederhasel. Er hatte zwei Kinder. Seine Tochter Barbara verehelichte er 1539 an Bernhard v. Hertingshausen. Sein Sohn, Ewald II., (1539 † 1575) war mainzischer Rath zu Aschaffenburg. Dieser hatte das traurige Loos, höchst ungerathene Kinder zu hinterlassen, welche selbst Landgraf Wilhelm IV. eine rohe Gesellschaft nennt.

Die Söhne waren: Jost, Hans, Ludwig und Heinrich. Nachdem sie schon 1582 eine Mutschirung ihrer väterlichen Güter getroffen, kamen sie nach Hansens Tode von Neuem zu Theilungsverhandlungen, welche endlich vor der Kanzlei zu Kassel am 14. Juli 1598 durch einen Vergleich geschlossen wurden. — Hans war am 30. August 1580 zu Iba und kam, nachdem er mit einem Krämer aus Melsungen, einem losen Gesellen, sich trunken gezecht, wegen eines Pferdehandels, weil der Krämer zu wenig bot und das Pferd eine lose Mähre nannte, in Streit, zuerst zu Schimpfworten, dann zu Thätlichkeiten; Hans versetzte dem Krämer einen Schrammschuß am Kopfe und sprengte, als hierauf der Krämer sich wieder aufgerafft und sein langes Messer gezogen, davon. Mit dem Berichte des Amtsmanns zu Sontra, Bernd Keudel, über den Vorfall kam auch das vergrößernde Gerücht in Kassel an. Landgraf Wilhelm war sehr erzürnt, daß

Hans nicht alsbald festgenommen worden war, und schrieb dem Amtmanne eine harte Zurechtweisung. Es heißt in dem deshalbigen Schreiben: „Hinfüro aber in dergleichen fellen beßer Justitiam halteſt, den gleichen Scheffel prauchest vnnd nicht denen vom Adell oder andern großen Hansen durch die Finger sehest, Aber wehn ettwa ein Armer vber Zwerch einicher tritt, denselben Alspaldt Stocken vnd Plocken vnd also wie man sagett die Mucken vff fangen, Die Wespen aber frey ledig fliegen vnd schwermen lasset, wie wir dan vornehmblich zu schutz vnd handthabung vnser vnd vnser Armen vnd nicht diesen oder jenen zu favorisiren diß Amptt vertrauett." (6. September 1580). Die Sache, deren Hergang wegen Mangels glaubwürdiger Zeugen nicht genau zu ermitteln war, wurde später zu Kaſſel ausgeglichen, und da die Verwundung unbedeutend, kam Hans mit den Kurkosten davon.

Heinrich lebte zu Nentershausen mit eines Schweinehirten Tochter, Magdalene, deren Eltern er zu sich genommen. Er hatte mit ihr einen Sohn, Namens Rudolph. Nichts halfen die Ermahnungen und Strafen des Pfarrers, die so weit gingen, daß er des Mädchens Eltern vom Abendmahle ausschloß, nichts die Forderungen des Landgrafen, den ärgerlichen Wandel aufzugeben und seine Geliebte bei 100 Goldgulden Strafe zu entfernen (1600). Er zahlte die auf 100 Thlr. ermäßigte Strafe und behielt das Mädchen. Nachdem er 21 Jahre mit ihr gelebt, gedachte er sie auch für den Fall seines Todes durch Aussetzung einer Leibzucht sicher zu stellen. Sein Bruder Ludwig widersetzte sich zwar, denn „einer Hure eine Leibzucht auszusetzen, sey **contra bonos mores** und bei ehrlichen Leuten verkleinernd," gab jedoch, um Hans nicht zu reizen, nach, und sie erhielt ein Haus zu Nentershausen und ansehnliche Naturalgefälle (1617). Als aber Heinrich gestorben und auch Ludwig ihm kurz nachher gefolgt, vertrieben sie dessen Söhne Burghard und Ewald Reinhard aus ihrem Sitze und nahmen ihr ihre Einkünfte. Aber sie wurde durch die Gerichte geschützt, zum Theil gegen den Willen des Landgrafen Moriz, der mit dem Verfahren derselben durchaus nicht einverstanden war. — Ueber Ewald's Söhne klagten auch die übrigen v. Baumbach oft bitter wegen Eingriffe in ihre Rechte und Mißhandlung ihrer Hinterfassen.

Wie sie bei solchen Gelegenheiten zu Werke gingen, zeigt insbesondere ein Vorfall im J. 1597. Heinrich und Ludwig v. Baumbach forderten einige Flachsarbeit von den Bauern in Hasel, welche diese aber als eine Neuerung ablehnten. Hierüber aufgebracht fielen beide Brüder mit einer Anzahl dazu aufgebotener Männer aus Nentershausen am 15ten August um Mitternacht in das Dorf Hasel, drangen durch Einschlagen der Thüren in mehrere Häuser, durchsuchten dieselben mit angezündeten Strohwischen und führten zwei Bauern, wovon sie einen auf landgräflichem Boden gegriffen, gefänglich nach Nentershausen. Ein dritter, der ihnen ebenfalls in die Hände gefallen, entsprang ihnen wieder vor Nentershausen. Erst auf Befehl der landgräflichen Beamten erhielten jene ihre Freiheit wieder. Ein ähnlicher Ueberfall geschah am 21. desselben Monats. Dieses Mal wurden sie jedoch dadurch, daß man mit den Glocken stürmte, vertrieben.

Burghard und Ewald Reinhard verkauften 1620 ihrem Vetter Ewald Jost ihr Gut zu Braach für 1300 Rthlr. Ewald Reinhard's Nachkommen erloschen schon mit seinem Enkel Heinrich wieder. Burghard, welcher Oberstlieutenant war und 1643 im 43sten Lebensjahre starb, setzte dagegen seinen Stamm bis auf unsere Tage fort. Sein Sohn Otto Christoph, 1627 zu Nentershausen geboren, war 7 Jahre meist als Gesandter in hannöverischen Diensten, studirte dann ein Jahr in Padua, wurde ostfriesischer geheimer Rath und Hofmeister, und später auch Drost zu Esens, ging dann als Gesandter nach Wien und starb als wirtembergischer Rath, Berghauptmann und Obervogt der Aemter Nagold, Altensteig und Freudenstadt 1683 zu Nentershausen. Er hatte 3 Söhne. Diese verkauften am 21sten Juli 1698 in Gemeinschaft mit der asmusischen Linie ihre fünf Achttheile an Tannenberg, Nentershausen, Ruhla, den Vorwerken zu Iba, Ulfen und Ronshausen 2c. dem Landgrafen Karl gegen 70500 Rthlr.; diese Summe mußten sie an neue Güter anlegen; so erkauften sich Otto Christoph's Söhne jeder einen eignen Sitz, und wurden die Stifter von drei neuen Linien.

1) Christian Heinrich erkaufte 1750 die Dörfer Freudenthal und Roppershain, und einen Hof zu Gilsenhausen, von Johann Friedrich v. Brink und stiftete die

Linie zu Freudenthal und Gilsenhausen. Da sich später einige Glieder derselben mit Nichtadeligen verehelichten, machte ihr die amönauer Linie die Folge in den Ritterlehen streitig; erst 1803 erlangten sie deren Anerkennung durch Abtretung ihres Antheils an den hombergischen Klostergütern.

2) Karl Eberhard, erwarb 1711 von Johann v. Bodenhausen einen Burgsitz und Güter zu Amönau und stiftete die Linie zu Amönau. Sein Sohn Karl Ludwig brachte durch seine Gattin, die Tochter des Obersten H. D. v. Freiwald, die ehemals schlägerischen Lehngüter zu Gemünden an der Wohra an sich, welche 1807 auf seinen Sohn übergingen.

3) Wilhelm Ludwig erwarb 1702 einen vor Homberg gelegenen Hof, der ehemals zum Kloster St. Georg gehört hatte und stiftete die Lienie zu Homberg, die jedoch schon mit seinem Sohne Ernst Friedrich in den 1780ger Jahren wieder erlosch, wodurch jene Güter auf die beiden andern Linien übergingen.

2. Ludwigische Linie.

Ludwig II., der Stifter derselben, hatte Helmbrecht II. zum Sohne, der 1402 die hessischen Lehen um Rotenburg erneuerte. Er hatte Margarethe, Tochter Hartung's Treusch v. Buttlar zum Weibe, deren Mutter Jutta, geb. von Romrod, ihm 1406 die Hälfte des Gerichts Ulfen, wie sie dieselbe vom Landgrafen hatte, überließ. Im J. 1413 empfing er als der Aelteste der Familie die Gesammtlehen und war 1414 mit in die Fehde gegen Fulda und die von Buchenau verwickelt; es traf deshalb auch ihn, gleich seinen Vettern, der bereits oben (S. 121 ꝛc.) erwähnte Bannfluch. Später bekriegte er und seine Vettern auch das Erzstift Mainz im Interesse des Landgrafen; so beschwerte sich dasselbe 1425, daß die von Baumbach ihm 180 Kühe geraubt und durch die landgräflichen Schläge und Gerichte, ja selbst zum Theil durch Kassel getrieben hätten. Im Jahre 1434 schloß er und seine Söhne mit seinen Vettern einen Burgfrieden auf Tannenberg, in dem die Bestimmung aufgenommen wurde, daß ein jeder Baumbach ihn in seinem 13ten Lebensjahre beschwören sollte. Ludwig starb 1439. Seine Hausfrau soll ihn 22 Jahre überlebt haben und erst 1461 gestorben seyn. Seine Söhne waren Erasmus (Asmus) I. und Johann III. Ersterer, geboren 1415, führte seiner Körperkraft wegen den Namen des Starken. Hans hatte 1454 einen Streit mit Reinhard von Natza, zu dessen Entscheidung der Abt von Fulda ein Mannengericht in der Neuenburg hielt. Beide Brüder erwarben 1458 von Heimbrad v. Rengelrode einen Burgsitz zu Sontra. Hans starb ohne Söhne, nach Collmann 1461. Asmus, der 1470 eine Fischerei zu Berka von Hersfeld versetzt erhielt, lebte noch 1471. Er schenkte vor seinem Tode der Domkirche zu Rotenburg seine Waffen und sein Reitpferd, nebst 15 fl. jährlich zu Seelenmessen. Mit seiner Hausfrau, Margarethe von Löwenstein hatte er 5 Söhne Hermann II. (geb. 1452), Helmrich IV. (geb. 1453), Jost I. (geb. 1455), Erasmus II. (geb. 1161) und Heinrich IV.

Hermann wurde 1498 als Scholaster geweiht und kurz nachher Probst auf dem Johannisberge, später auch Dechant des Stifts Fulda. Er starb 1513 eines jähen Todes. Noch kurz vorher war zu Fulda unter ihm die Schloßbrücke gebrochen und obgleich sein Pferd dabei zu Tode stürzte, war er unbeschädigt geblieben. Er hinterließ 10000 fl., welche er, außer 1000 fl. dem Kloster Veßra, dem Stifte Schmalkalden und dem Johanniterhause zu Schleusingen zu gleichen Theilen vermachte.

Helmbrecht, höchst gebrechlich, brachte sein Leben unter der Pflege seiner Frau bis zum Jahre 1525, wo er kinderlos starb. Er wurde zu Rotenburg beigesetzt.

Jost war ein weidlicher Ritter, der von manchem Zuge zu erzählen wußte. Er hatte stets 10 Pferde auf der Streue zum Auszuge bereit. Um's Jahr 1497 war er etliche Jahre Amtmann zu Schmalkalden und erhielt 1505 das Amt Nidda. Er wurde Mitregent von Hessen während Philipp des Großmüthigen Minderjährigkeit und erfuhr bei dem Sturze der Regentschaft gleiches Schicksal mit den übrigen Regentschaftsräthen, denn auch seine Güter wurden eingezogen. Er starb 1516. Seine Wittwe Christine, Heinrichs v. Bodenhausen Tochter, die er auf das rengelrodische Gut zu Sontra bewitthumt hatte, verglich sich 1517 mit der Landgräfin Anna und erhielt die mit Beschlag belegten Güter (das Dorf Dens, ein Vorwerk zu Sontra, und etliche Dienste zu Ulfen und Breitau) zurück. Jost hatte viele Kinder. Die Töchter Elisabeth und Margarethe wurden an Siegmund

v. Boyneburg (1528) und Hans v. Wangenheim verehelicht. Barbara nahm den Schleier zu Kaufungen und blieb Nonne bis zur Säkularisation des Klosters, führte dann während ihres Bruders Ludwig Abwesenheit dessen Haushalt zu Tannenberg und starb 1568 auf dem Vorwerke zu Sontra. Außer diesen Töchtern hatte er 4 Söhne: Jost II. war ein fröhlicher Sänger und gewandter Fechter und von so großer Körperstärke, daß er einen auf der Brücke zu Tannenberg stehenden Stein von 1½ Cent. Schwere mit einem Finger hoch empor hob. Von Herzog Heinrich von Braunschweig bezog er stets Mann- und Wartegeld. Auch hatte ihm derselbe mehrere Jahre das Amt Opperhausen verschrieben. Von demselben einst zum Dienste gemahnt, ritt er im ganzen Harnische hin, als ihm aber etwas zur Erde fiel und er es aufheben wollte, erhielt er einen Schaden, an dem er bald starb. Asmus III., welcher 1530 den Landgrafen Philipp nach Augsburg begleitete, blieb 1533 bei der Belagerung von Münster gegen die Wiedertäufer. Heinrich V. machte beide Züge des Landgrafen Philipp gegen den Herzog Heinrich von Braunschweig mit. Der Landgraf setzte ihn 1542 im Sept. als Amtmann über die 3 braunschweigischen Aemter Fürstenberg, Holzminden und Wickense; in der Zeit, während er diese verwaltete, leistete er den Städten Goslar, Hildesheim und Nordheim mehrmals Hülfe. Im Jahre 1545 sandte ihn Landgraf Philipp nach England und 1546 an die schwäbischen Städte, um diese für den bevorstehenden Krieg zu gewinnen.

Als er auf der letztern Reise sich Ulm genähert und allein war, denn seinen Diener hatte er zurücklassen müssen, führte ihm auf nächtlichem Ritte seine Phantasie solche Schreckgestalten vor, daß dem sonst unerschrocknen Ritter die Angst das Haar eisgrau bleichte. In jenem Kriege nun diente er mit 11 — 12 Pferden, aber der unglückliche Ausgang bekümmerte ihn so, daß er erkrankte, sein Gefolge nach Tannenberg schickte und 1547 bei Ewald v. Baumbach zu Aschaffenburg starb. Im Jahre 1546 hatte ihm Landgraf Philipp das Amt Wanfried verschrieben, welches erst 1571 wieder abgelöst wurde. Sein Bruder Ludwig VI., geb. 1500, ehelichte 1548 die junge, schöne Käthe Metz zu Diebach und zog 1559 an den Hof zu Wolfenbüttel, wo er Hofmeister und seine Frau Hofmeisterin der Gemahlin des Herzogs Heinrich d. j. von Braunschweig wurden. Der Pfandschilling von 2000 Goldfl. und 500 Thlr. an Wanfried war von seinem Bruder auf ihn übergegangen. Er ließ den Landgrafen 1564 durch den Herzog bitten, ihm diese zu bezahlen oder ihm Wildeck dafür zu verschreiben. Doch Philipp antwortete: Die Zinsen seyen regelmäßig bezahlt worden, und es stehe ihm deshalb keine Kündigung zu. Der Hof zu Wildeck sey ihm, dem Landgrafen, wegen seiner Wildfuhren zu wohl gelegen; würde er ihm denselben eingeben, dann setze er den Wolf über die Schafe. Im J. 1567 machte Ludwig sein Testament. Da er keine Kinder hatte, vermachte er seinen nächsten Verwandten seine Güter, und seiner Frau 2000 fl., allen Hausrath, einen Wittwensitz zu

Tannenberg und mehrere Grundstücke. Der Kirche zu Nentershausen vermachte er 1000 Goldfl. Am 18ten Januar desselben Jahres starb er zu Wolfenbüttel. Er war stets freundlich und heiter, doch langsamer Rede und obgleich Katholik, doch dem Protestantismus geneigt. Seine Wittwe kam wegen ihres Witthums mit seinen Verwandten in Streit und verzichtete gegen eine Abfindungssumme auf die Güter. Sie starb 1589 zu Sontra. In seine Lehngüter theilten sich des Erasmus II. Söhne, Adam I. und Hermann III., so wie Heinrich des IV. Söhne Heinrich VI. und Adam II.

So war Jost des I. Stamm erloschen. Seine Brüder Erasmus II. und Heinrich IV. wurden dagegen die Stifter zwei neuer Linien.

Erasmusische Linie. Erasmus II., geb. 1461, wurde deren Stifter und erwarb 1488 von Burghard v. Kolmatsch die Hälfte des Dorfes Riechelsdorf. Er und sein Bruder nahmen zu gleicher Zeit zwei Schwestern zur Ehe, Margarethe und Eulalie, Töchter Wilhelms von Haune. Da Wilhelm ohne Söhne starb, machten sie, gestützt auf das fuldische Lehnrecht, Ansprüche auf seine hinterlassenen Lehngüter; dem aber widersetzte sich der haunische Mannsstamm und es kam zur Fehde. Der Abt von Fulda nahm sich endlich der Sache an und vermittelte zu Geisa einen Vergleich, wonach die v. Baumbach gegen 1400 Goldfl. auf alle ihre Ansprüche verzichteten. Dieses geschah zwischen 1495 und 1500. Jene Summe liehen sie der Stadt Erfurt auf Zinsen, da aber die Zahlung derselben bald unterblieb, befehdeten sie diese Stadt. Asmusens Hausfrau starb 1496 mit ihren beiden Erstgebornen Erasmus und Wilhelm an der Pest. Die andern Söhne waren Helmrich V. (geb. 1490) und Jost III. (geb. 1492). Nach Verlauf von mehreren Jahren nahm Asmus des Kurt v. Reckrod Wittwe, Ottilie v. Wettershausen zur zweiten Ehe. Im J. 1506 versetzte ihm Abt Johann von Fulda, die Hälfte des Schlosses und Amtes Fürsteneck für 800 rh. fl. und gab ihm 1509 auch die andere Hälfte gegen einen jährlichen Zins von 40 fl. ein. Noch 1518 nennt er sich Amtmann von Fürsteneck; damals kam er mit den von Bischofrode zu Hagenbach in Fehde. Man verwüstete sich gegenseitig die Besitzungen, bis 1520 eine Sühne vermittelt wurde. Im J. 1522 kaufte er von dem Probste des St. Johannesbergs bei Hersfeld Güter im Gerichte Bilstein zu Niederhohne, Niddawitzhausen, Eltmannshausen, Weidenhausen und Mönchehof für 1000 fl. und wurde damit von Hersfeld belehnt. Ich komme jetzt an seinen unglückseligen Ausgang.

Landgraf Philipp von Hessen sandte 1523 im Winter seinen Münzmeister mit 1500 fl. nach dem Harze, um dort Silber zu kaufen. Ruhig trabte derselbe auf seinem Pferde, das Geld hinter sich aufgepackt, durch die beiden Kaufungen und in den Kaufunger Wald. So hatte er von Kassel aus etwa zwei Meilen zurückgelegt, als ihn zwei Räuber überfielen. Nach kurzer Gegenwehr wurde er überwältigt und vom Pferde gerissen. Mit Hieb= und

Stichwunden bedeckt, ward er an einen Baum geknebelt. In diesem traurigen Zustande verließen ihn die Räuber. Glücklicherweise fand man den Unglücklichen bald, und am nächsten Tage verfolgte eine Anzahl Männer, unter denen mehrere Adels= und Gerichtspersonen, im Schnee die Spur der Räuber und gelangten auf derselben endlich vor eine Herberge. Da hatte nun Asmus v. Baumbach mit seinem Knechte übernachtet und die Farbe der Kleidung entsprach der Angabe des Münzmeisters, auch der Hufschlag der Pferde war der gleiche. So entstand auf Asmus ein großer Verdacht; als ihm dieser zu Ohren kam, ritt er mit seinem Knechte nach Kassel, sich zu reinigen. Da aber der Landgraf alle Umstände genau hatte erkunden lassen und des Verdachtes so viel fand, ließ er den Knecht sogleich in's Gefängniß werfen, und nachdem derselbe auf der Folter die That bekannt, auch Asmus festnehmen. Auch ihm preßte die Folter das Geständniß ab. Der ungeheuere Schmerz zerbrach aber die Lebenskraft des 63jährigen Greises. Er starb im Kerker. Vergeblich hatte sich sein Sohn Jost beim Landgrafen bemüht und diesem die Unschuld seines Vaters betheuert. Auch nach dessen Tode ruhte er nicht, den guten Namen seines Vaters zu retten und die Freilassung des Knechts zu bewirken (8. März 1524). Aber vergebens war selbst die Fürbitte des Herzogs Joh. Friedrich von Sachsen, denn auch diesem schlug es der Landgraf ab (3. July); „er könne das" sagte er, „um manches Biedermannes, der seine Straßen gebrauchen müsse, nicht nachlassen."

Asmus hatte aus zweiter Ehe: Asmus V., Adam I. (geb. 1515) und Hermann III. (geb. 1517). Seine Witwe wurde durch ihren Stiefsohn Jost III. vom Tannenberg vertrieben und erst von ihren Söhnen wieder aufgenommen. Sie starb 1542.

Jost III., in seiner Jugend wild und wüst und manchen Strauß mit Handwerksburschen bestehend, wurde als Mann ruhiger und ernster. Er war eine Zeit lang Amtmann zu Salzungen, würzburgischer und fuldischer Rath, so wie hersfeldischer und fuldischer Marschall. Ein strenger Katholik, ließ er einst einen ganzen Wagen voll Bilder von Fulda kommen und zierte damit die drei Altäre der Kirche zu Nentershausen, und die Kirche zu Blanckenbach.

Jede Revolution, ob religiös oder politisch, ist einerlei, greift tief in alle Verhältnisse des Lebens ein und dringt, den Frieden zerstörend, bis in das Innerste der Familien, so daß die selbst feindlich gegen einander auftreten, welche sich doch am nächsten stehen. Auch Jost lag im heftigsten Streite mit andern seiner Familie, die den neuen Lehren der Reformation huldigten. Er dachte nicht nur ihnen seine Güter zu entziehen, sondern als einst Hermann, sein Bruder, das Lied sang:

„Ach Herre Gott, dein göttlich Wort
Ist lang' verdunkelt blieben ꝛc."

wurde er so gereizt, daß er denselben beinahe erstochen hätte. Seiner wegen mußte man viele katholische Gebräuche in der Kirche zu Nentershausen beibehalten. — Seine

Hausfrau Dorothee starb ihm mit 3 Kindern, als sie ihren Vater Wilhelm v. Herda, Amtmann zu Salzungen, besuchte, durch diesen angesteckt, an der Pest. Auch das vierte und letzte Kind folgte bald. Mit seiner zweiten Gattin, Anna v. Bibra, hatte er keine Kinder. Nachdem er sein Testament dreimal verändert, stellte er 1560 das letzte aus. Seiner Drohung getreu, gingen seine Brüder leer aus. Seiner Gattin vermachte er 2000 fl. nebst den Gütern zu Nentershausen, Hasel, Berka ꝛc. und der Kirche zu Nentershausen ein dasiges Haus zur Besserung der Besoldung ihrer Diener, doch unter der Bedingung, daß sie in den Fasten das **salve regina coeli** singen und jeden Sonntag Messe halten sollten, wo nicht, so sollte das Geld des zu verkaufenden Hauses unter die Hausarmen vertheilt werden. Statt dessen machte sich jedoch der Pfarrer (Collmann) verbindlich, die Fasten hindurch in den Hauptstücken der christlichen Lehre zu unterrichten und Psalmen zu singen. Außerdem vermachte er 1500 fl. an die Armen. Auch stiftete er ein Hospital für Arme in Nentershausen ꝛc. Sein letzter Wille wurde angegriffen und da die Wittwe selbst die Beeinträchtigung seiner Verwandten anerkannte, durch einen Vergleich mit derselben umgeändert.

Hermann III., Jost's jüngster Bruder, stand anfänglich in isenburgischen, dann sonnebergischen Diensten, wo er manche Gefahr auf der Bärenjagd bestand, machte die beiden Züge gegen den Herzog Heinrich v. Braunschweig mit, ging hierauf nach Glaucha zu dem Herrn v. Schönburg, focht unter demselben im Kriege von 1547, wurde dann dessen Forst= und Jägermeister, ehelichte 1561 Elisabeth von Nauendorf und wurde 1567 Amtmann zu Rotenburg an der Saale. Er starb 1592 auf dem Tannenberg. Sein Sohn Hermann IV., geboren 1564, ehelichte 1596 Barbara Trott, starb aber vor dem Jahre 1628 ohne Söhne. Nur

Adam I. setzte von des Erasmus Söhnen die Linie fort. Obgleich sanft und leutselig, war er ein vielversuch= ter Kämpfer. Er stand anfänglich in stollbergischen, schwarzburgischen, dann mansfeldischen Diensten. Wollten seine Herren einen vom Gaule heruntergerannt haben, so that es Adam. Hierauf trat er in kaiserliche Dienste, focht 1541 in Ungarn, half 1542 Tournay erstür= men, und trat dann wieder in mansfeldische Dienste. Im J. 1554 ehelichte er Marie v. Töpfer und war ei= nige Zeit Hauptmann zu Moringen und Leiningen. Die Grafen schuldeten ihm 3000 fl., und als er die Hoffnung, sie zu erhalten, aufgeben mußte, zog er nach Tannen= berg, wo er 1584 starb. Außer 4 Töchtern hatte er nur einen Sohn Albrecht Günther, geboren 1555 zu Leiningen, der sich 1591 mit Katharine, Tochter Bal= thasars v. Wallenstein zu Binsförth, verehelichte und vor 1623 starb. Dieser hinterließ 3 Söhne, Philipp Rein= hard, Adam Georg und Hans Werner.

Philipp Reinhard wurde in seinem 25sten Lebens= jahre, am 1sten Juni 1624, in dem an die blankenbacher Feldmark stoßenden Walde Gießenhain durch Hans Win=

ter aus Ulfen ermordet. Der Mörder anfänglich zu Sontra festgesetzt, wurde den v. Baumbach ausgeliefert und von ihrem peinlichen Gericht zu Nentershausen zum Tode verurtheilt. Auf dem Hochgericht vor Nentershausen wurde er hingerichtet. Nachdem er dreimal mit glühenden Zangen gezwickt, wurde er gerädert; das Rad wurde hierauf an die Stelle des Mordes gesetzt, wo es noch lange Jahre an die Blutthat erinnerte. — Adam Georg erhielt 1642 von seinem Schwager Reinhard Wilhelm v. Eschwege die hornsbergischen Lehngüter, statt der Ehegelder für seine Frau. Da sein Sohn Kaspar Burghard ohne Söhne starb, so übertrug dessen Tochter diese Güter ihrem Vetter Hans Ludwig v. B. Nur der dritte von Albrecht Günthers Söhnen, Hans Werner, geb. 1592, pflanzte den Stamm dauernd fort. Er erwarb 1630 die Wüstung Erdmannshain, in Amt Sontra, und starb seines Gesichts beraubt 1663, nachdem er dreimal verehelicht gewesen. Sein Sohn Hans Ludwig (geb. 1633) stand bei der Leibkompagnie des Herzogs Georg Wilhelm v. Braunschweig-Lüneburg. Als er 1659 seinen Vater zu Tannenberg besuchen wollte, nahm er nebst zweien seiner Kameraden, Wilhelm Fahrenhold aus Hedemünden und Heinrich v. Schneen aus Lütgenschneen, Urlaub und trat mit denselben, denen er die Hoffnung gemacht, ihre schlechten Pferde bei seinem Vater gegen bessere vertauschen zu können, die Reise nach Tannenberg an. Es war gerade Jakobimarkt zu Kassel, und die zu demselben ziehenden Handelsleute erweckten ihre Beutelust.

Sie lagerten sich zwischen Helsa und Romerode (Amts Lichtenau) in's Gehölz und lauerten, wie sie hernach betheuerten, von Brantwein trunken, auf die Vorüberziehenden. Zuerst fielen sie zwei Juden an, als sie aber noch einige Marktleute kommen sahen, ließen sie dieselben und flohen in den Wald zurück, auf bessere Gelegenheit wartend. Endlich kamen wieder einige Juden; über diese stürzten sie her und nahmen einem derselben etwa 50 Thlr. Aber rasch eilte der Beraubte ins nächste Dorf, machte Lärm, beredete die Bauern zum Aufsitzen, setzte sich selbst zu Pferde und nun verfolgten sie die Spur der Räuber; erst hinter Reichensachsen in der eschweger Gemarkung erreichten sie dieselben. Es entstand ein Gefecht, in welchem sich die Verfolgten herzhaft wehrten. Nachdem Baumbach's Pistole versagt, erhielt er einen heftigen Hieb in den Kopf und wurde überwältigt; gleiches Schicksal traf seine Genossen. Auch der Jude hatte zwei Hiebe über den Kopf davongetragen. Man knebelte die drei Wegelagerer und lieferte sie den v. Boyneburg zu Reichensachsen in's Gefängniß. Dieses geschah am 26sten Juli 1659. Von Reichensachsen kamen sie nach Eschwege, dann nach Lichtenau und endlich nach Kassel, wo sie vor ein peinliches Halsgericht gestellt wurden. Hart war der Schlag für Baumbach's alten Vater und herzzerreißend sind die Klagen, die er in einem Schreiben ausspricht. Aber vergeblich waren seine, des v. Schneen Aeltern und Fahrenhold's Weibes Bitten; vergeblich verwendete für sie sich ihr Rittmeister (welcher meinte, ihr Verbrechen sei ja so groß nicht, weil sie nur einen

Juden, keinen Christen beraubt und dieser Jude ja auch sein Geld wieder bekommen habe), der Herzog v. Braunschweig, die Landgräfin Eleonore Katharine von Hessen, der Stadtrath v. Hedemünden 2c., sie alle erlangten weiter nichts, als daß Hans Ludwig's Gefängniß erleichtert wurde. Die Untersuchung wurde im Dezember desselben Jahres geschlossen, das Urtheil habe ich jedoch nicht aufzufinden vermocht. Hans Ludwig ehelichte später Margarethe Elisabeth von Schneen, und starb 1690 von einem Baume erschlagen. Er hinterließ zwei Söhne, von welchen der ältere, Hans Ludwig (geb. 1664, gest. 1734) in hessischen Diensten bis zum Generallieutenant stieg. Dieser verkaufte 1698 in Gemeinschaft mit der ruhlaer Linie seinen Theil der tannenbergischen Güter dem Landesherrn und erwarb für die Kaufgelder von denen v. Gilsa einen Theil des Schlosses Ropperhausen nebst Lenderscheid, Siebertshausen und ihren Zubehörungen, womit er 1701 belehnt wurde, und am 31. März 1719 auch noch den übrigen Theil und zwar mit den Geldern, welche er für das von ihm verkaufte Gut Diebach erhalten hatte, so daß er nun Ropperhausen ganz besaß. Durch seine Söhne Karl Ludwig und Wilhelm Ludwig stiftete er die Linien zu Ropperhausen und Lenderscheid. Von des ersteren Söhnen erkaufte Hans Wilhelm 1793 von dem lippeschen Hofmarschall v. Blomberg eine Behausung und einen Burgsitz zu Obermöllrich, welche nach seinem 1805 erfolgten Tode, weil er keine Söhne hinterließ, auf seines Bruders Söhne übergingen; diese verkauften sie 1821 für 11500 Thlr. wieder an Karl v. Baumbach von der lenderscheider Linie.

Wilhelm Ludwig verkaufte 1715 die Hälfte des Dorfes Ellingshausen bei Wallenstein dem Landgrafen Karl; das letze Viertel erkaufte erst Landgraf Friedrich I. im Jahre 1749. Durch seine Gattin Sabine Friederike, die Erbtochter der sontraer Linie, erhielt er einen Theil von deren Gütern (S. 137 u. 138), namentlich das berneckische und das boyneburgische Rittergut zu Sontra. Er hatte 8 Söhne und zwei Töchter. Von den letztern wurde Sophie, als der Theilnahme am Aufstande vom 22. April 1809 verdächtig, von den Franzosen verhaftet und starb am 9. Mai desselben Jahres im Gefängnisse zu Kassel. Karl Friedrich Christian (geb. 1743 gest. 1830) verkaufte sein Gut Henststädt, besaß mehrere Jahre Liederbach bei Alsfeld und kaufte später von denen v. Gilsa das Gut Siebertshausen. Von Allen hinterließ nur der kurhessische Staatsminister Wilhelm Ludwig (geb. 1741 gest. 1808) Kinder, welche die gegenwärtigen Stammhalter der Linie Lenderscheid sind.

Heinrich'sche Linie. Heinrich IV., Erasmus des Starken Sohn, war deren Stammvater. Als eifriger Katholik schmückte er die Kirche zu Nentershausen nicht allein durch viele Zierrathen, er sandte auch (1500) den dasigen Pfarrer Joh. Colard nach Rom und ließ die Bestätigung einer Wallfahrt nachsuchen. Am 16. des Wintermonats 1500 wurde der päbstliche Brief darüber ausgestellt. Es heißt darin: „Damit die Pfarrkirche zu Nentershausen, zu der Heinrich v. Baumbach eine besondere Zuneigung trage, und die viel besucht und von den Gläubigen hoch verehrt werde, in ihren Gebäuden erhalten und vergrößert, mit Büchern, Kelchen, Leuchtern, kirchlichen Zierden und anderen, zu dem Dienste Gottes Nothwendigem, versehen und geziert würde, damit die Gläubigen um so lieber in ihr zusammenkommen und hier ihre Gelübde thun, auch dem Heinrich zum Baue und der Erhebung der Kirche um so williger ihre hülfreiche Hand bieten, und sie aus der Gabe, welche der göttlichen Gnade entfließe, sich desto reichlicher erquickt fühlen möchten, so sey auf Heinrich's demüthige Bitte allen Gläubigen, die an bestimmten Festtagen (Christtag, Ostern, Pfingsten, Mariae Himmelfahrt oder auf das hohe Fest der Kirchweihe) Beichte und Buße zu thun erschienen, sie alle Jahr besuchten, von einer Vesper bis zur andern verharrten, was sich gebühre entrichteten, zu jenen Dingen hülfreiche Hand böten, von einem jeden Feste an, das sie besuchten, 100 Tage Ablaß von den Genugthuungen, so ihnen in ihrem Leben aufgelegt, bewilligt worden." Dieser Freiheitsbrief brachte Nentershausen bald einen zahlreichen Besuch Aller, deren Gewissen einer Erleichterung bedurfte, um von Neuem es belasten zu können. Niemand durfte mit leerer Hand kommen, und so hatte die Kirche bald reiche Meßgewänder, Leuchter und andere Kirchengeschmeide, auch konnten schon 1513 zwei Glocken gegossen werden. Doch bald zerriß die Lehre des großen Reformators die Finsterniß und entfesselte die Gewissen. Mochten auch die Alten der Familie, geboren und erzogen im alten Glauben, dem Gebote des Landgrafen Philipp von 1520, dem Unwesen ein Ende zu machen, sich nicht fügen, so brachte doch die schnell sich aufheiternde Zeit es dahin, daß es zuletzt in sich selbst verging.

Im Jahre 1503 erhielt Heinrich vom Landgrafen Wilhelm d. m. das Schloß und Dorf Wanfried für 2000 fl. verschrieben, womit dieselben von Ernst Schmalstick gelöst wurden. Er erhielt Wanfried mit Diensten, Gericht, Zoll, Jagd ꝛc., nur die Oeffnung, die Landsteuer und Folge behielt sich der Landgraf vor. Er sollte stets mit drei reisigen Pferden gerüstet seyn zu allen seinen Geschäften als Amtmann, dagegen versprach ihm der Landgraf im Dienste Futter, Mehl, Nägel und Eisen, sowie den Ersatz reisigen Schadens, auch für seine Person die Hofkleidung zu reichen. Die Verschreibung lautete auf Lebenszeit, erst nach seinem Tode sollte Wanfried von seinen Erben mit 1000 fl. abgelöst werden können; dann sollten diese es mit der Wintersaat räumen, wie er es erhalten habe.

Im Jahre 1504 zog er im landgräflichen Heere mit in den pfälzischen Krieg.

Der Landgraf starb 1509 und von den Landständen ward für die Minderjährigkeit des jungen Fürsten Philipp ein Regentschaftsrath eingesetzt, zu dem auch Heinrich's Bruder, Jost, gehörte. Die eigenthümlichen Verhältnisse der Regentschaft verwickelten diese bald in manche Streitigkeiten und ihre Macht erwarb ihnen viele Neider und Feinde, an deren Spitze namentlich die Wittwe Wilhelm II., die nach Herrschaft strebende Anne von Mecklenburg, stand, welche den Regenten bald eine mächtige Partei drohend entgegen setzte. Zu Treisa, wo sich im Februar 1514 ein Theil der Landstände versammelte, brachte die Landgräfin am 9. Februar eine neue Einung zu Stande; auch Heinrich war hier und trat derselben, wahrscheinlich aus Mißverstand, denn sie war gegen die Regentschaft gerichtet, bei. Als er darauf nach Kassel gemahnt und da an die den Regenten gethanen Gelübde erinnert wurde, und ihn nun auch die Landgräfin zu einem neuen Tag nach Felsberg einlud, so schrieb er mit Burghard v. Kramm, Otto Hund und Georg v. Papenheim unterm 8. März an die Landgräfin: „Daß sie jenen Tag nicht besuchen könnten, denn sie wollten den der Regentschaft schuldigen Gehorsam nicht verletzen; damit sie aber wegen der auf die Einung zu Treisa ihr, der Landgräfin, gethanen Gelübde nicht in Verwirrung kommen möchten, diese Einung auch jedes frühere Gelübde vorbehalte, so wollten sie ihr und der Landschaft hiermit die Einung aufschreiben. Es geschehe dieses weder Jemanden zu Liebe noch zu Leide, weder aus Furcht noch Hoffnung, Gnade oder Ungnade, lediglich aus Pflicht und Nothdurft." Als nun die Regentschaft gestürzte wurde, und über ihre Mitglieder, wie über alle ihre Anhänger, eine leidenschaftliche Verfolgung erging, durfte Heinrich nicht hoffen, davon verschont zu bleiben. Einer seiner Hauptfeinde war Joh. v. Eschwege; dieser hetzte die Wanfrieder auf. Diese beschwerten sich über Heinrich und wiederholten ihre Klagen unterm 11. November 1514, indem sie zwei Abgeordnete nach Kassel schickten. „Seine Bedrückungen nähmen täglich zu; er habe sie beschuldigt, daß sie den Herzogen von Sachsen (den Obervormündern Philipp's und Gegnern der Landgräfin) treulos und meineidig geworden wären, und sie Schälke, Bösewichte ꝛc. genannt. Sie aber wüßten nicht, daß sie Sachsen gelobt, sie gehörten zu Hessen. Etwa 7 bis 8 seyen unter ihnen, die ihn täglich von dem benachrichtigten, was sie schafften. Der Landvogt und die Beamten zu Eschwege möchten sie beschützen. Bis dahin, daß ihnen geholfen worden, wollten sie dem v. Baumbach keine Dienste ꝛc. thun." Heinrich zur Verantwortung aufgefordert, erwiderte (30. Nov.), „daß er die Wanfrieder versammelt und ihnen ihre Klagen vorgehalten habe, da hätten ihrer viele sie abgeleugnet und gesagt, sie wollten ihm ferner pflichtig seyn. Nur ein Theil sey gegen ihn, wahrscheinlich gestärkt durch Joh. v. Eschwege. Die Scheltworte leugne er; er wisse, daß Wanfried zu Hessen gehöre, sie hätten allein ihm gelobt und er gehöre ja unmittelbar zum Fürstenthume. Wegen des Gehorsams verweise er sie auf ihre Eide: er habe sie nie anders, als es ihm gezieme, behandelt." Andere ihrer Klagen gegen Heinrich, ohne Zeitangabe, waren: „Als er vom Tage des Aufruhrs zwischen Landschaft und Regentschaft gekommen, habe er ihnen mit vielen Worten vorgehalten, daß die Eschweger ihnen nicht gewogen seyen und sie nicht vertheidigen würden, desgleichen die Auer und Völkershäuser, und im Nothfalle müßte er die Trefurter um Hülfe bitten. Er gebiete ihnen deshalb bei ihren Eiden, demjenigen, welchen er bestimmen würde, zu gehorchen, sowie auch seinem Schultheißen und den Heimbürgen. Wenn es nöthig würde, müsse er den Herzog Heinrich von Sachsen bitten, ihn in seine Vertheidigung zu nehmen, damit er und sie das Ihrige behielten. Sie hätten auch seinen Befehlen gehorcht, ihre Gewehre in Stand gesetzt und gewacht, als 2 bis 3 Tage lang etliche Reiter um Wanfried geritten; desgleichen, als ihnen Warnung geschehen, daß viele Reiter zu Kreuzburg lägen. Heinrich hätte die Heimbürgen sehr bedroht. Wenn ein armer Mann um Hülfe bittend zu ihm komme, weise er ihn, statt ihm den schuldigen Schutz zu gewähren, an die Heimbürgen. Er habe sie mit Diensten überlastet. Sie hätten in der hohen Erndte Flachs brechen müssen, auch Decken kleben, welches früher Heppendiener gethan. Dienste, welche sonst seine Knechte und Mägde verrichtet, müßten jetzt sie thun. Die Pflüge in der Cent hätten ihnen helfen „eren" und den Burgfrieden unterhalten, auch das habe er ihnen abgewendet. Geschähe Raub, so kümmere er sich nicht darum. Er habe sie willkürlich in Buße genommen, achte der Schöpfen Urtheile nicht, gehe bewehrt zur Kirche, habe 10 bis 12 die bei ihm hielten und viel Zwietracht im Dorfe erregten" 2c.

Auf dem am 2. April zu Homberg gehaltenen Landtage war unter andern beschlossen worden, alle Anhänger der Regenten von ihren Aemtern zu entfernen. In Folge dieses Beschlusses ging auch an Heinrich die Aufforde=

rung sein Geld zu empfangen, nämlich 1000 fl. baar, für die andern sollten ihm bis zu seinem Tode Zinsen verschrieben werden. Erst auf eine zweite Aufforderung ritt er nach Kassel zu einem auf den 9. Februar bestimmten Tage. Man hielt ihm hier die Klagen der Wanfrieder vor, forderte ihn zur Räumung des Amtes auf, und warf ihm besonders seine Anwesenheit auf dem letzten von den Regenten berufenen Landtage auf dem Rathhause zu Kassel vor. Er entgegnete darauf, „daß er nie gegen den Landgrafen gestanden habe; die Regenten hätten ihn nach Kassel beschrieben, um an dem Tage aufzuwarten." Die Landgräfin: „Er habe die Einung abgeschrieben, zu Kassel auf dem Rathhause sey kein Hofdienst und als der Landgraf nach Kassel gekommen, habe er ihn nicht zu seinem Dienste gefunden." Nach vielen Wechselreden wurde er gefragt, warum er denn so viel nach Torgau, Weimar, Gotha und Mühlhausen geritten? Er habe, sagte er, die Herzöge von Sachsen gebeten, ihn von seinen Eiden loszusagen, sie hätten es aber nicht thun wollen und noch jetzt sey er ihnen verpflichtet. Die Beschwerden der Wanfrieder erklärte er für Lügen, und weigerte sich entschlossen, den Pfandschilling anzunehmen. Als er zuletzt die Landgräfin um Rath bat, erhielt er zur Antwort, „sie habe ihm zu Treisa gerathen, und er ihr nicht gefolgt." Vergeblich war sein Erbieten zu Recht, und die Unterhandlung blieb erfolglos.

Am 16. März erschien der Rentschreiber aus Eschwege auf Befehl (vom 2. März) zu Wanfried und ließ durch

Glockenschlag die Gemeinde und Heinrich vor sich entbieten. Er verwies nun im Namen der Landgräfin Heinrich ernstlich, daß er ein kaiserliches Mandat in der Gemeinde veröffentlicht und dieselbe dadurch unruhig und irre gemacht habe, daß er die Amtseinsassen über ihre Vergehen ohne rechtliches Erkenntniß nach seinem Gefallen schwer strafe, was gegen seine Pflichten sey 2c. Zur Empfangnahme des Pfandgeldes war ihm ein neuer Tag auf den 30. März angesetzt worden. Nachdem er vergebens um dessen Erstreckung gebeten, erklärte er ihm nun nach der obigen Verkündigung nicht besuchen zu können, bis er seine Ehre verantwortet habe; man verdamme ihn ungehört; seine Ehre sey ihm lieber als alles Gut. Vergebens entbot man ihn noch zweimal nach Kassel, er berief sich auf sein Recht und kam nicht. Eine neue Kränkung kam hinzu: Mit seinem Schäfer war er in Streit gekommen und ungeachtet er sich demselben auf der Kanzlei zu Kassel zu Recht erboten hatte, stahl ihm dieser in der Nacht des 10. Aprils seine Schafe. Als Einwohner und Lehnmann Hessens bat er in Beziehung auf die Einung am Spieße um Hülfe und Schutz gegen Gewalt. Aber die Landgräfin antwortete (14. April) spitz und kurz: „Er habe ja die Einung aufgeschrieben, auf die er sich jetzt berufe."

Die Landgräfin versetzte nun Wanfried an Johann v. Eschwege, und hinterlegte die 1000 fl. Heinrich's beim Stadtrath zu Kassel, während sie für das zweite 1000 50 fl. Zinsen anwies. Die Heimbürgen, Einwohner und

Unterſaſſen zu Wanfried und in der Cent wurden ihres
Eides gegen ihn entbunden und angewieſen, den Befehlen
des Rentmeiſters und des Stadtraths von Eſchwege zu
gehorchen (21. und 22. April). Da aber Heinrich ſich
durchaus nicht freiwillig fügen wollte, ſammelten dieſe,
den erhaltenen Befehlen gemäß, die Bürger von Eſchwege
und zogen 400 an der Zahl nach Wanfried und eroberten
das Schloß. Heinrich v. B. wurde zwar dadurch ge=
zwungen, das Schloß zu verlaſſen, aber ſeine Gattin
blieb und wies jede Aufforderung zur Räumung zurück.
Johann v. Eſchwege mußte deshalb vorerſt ſeine Woh=
nung im Wirthshauſe aufſchlagen und Tag und Nacht
Wachten ausſtellen, um nicht überliſtet zu werden. Erſt
nach dem 22. Mai zwang man auch ſie zur Räumung.

So erlag Heinrich der Gewalt; ſein Recht lag klar
und unzweifelhaft in ſeiner Verſchreibung, eben deshalb ließ
man ſich auf ſein Erbieten, den Streit auf dem Wege des
Rechtes zu ſchlichten, nicht ein. So mißhandelt, griff er
zum letzten Mittel. Er lud die Landſtände zu einer Zu=
ſammenkunft auf den 22. September nach Frielendorf.
Nur ein Theil derſelben erſchien, vorzüglich waren es
die Städte, welche ſich weigerten. Hier legte Hein=
rich alle gewechſelten Schriften vor und hielt eine lange
Vertheidigungsrede. Er begann damit, den Anweſen=
den für ihr Erſcheinen zu danken, und ſagte dann:
„daß er und ſeine Voreltern lange Zeit in Heſſen gewohnt,
und ſich darin, wie es frommen Rittersleuten gezieme,
gehalten hätten; auch er ſey Willens, ſein Leben da zu

beschließen und bei seinem Fürsten und den Einwohnern Hessens Leib und Gut zu setzen." Nachdem er hierauf die Pfandgeschichte erzählt, kam er auf das Mandat der Landgräfin vom 2. März. „Durch dieses sey seinen Gegnern im Dorfe vorzüglich Vorschub geschehen und sie hätten gern zugeschlagen. Es sey doch wohl billig gewesen, ihn erst zu hören. Aber seine Verantwortungen seyen fruchtlos geblieben, man habe ihm Alles geweigert, was doch wohl Juden oder Heiden nicht geweigert worden ꝛc. — Daß er die Einung aufgeschrieben, dazu habe ihn die hohe Ermahnung der Regenten vermocht, da jene gegen die Regentschaft gerichtet gewesen. Er habe aber nicht thätlich gegen die Landgräfin ꝛc. gehandelt, obgleich man ihn beschuldige, daß er in Kassel auf dem Landtage gegen dieselbe gestanden habe; wohl sey er daselbst gewesen, er habe aber nicht dabei gerathen, sondern nur den Herzögen von Sachsen zu Tische gedient und auf dem Rathhause den Verhandlungen zugehört. Er glaube dadurch nichts Ungebührliches gethan zu haben, und wäre das, so könnte man ihm doch nicht verdenken, daß er seinem Bruder, der beim Regiment gewesen, und der sich noch jetzt zu Recht erbiete, habe den Tag halten helfen. Es sey eine gute Gewohnheit unterm Adel, daß ein Freund dem andern in wichtigen Dingen rathe und beistehe." Hinsichtlich der Entreißung des Amtes, sagte er: „Er müsse das dulden, wiewohl er vor diesen Tagen gesehen, daß viele Hunde im Schimpf (Scherz) an eine Katze gehetzt worden und darnach im Ernste alle Katzen zerrissen hätten, da habe kein

Wehren geholfen. Man dürfe auch nicht Flöh' in den Pelz setzen, die wüchsen doch. Hätte man Recht und gegründete Forderungen an ihm gehabt, die gewaltsame Handlung wäre nicht geschehen, und es sey ihm lieber, daß man ihm das Seine gewaltsam genommen, denn daß er solches mit Recht verwirkt hätte. — Er habe Joh. v. Eschwege zu der Gewalt, die er gegen ihn geübt, nie Ursache gegeben. Es sey nicht allein um sein Gut und seine Person gespielt, denn ob er schon verjagt und vertilgt, wäre doch nicht mehr denn ein armer Gesell vertrieben. Es müsse aber jeder des Backenstreichs in Hessen warten, und es wisse keiner, welcher der Nächste sey. Es könne sich auch keiner vor der Ungnade der Herren (nämlich der neuen Regentschafts= räthe) bewahren, unverschuldet möchten aber viele in die= selbe verfallen. Wäre vor Zeiten so gehandelt, so würde es manchem Rittersmann und vielen Geschlechtern zu verderb= lichem Schaden gereicht haben; wer sich zu Recht erboten, den hätten sie mit Gewalt und wider Recht nicht lassen verjagen, wie namentlich Joh. v. Eschwege gegen ihn und seine Hausfrau gethan. Wie der sich gegen diese bei der Einnahme Wanfrieds benommen, würde Gott noch zu seiner Zeit an den Tag kommen lassen. Vor allen anderen Landen habe das Hessenland den Preis und den Ruhm gehabt, daß Frauen und Jungfrauen darin höchlich ge= ehrt, die ihnen aber entgegen gewesen, gar gering geprie= sen worden seyen. Johann habe seiner Frau und etlichen Jungfrauen, die sie bei sich gehabt, Holz und Wasser ge= weigert, um sie aus dem Schlosse zu verdrängen. Er habe ihm auch seine Früchte genommen und Bußen erhoben, die in seiner Zeit verwirkt worden seyen ꝛc."

Er bat nun die versammelten Landstände um Rath und Beistand, damit er zu Rechte komme. Der Erbmarschall Hermann Riedesel und Wilhelm v. Dörnberg übernahmen es, sich an die Landgräfin zu wenden; dieses geschah auch, aber erst den 5. Dezember erfolgte eine und zwar abschlägliche Antwort; die Landgräfin berief sich auf das Frühere und verwies auf den Beschluß des zu Homberg gehaltenen Landtags. Inzwischen hatte Heinrich die Stände zu einer zweiten Zusammenkunft nach Frielendorf auf den 22. Oktober eingeladen; aber nur wenige erschienen, und eine dritte Zusammenkunft zu Melsungen wurde durch den dortigen Stadtrath vereitelt, den die Landgräfin vermocht hatte, sich derselben in der Stadt zu widersetzen. Für Heinrich war kein Heil zu hoffen, denn die Landgräfin hatte jetzt die Gewalt und haßte zu sehr Alle, welche ihr früher entgegen gestanden, und der größte Theil der Landschaft, vorzüglich die Städte, waren auf ihrer Seite. Was blieb da Heinrich übrig? Mit den Waffen in der Hand sein Recht zu erringen, dazu waren die Zeiten vorüber; die Fürstenmacht war schon zu sehr gewachsen, und der Landfrieden hatte in demselben Maaße, wie er des Adels Macht und Freiheit gebrochen, jene gehoben und gestärkt. Was blieb ihm übrig, als vor der Gewalt den Nacken zu beugen, wenn auch mit Murren. Dazu kam noch, daß ihn der Streit mit seinem Schäfer in eine verderbliche Fehde zog. Als dieser die

Schafe geraubt, war er nach dem Eichsfeld gezogen, und hatte erst von jenseits der Werra den Fehdebrief gesandt, und zwar durch Heinrich's, zu diesem Zwecke mitgenommenen, Schäferknecht. Daß dieser hierzu vorzüglich durch Heinrich's Feinde gereizt worden, ist nicht zu bezweifeln; dieses sprach sich besonders bei einem Vorfalle aus, der, wenn er nicht mit dem Schafraube ein und derselbe ist, doch nur kurz nach demselben sich ereignet haben kann. Als Markus, so hieß der Schäfer, die v. Baumbach zu Blankenbach beschädigt, folgten, auf das Gerücht davon, die Flurhüter („Feldnagtwr"?) und jagten ihm 1 Gefangenen und 4 Ackerpferde wieder ab. Da gebot der Amtmann zu Sontra bei Leib und Gut, wenn Heinrich oder die Seinen angegriffen oder beschädigt würden, ruhig zu bleiben. Nach dem stattgefundenen Schafraube, sandte Heinrich v. B. Etliche der Seinen nach, welche die Räuber im schwarzburgischen Amte Keula erreichten. Ueber das, was hier geschehen, stehen die gegenseitigen Angaben einander zu schroff gegenüber, als daß daraus die Wahrheit zu ersehen wäre. Heinrich forderte vom Grafen Heinrich von Schwarzburg die Zurückgabe der Schafe, und wandte sich darauf nebst 19 hessischen Edelleuten, seinen Genossen, an die Grafen v. Stollberg und v. Honstein, zugleich im Weigerungsfalle die Fehde anzeigend. Graf Heinrich setzte nun das Verhältniß auseinander, wonach er allerdings durchaus unbetheiligt war, und bat die Landgräfin um Vermittelung der Sache. Dieser Streit scheint auch beigelegt worden zu seyn, die Schäferfehde jedoch dauerte fort. Siefarth und Stephan v. Bülzingsleben, unter denen der Schäfer ansässig war, nahmen sich desselben besonders an. Im Jahre 1517, nach Ostern, überfielen sie Blankenbach, unfern Tannenberg, und zündeten es an. Doch das Feuer wurde wieder gelöscht und die v. Baumbach mit Hülfe der nentershäuser Bergknappen jagten ihnen auch das geraubte Vieh wieder ab. Jene drohten deshalb auch den Knappen mit einer Heimsuchung und hielten schrecklich Wort. Kurz vor Pfingsten brachen sie auf gegen Nentershausen; unbemerkt durchzogen sie das Buchholz, das Diebsnest und kamen oben auf der hohen Süß heraus. Ihre Kundschafter, verborgen auf der Altenburg, hatten an 60 Bergknappen aus Nentershausen nach den Bergwerken ziehen sehen, und es konnten nicht viele Männer mehr zu Hause seyn. Auch wußten sie, daß die v. Baumbach ausgezogen waren. Nachdem sie alle Ausgänge besetzt hatten, um jede Benachrichtigung der Knappen zu verhindern, drangen sie in's Dorf. Einem alten Bauer, der, um zu stürmen zur Kirche eilte, wurde der Kopf gespalten. — So vor jedem Ueberfalle gesichert, nur Greise, Weiber und Kinder gegen sich, begann das feige Raubgesindel die Plünderung. Alles, was nur fortgeschafft werden konnte, wurde den ohnehin armen Bewohnern genommen: Bette, Zinnwerk, Kessel ꝛc. Von allen Seiten zündeten sie darauf das Dorf an und brannten es gänzlich nieder, nur die Ruhl, ein auf der Südseite von Nentershausen liegender Hof, blieb stehen, weil die Bewohner gerufen:

hier sey es landgräflich ꝛc. Vergeblich forderten die Vögte und Diener zu Tannenberg Sontra und die umliegenden Dörfer zur Hülfe auf, der landgräflichen Weisung gemäß durfte sie das Unglück der Nachbarn nicht rühren. Hans Buchstein sprengte nach Rotenburg und 100 Bürger waffneten sich auf seine Bitten. Da sie aber auf dem Ziegelfelde hörten, daß das Feuer gelöscht, und der Feind schon über die Werra sey, kehrten sie wieder um. Ein Glück für Nentershausen war es, daß die Hirten mit den Rindvieh= und Schweineheerden aus dem Machtlingrode, wo sie sich befanden, eilig nach Solz gezogen und so den heftigen Nachstellungen der Räuber entkommen waren. Hocherbittert waren nun insbesondere die Bergknappen. Nachdem sich die v. Baumbach gerüstet, zogen sie hierauf mit denselben nach dem Eichsfelde und überfielen die Besitzungen der Feinde, brachten viele Kühe und Schafe auf und verbrannten gleichfalls die Dörfer. Hierbei zeichnete sich besonders Reinhard II. v. Baumbach aus; der tummelte sich weidlich mit den erzürnten Bergknappen, schlug die Eichsfelder in die Flucht und nahm ihrer viele gefangen. Da die v. Baumbach den v. Bülzingsleben zu stark wurden, knüpften diese endlich bei der Regierung zu Kassel Unterhandlungen an; sie klagten heftig, daß ihnen die v. Baumbach keinen Fehdebrief gesendet; Reinhard aber antwortete: „Liebe Kerls! Wie ihr uns, so haben wir euch wieder gethan. Ihr schicktet uns auch wenig (d. i. keine) Boten zu, da ihr unsere arme Leute überfallen und verderben wolltet, wir wollten euch sonst stark genug begegnet seyn." Der Streit wurde friedlich beigelegt, jeder sollte sich mit dem begnügen, was er habe. So waren um wenige Schafe Dörfer verwüstet und Hunderte von Menschen des Jhrigen beraubt worden.

Erst 1530 verglich sich Heinrich wegen Wanfried's mit dem Landgrafen Philipp, der ihm 2450 fl. zahlte, worauf er 1535 von den Keudeln hersfeldische Lehngüter zu Breitau, Ulfen und Brüncherode erkaufte. Heinrich wohnte in seinen letzten Jahren zu Tannenberg, wo er, 81 Jahre alt, 1539 starb und nach Nentershausen begraben wurde.

Nach seiner Gattin Eila Tode (1500), deren Sohn schon im vierzehnten Jahre starb, war er 1505 mit Anne v. Hundelshausen (gest. 1542) zur zweiten Ehe geschritten, aus der ihm 16 Kinder hervorgingen. Von den Töchtern wurde Magdalene (geb. 1506 gest. 1577) Nonne im Kloster Heida und Elisabeth (geb. 1507 gest. 1561) Nonne im Kloster Germerode. Beide traten nach der Säkularisation ihrer Klöster zur evangelischen Lehre über. Die Söhne waren: 1) Hans IV., er hatte einen Zug nach Frankreich gemacht und starb auf der Rückkehr zu Mömpelgard. 2) Heinrich VI., gen. der Baier, geb. 1511, war anfänglich bei seinem Ohm, dem Dechanten Hermann, und dem geistlichen Stande bestimmt; schon hatte er die erste Weihe empfangen, als er zur Zeit des Bauernkrieges denselben verließ und auf Empfehlung des Landgrafen Philipp in die Dienste des Herzogs von Baiern aufgenommen wurde. Bald wurde er Roßmeister und ehelichte Ursula v. Apfelfeld mit 20,000 fl. Mitgift. Später wurde er Jägermeister, Rath und Pfleger zu Trostberg. Er starb an den Folgen eines Schlagflusses 1571. Aus zwei Ehen hatte er Kinder, von denen Albrecht II. unter Asmus v. Boineburg = Honstein zum französischen Heere zog, nach seiner Entlassung 1592 nach England ging und zu London am unmäßigen Genusse von Austern starb. Er wurde daselbst in der St. Katharinen= kirche beigesetzt. Heinrich VII. wurde von seinem Aufenthalte in Baiern ebenfalls der Baier genannt. Am 9. Juni 1598 waren auf Veranlassung der Anwesenheit Friedrich Trott's mehrere seiner Vettern bei ihm in seinem Hause zu Nentershausen. Unter andern Scherzen, welche gemacht wurden, neckte Hermann v. Baumbach auch seinen Vetter Heinrich V. wegen seiner Konkubine, worüber dieser nach einigen Wechselreden jenem in's Gesicht schlug; eine Prügelei zwischen beiden war die Folge. Während alle übrigen aus dem Zimmer flohen, blieb nur Trott zurück und entwand Heinrich, der ohnehin dem schwerfälligen Hermann überlegen war, den Dolch, beide auseinander reißend. Zornig über die Flucht der Andern, sprach Trott sich heftig gegen diese nach ihrer Rückkehr aus, und nannte sie „Lumpenkerls." Als er hierauf Hut und Büchse nahm, sich zu entfernen, trat ihm Heinrich d. ä. ent= gegen und setzte ihn wegen der Entreißung des Dolchs zur Rede, man wurde heftig; Heinrich griff zum Rap= pier, doch Trott stieß ihn mit der Büchse zurück und ver= ließ das Haus. Im Hofe aber ereilte ihn Heinrich d. j., fragte ihn trotzig, ob er etwa allen pochen wolle und schlug ihn mit der Rappierscheide; als er auch blank zog, blieb Trott stehen, brauchte seine Büchse als Wehr, und getödtet sank Heinrich v. B. nieder. Trott entfloh, unter wildem Mordgeschreie verfolgt. Die v. Baumbach machten die Sache anhängig und Landgraf Moriz setzte ein peinliches Gericht nieder. Nachdem Trott auf viermalige Vorladung nicht erschienen und man seinen Vater Burghard Hermann zu seiner Vertheidigung nicht zulassen wollte, sprach das Gericht, gehegt auf offenem Markte zu Kassel, am 2. März 1599 über Trott die Mordacht aus. Heinrich VI. Söhne starben alle unverehelicht. 3) Helmrich VI., geb. 1516, diente nach einander an mehreren Höfen und wurde endlich sächsischer Oberjägermeister und wohnte zu Eisenberg in Sachsen. Er starb 1554 und hinterließ seine Wittwe Ursula Wolf mit zwei Söhnen, Nikel, geb. 1553, und Helmrich VII., geb. nach des Vaters Tode. Ersterer verkaufte 1596 seinem Bruder, welcher 1590 marburgischer Oberforst= und Pirschmeister geworden, all' sein Erbe und endete 1597 zu Nentershausen. Beide starben kinderlos, Helmrich erst 1625. In seinem Testamente vermacht er unter andern den Hausarmen im Gerichte Tannenberg jährlich 1½ Mlt. Korn, „die Mitlingsknechte aber, so bei einander inne sitzen, item die Landtleuffer, welche die Junkern bisweilen zu sich nehmen, sollen hiervon ausgeschlossen seyn, denn sie bestehlen etwa die Junckern an gehöltz, felt vnd garten, ferner die armen Unterthanen auch, vnd nehren sich des

Raubs." 4) Valentin, geb. 1517, war schon von der Natur zum Krieger gebildet, er war kräftigen Wuchses und hatte eine furchterweckende Stimme. Sein erster Auszug ging nach Frankreich; 1539 befand er sich in Dänemark; 1545 zog er unter Landgraf Philipp mit gegen Herzog Heinrich von Braunschweig, und focht im schmalkaldischen Kriege auf der Seite des Bundes, half 1552 die ehrenberger Klause in Tyrol erobern und war mit vor Frankfurt. Später wohnte er der Belagerung der Feste Metz bei und trat dann in die Dienste des Markgrafen Albrecht von Brandenburg-Kulmbach. Das brandenburgische Schloß Blassenberg vertheidigte er gegen Würzburg, Bamberg und Nürnberg, verließ dasselbe vor der Eroberung und zog mit dem Markgrafen in's Braunschweigische, wo diesen, als Landfriedensbrecher erklärten Abentheurer, Kurfürst Moriz von Sachsen mit seinem aus Hessen und Sachsen bestehenden Heere erreichte und am 9. Juli 1553 bei Sievertshausen am Peinerbruche eine schreckliche Niederlage beibrachte. Valentin ehelichte 1559 Apollonie, Tochter Reinhard's v. Boyneburg, gen. Tellermann, zu Reichensachsen, war dann bis 1566 hennebergischer Amtmann zu Schmalkalden, wohnte hierauf zu Rentershausen und starb 1567 am 11. Februar plötzlich zu Altenstein. Sein unruhvolles Leben gibt ein Bild der Weise des damaligen Adels; Sold war der Leitstern, dem er folgte, für Sold verkaufte er jedem sein Leben, die Sache selbst, für die er stritt, kümmerte ihn wenig, er war im strengsten Sinne des Wortes — Soldat. Valentin's drei

Söhne, Valentin, Heinrich VIII. und Reinhard III. waren dem Vater ähnlich. Nachdem ersterer den Generalstaaten gedient, Heinrich in Brabant, Franken und Ungarn gefochten, zogen beide 1559 zum Könige von Navarra, Valentin als Rittmeister, Heinrich als sein Lieutenant und starben beide 1590 zu Cona in Frankreich. Auch Reinhard blieb 1585 in Brabant. Ihre Lehngüter fielen an ihre nächsten Vettern. Auch 5) Rudolph, geb. 1517 und 6) Burghard, geb. 1518, starben kinderlos nach einem Feldzuge gegen die Türken, ersterer zu Amberg in der Oberpfalz, letzterer zu Tannenberg im J. 1541. Der jüngste Sohn Heinrich des IV.

7) Adam II., geb. 1530, ist der einzige, dessen Nachkommen sich bis auf die Gegenwart fortpflanzten. Schon in seinem zwölften Jahre kam er in die Dienste des bekannten Konrad v. Boyneburg, genannt der kleine Hesse. Mit diesem war er unter andern in Ungarn und England. Er focht zu Metz, Schweinfurt und Sievertshausen, zog wieder nach England und ward dann Marschall des Herzogs Philipp von Braunschweig=Grubenhagen. Nachdem er heimgekehrt, ehelichte er Anne, die Tochter des Erasmus v. Buttlar, wohnte anfänglich auf Tannenberg, dann zu Nentershausen, wo er mehrere Bauten vornahm. 1570 oder 1571 ward er des Landgrafen Wilhelm IV. Hofmarschall, der ihm für seine Dienste 3000 fl. Manngeld verschrieb. Diese gingen auf seine Söhne über, welche damit 1590 belehnt wurden, um die Vogelsburg, unweit Eschwege, anzukaufen, welches jedoch unterblieb. Adam

kränkelte seit 1578 und starb am 14. Juli 1589. Er hatte 8 Kinder. Seine Söhne waren: Heinrich IX., geb. 1565; nachdem er einige Züge nach Frankreich gemacht, dann eine Zeitlang am Hofe zu Kassel gelebt, zog er 1589 wieder nach Frankreich, wo ihm bei Fleury in der Normandie eine Kugel den Arm zerschmetterte; an dieser Wunde starb er 1591 zu Grevesand in England. Oswald, geb. 1572, diente vielen Höfen, machte gleichfalls mehrere Kriegszüge, bis ihm 1593 bei Gröningen der rechte Arm abgeschossen wurde. Im J. 1597 ehelichte er Christine von Hopfgarten und starb, nachdem er 1608 alle seine zum Tannenberg gehörenden Güter seinem Bruder Asmus abgetreten, ohne Kinder. Der dritte, jedoch dem Alter nach zweite Sohn, Asmus VI., geb. 1568, stand zuerst lange in französischen Diensten; 1594 trat er in die der Generalstaaten, wo er unter Graf Eberhard v. Solms die Leibkompagnie von 400 Pferden befehligte; 1596 focht er in Ungarn gegen die Türken; 1598 wurde er hessischer Rittmeister und erhielt vom Landgrafen Moriz für seine Dienste Burg und Dorf Nassenerfurt, nebst Gütern zu Neuenhain, Dillich, Frielendorf, Stolzenbach, Verna und Todenhausen zu Mannlehn. Hierbei wurden sich jedoch vom Landgrafen noch Renten, Zinsen und Gülten vorbehalten, welche Asmus später dadurch an sich brachte, daß er auf die obigen seinem Vater verschriebenen Manngelder verzichtete. Seine Linie erhielt von jetzt den Namen der Nassenerfurter. Er wurde später geheimer Rath und Landvogt an der

Fulda, so wie Oberst der Stadt und Festung Kassel. Moriz brauchte ihn mehrfach zu Gesandtschaften nach England und Frankreich. — Die Familie der v. Baumbach hatte sich auf eine so außerordentliche Weise vermehrt, daß, hätte nicht der Kriegsgott zuweilen den Gärtner gemacht und die Aeste dieses üppig wuchernden Baumes von den neu aufsprießenden Zweigen befreit, bei ihrer allgemeinen Wohlhabenheit, doch im Einzelnen eine wirkliche Verarmung zu befürchten gewesen wäre. Wie sonst die Klöster ein zu großes Anwachsen der Familien verhinderten, so that dieses jetzt die neue Kriegswaffe, das Pulver. Asmus erkannte nur zu gut die Schädlichkeit der bei dem großen Anwuchse der Familie unvermeidlichen Zerstückelung der Güter und wünschte derselben nach seinen Kräften vorzubeugen. Er, jetzt der Einzige des heinrichischen Stammes, verkaufte deshalb 1613 den andern 3 Stämmen sein Viertel an allen Stammgütern, nur wenige um Rotenburg gelegene ausgenommen, für 17200 Thaler, vorbehaltlich der Mitbelehnung; dagegen versprach er diese Summe anzulegen und den Rückfall derselben bei seiner Linie Erlöschen an die Käufer. — Er erwarb nun noch ansehnliche Güter. Von dem Hofmarschall von dem Werder erhielt er 1623 das Schloß Belnhausen für 2000 Thlr. versetzt. Später erkaufte er von den v. Buchenau einen Theil der griftischen Güter: das Dorf Haarhausen, Burgsitze und Häuser ꝛc. zu Borken, Gudensberg und Falkenstein. Er starb als hessen-darmstädtischer geheimer Rath und Oberkommandant der Festung Giessen

1640 im 72 Lebensjahre. Von seinen 11 Kindern nur seine beiden Söhne: Adam Georg (geb. 1602) und Wolfgang Heinrich (geb. 1605). Beide fochten im 30jährigen Kriege, der für alle Kampflustige einen weiten Tummelplatz darbot. Letzterer trat als gemeiner Karabinier in kaiserliche Dienste; nachdem er durch alle Grade bis zum Oberstlieutenant gelangt, trat er als Oberst in französische Dienste. Bei seiner Entlassung zu Ende des Krieges erhielt er 3000 Livres Wartegeld; 1653 wurde er mainzischer Oberst und 1663 französischer Generalwachtmeister; als solcher focht er im Türkenkriege, wo er den Angriff auf Fünfkirchen, der szegether Vorstadt gegenüber, leitete. Nach Beendigung des Kriegs lebte er zu Frankfurt a. M., bis er 1667 hessen-darmstädtischer geheimer Regierungs- und Kriegsrath, Oberkommandant aller festen Plätze des Fürstenthums und Amtmann zu Giessen wurde; 1676 wurde er Generallieutenant und starb 1700 unverehelicht. Sein Bruder Adam Georg war bald durch eine schwere Verwundung zum Kriege unfähig geworden und starb 1675. Als er seine Tochter Margarethe Lukretie an Joh. Ludwig v. B. zu Kirchheim verehelichte, gab er ihr für die Ehesteuer die belnhauser Pfandschaft (S. 130). Sein Sohn Otto erstach 1655 am 10. Jan. im Dunkel der Nacht seinen Vetter Bodo Trott zu Rentershausen und floh nach Schweden, wo er Kriegsdienste nahm. Er sah sein Vaterland nicht wieder. Die Untersuchung dieses Mordes lag den v. B., als Inhabern der peinlichen Gerichtsbarkeit zu Renters-

hausen, ob; sie verzogen aber die Sache, trotz allen Mah=
nungen des Landgrafen und des Vaters des Ermordeten,
so daß zwar die Schöpfen mehrmals Gericht hegten, aber
nie ein Urtheil sprachen. Dessen Bruder **Asmus**
(1647—1686) stiftete durch zwei seiner Söhne **Wolf
Georg Heinrich** und **Joh. Melchior** zwei Abthei=
lungen, von denen die des erstern schon mit dessen Sohne
**Karl Friedrich Reinhold**, kaiserlichen General=
feldmarschalllieutenant und deutschen Ordensritter, 1778
wieder erlosch. Seine Lehengüter fielen auf die andere
Abtheilung, welche die Allodialerben, die, gestützt auf
Familienverträge, außer den Allodien noch 21000 Thlr.
verlangten, durch Vergleich mit 6600 Thlrn. und der
Uebernahme verschiedener Schulden abfand. Diese zweite
Abtheilung lebt noch gegenwärtig.

---

Ich schließe hiermit die Geschichte einer Familie, die
gegenwärtig nicht blos zu den am meisten verzweigten
und zahlreichsten, sondern auch durch den persönlichen
Charakter ihrer meisten Glieder, zu den am höchst geach=
teten Rittergeschlechtern Kurhessens gehört, um auf ihre
Besitzungen überzugehen.

## Gegenwärtiger Güterbesitz der v. Baumbach.

1. **Die Linie zu Nentershausen.** Am Schlosse
Tannenberg und dessen Zubehörungen besitzt dieselbe die

letzten ³/₁₆, die übrigen ¹³/₁₆ gehören dem Staate (S. 137. 142. 156). Die Zubehörungen bestehen in Nentershausen (welches am 12. Dez. 1821 einen großen Brand erlitt), Blankenbach (das nach seiner Verwüstung erst im Anfange des 16. Jahrhunderts an einer waldigen Stelle wieder aufgebaut wurde), und den ehemaligen Dörfern, jetzt Wüstungen Röhmils (bei Blankenbach), Neuensüß (im tannenbergischen Felde), Rexerode (an der gerstunger Grenze), Bodenthal (bei Nentershausen) und dem noch jetzt vorhandenen Dorfe Machtlos. Die beiden letztern gehören ihr zur Hälfte. Ferner aus Gütern zu Ulfen, Breitau, Weissenhasel, Iba, und in den Wüstungen Eckhardshausen (bei Breitau), Röhrigs (bei Sontra), Tannenbergisch Hasel (bei Weissenhasel) ꝛc.

Dieses Alles ist Gesammtlehen, jedoch im Besitze der nentershäuser Linie. In dem J. 1749 wurde mit der Landesherrschaft eine Theilung getroffen. Der baumbachische Antheil am Schlosse Tannenberg besteht aus einem in der Ringmauer gelegenen Hause (S. 104), das selbst Allodium und dessen Grund nur Lehn ist, und einem kleinen Gärtchen. Die ihnen in jener Theilung zugefallene Waldung zählt an 1059 Morgen.

Ferner hat diese Linie das Lehn von 36200 Thlr. tannenbergischer Kaufgelder (S. 138).

Zu Nentershausen und Blankenbach hatten die v. Baumbach ehemals die peinliche Gerichtsbarkeit, die ihnen jedoch von den Landgrafen fortwährend streitig gemacht wurde. Auch hatten sie daselbst und zu Weissenhasel das

Untergericht. Wegen Hasels kam 1573 ein Vergleich zu Stande, durch den sie mit den Landgrafen ihre gegenseitigen Rechte festsetzen; die Untergerichtsbarkeit wurde ihnen hierdurch bestätigt, auch die Dienste der Hintersassen wurden darin festgesetzt; zu den letzteren gehörten unter andern Baudienste am Tannenberg und die Verpflichtung, jährlich ein= bis zweimal die baumbachischen Frauen zu Hochzeiten und anderen Ehrentagen auf baumbachische Kosten zu fahren. Die westphälische Regierung machte den Patrimonialgerichten ein Ende.

Ferner gemeinschaftlich mit den Linien zu Amönau und Freudenthal: Güter zu Oberhasel, die landeckischen (S. 125 u. 131) und die hombergischen und hornsbergischen Lehen (S. 125); letztere liegen zerstreut im Fulda= und untern Schwalmthale. Die holzsadelischen Lehen (S. 127 ꝛc. 137), an denen die lenderscheider Linie die Mitbelehnung hat, diese bestehen namentlich aus Binsförth, wo jedoch das ehemalige Schloß verschwunden ist; Güter zu Hattenbach (S. 129), wo der alte Burgsitz weggeräumt worden ist, und zu Kirchheim (S. 129), wo das Wohnhaus am Ende des 17ten Jahrhunderts neu erbaut wurde; die Hälfte des s. g. Finkenlehns (S. 129) und ¼ an den rückershausischen 1500 fl. (S. 129). Das Dorf Frielingen und Güter in dessen Umgegend (S. 131 u. 132); das boyneburg=hohensteinische Gut zu Hoheneiche und den Hof Hasengarten.

Die Linie zu Gilsenhausen und Freudenthal besitzt die Dörfer Freudenthal, Roppershain und den Hof zu Gilſenhauſen oder Gilſerhof, ehemals mit der Untergerichtsbarkeit (S. 142).

Die Linie zu Amönau: Güter zu Amönau. Die Zehnten zu Amönau und Todenhauſen waren früher naſſauiſches Lehen (S. 143). Güter des Kloſters St. Georg bei Homberg (S. 143 u. 144), die jetzt in etwa noch 40 Acker Land beſtehen, und Güter zu Gemünden an der Wohra (S. 144).

Die Linien zu Ropperhauſen und Lenderſcheid beſitzen theils einzeln, theils gemeinſchaftlich: Ropperhauſen (wo der Burgſitz jetzt in Trümmern liegt) und Güter zu Dorheim, Spieskappel, Frielendorf, Ebersdorf, Obergrenzebach, Siebertshauſen und Lohra. Ehemals auch die Untergerichtsbarkeit zu Ropperhauſen, Lenderſcheid und Siebertshauſen (S. 156). Was die übrigen in den Lehnbriefen genannten Orte betrifft, ſo ſind dieſe jetzt Wüſtungen: Sohlhauſen iſt unbekannt; Schloſſerode liegt bei Lenderſcheid; Ringerode, Schachtebach und Lipperode liegen bei Ropperhauſen; von Hilbertshain zeigen ſich noch Spuren im Walde ꝛc. Altenkämmershagen war ſchon ſeit langen Zeiten ſchollei'ſch. Antheil an den hornsbergiſchen Lehen (S. 154). Güter zu Niddawitzhauſen und Niederhohne (S. 149). Ein Gut zu Kleintöpfer mit dem Vorwerk Kornberg, in der ehemaligen Ganerbſchaft Trefurt, ſeit 1820 durch den König von Preußen allodifizirt; dieſe Güter ſoll Ludwig v. Baumbach bei der Eroberung von Trefurt erworben haben (S. 111 u. Anmerk. 4). Das berneckiſche Ritter=

gut (jetzt das Wohnhaus) zu Sontra (S. 137 u. 157). Das boyneburgische Rittergut zu Sontra (S. 137 u. 157), jetzt ohne Gebäude. Zinsen zu Hornal (S. 137). Ober=möllrich, wo ehemals eine Burg stand (S. 156 u. 157).

Die Linie zu Nassenerfurt besitzt Nassenerfurt (S. 184), Güter zu Haarhausen, und früher einen Burg=sitz zu Gudensberg (S. 178); desgleichen das Rittergut Rippershausen in Sachsen=Meiningen.

---

Das von allen Stämmen unverändert beibehaltene Wappen der v. Baumbach zeigt im blauen Felde einen silbernen Halbmond mit aufwärts gekehrten Spitzen, deren jede mit einem goldenen Sterne geziert ist.

---

## Anmerkungen.

1) Collmann, Pfarrer zu Nentershausen, schrieb zu Ende des 16. Jahrhunderts eine Geschichte der v. Baumbach, welche sich in mehreren Exemplaren unter den Handschriften der Landesbibliothek zu Kassel findet. Schätzbar wird sie erst mit dem 16. Jahrhunderte, wo Collmann Zeitgenosse und oft Augenzeuge war. Was Collmann zur Bekräftigung des baum=bachischen Ursprungs der spätern v. Farnrode aufführt: die Gleichheit ihres mit dem baumbachischen Wappen und daß ein Lutz v. Baumbach einen Lutz v. Farnrode seinen nahen Vetter nenne, beweist Nichts. Wappengleichheit beweist für sich allein nie gleichen Ursprung, eben so wenig wie Wappenverschiedenheit Beweis gegen einen solchen abgeben kann. Ohnedem ist das baumbachische Wappenzeichen nicht dieser Familie allein eigen, man findet es auch bei andern Geschlechtern, selbst einem nahe benachbarten, dem schon lange erloschenen der v. Braach. Hier

könnte die Wappengleichheit eher auf die Vermuthung eines gleichen Ursprungs führen, aber beweisen läßt sich derselbe hierdurch nicht und so lange keine anderen Gründe als die Gleichheit ihrer Wappen und ihre nahe Nachbarschaft vorliegen, kann keine solche Annahme, soll sie auch nur wahrscheinlich seyn, aufgestellt werden. Außer Collmann habe ich vorzüglich das Haus- und Staatsarchiv, das Regierungs- und Lehnhofsarchiv zu Kassel, sowie das Landesarchiv zu Fulda benutzt. Auch erhielt ich durch die Güte des Herrn Kammerherrn v. Baumbach zu Sontra verschiedene Mittheilungen. — 2) Nach Collmann wäre 1300 ein Reinfried v. B. gestorben, desgleichen ein Wilhelm. Das Grabmal des letzteren in der Klosterkirche zu Kornberg habe Philipp Wilhelm v. Kornberg aufheben lassen und es habe lange an der Kirchmauer gestanden. Die Inschrift sey gewesen: Wilhelmus a Baumbach obdormivit anno domini 1300. Mindestens ist dieselbe untreu abgeschrieben. — 3) Kopialbuch X. Bl. 148 im Landesarchive zu Fulda. — 4) Nach Collmann soll er eine Wallfahrt zum heil. Grabe gethan haben und deshalb vom Kaiser zum Ritter geschlagen worden seyn; im J. 1326 sey er mit Landgraf Heinrich II. gen Thüringen zu dessen Brautfahrt geritten. An der Stelle seines kleinen Hauses auf der Burg, habe er sich mit Hülfe des Landgrafen ein großes steinernes erbaut, dessen Mauern Klafter dick seyen. (Collmann meint, daß in seiner Zeit (1598) ein solcher Bau den v. Baumbach nicht mehr möglich sey). Noch sey die Sage bei den Bauern zu Hasel, daß auf Befehl des Landgrafen die Aemter Rotenburg und Sontra die Steine dazu fahren müssen. Von Hessen und Mainz habe er das Vorwerk zu Töpfer bei Trefurt erhalten ꝛc. Seine Hausfrau sey eine v. Felsberg gewesen. Ferner giebt Collmann Ludwig I., den er auch schon 1300 auftreten läßt, nur einen Sohn, Helmrich, und fügt die Nachricht aus einem alten Meßbuche hinzu: Anno Domini 1362 obiit Domicellus Helmericu a Baumbach, qui fuit filius Ludovici senioris. Effigia (d. i. Sophie) uxor ejus obiit Anno Domini 1375. Notetur, quod illa domina Feiga (d. i. Sophie) in vigilia D. Petri et Pauli in sacellum arcis Thannbergiacae reliquias St. Ludovici, St. Mathiae, St. Jacobi majoris et St. Nicolai portavit. Diesem Helmrich giebt er nun die Söhne Ludwig des I. Die Wahrheit

dieser Nachricht muß ich jedoch bezweifeln; denn abgesehen da=
von, daß jenes nicht die Sprache des 14. Jahrhunderts, viel=
mehr die des 16. Jahrhunderts ist, widerspricht sie auch dem
klaren Inhalte einer Menge vor mir liegender unzweifelhafter
Urkunden. Collmann verwechselt noch mehr Personen, es
würde mir aber zu viel Raum kosten, wollte ich ihn stets wi=
derlegen. Ich folge den Urkunden und benutze seine Nachrichten
nur da, wo ich sie für zuverlässig halten kann. — 5) Kuchenbecker Annal. Hass. Col. V. 37. — 6) Collmann sagt, daß die
v. B. sich geweigert, dem Sternerbunde beizutreten und, um
sich gegen denselben zu schützen, mit Erfurt verbunden hätten.
Dies ist mehr als unwahrscheinlich; Erfurt nahm die v. B. in
seine Dienste, daher auch Sold und andere Verbindlichkeiten.
Wie hätte auch Erfurt bei seiner Entfernung sie gegen den
nahen Sternerbund schützen können. — 7) Diesen kennt Coll=
mann nicht. — 8) Dieser Bannbrief findet sich deutsch und
lateinisch im Copiar. fuld. Band VIII. 241 im Landesarchive
zu Fulda. — 9) Schannat. Client. Fuld. Prob. p. 372. —
10) Diese Anklage besteht aus 245 Artikeln. Ich war an=
fänglich willens, sie im gedrängten Auszuge mitzutheilen; die
Menge der, größtentheils unanständigen, Einzelnheiten hat
mich jedoch bewogen, meinen Entschluß zu ändern. Ich be=
merke nur, daß sie Baumbach zugleich der Zauberei beschuldigt.

## VI. u. VII.

## Steckelberg und Stolzenberg.

(Mit einer Ansicht [s. die Titelvignette] und der huttischen
Geschlechtstafel).

Kennst du die Burg dort an der Kinzig Quellen,
Die hoch von ihres Felsenberges Gipfel
In öden Trümmern niederschaut zum Thale?
Als sie noch stolz, die Nachbarin der Wolken,
Die Zinnen hoch zum blauen Himmel streckte,
Empfing sie ihres Namens heil'ge Weihe:
Denn Ulrich Hutten wurde hier geboren.
Hier sog der Mann, der gleich des Wetters Strahle
Mit deutscher Kraft der Zeiten Nacht zertheilte,
Des Athems erste lebensvolle Züge;
Hier, wo des Todes tiefe Stille weilet,
Verlebte er der Jugend goldne Jahre
Und seines ganzen Lebens schönste Zeiten.

Der Ruhe süß Behagen tief verachtend,
Die Brust voll Feuer und voll Thatendurst,
Zersprengte er die klösterlichen Fesseln
Und stürzte sich ins sturmbewegte Leben,
Und weihte kühn des Vaterlandes Glücke
Und seiner Freiheit seine Jugendkräfte.
Er griff voll Feuer in die starken Saiten,
Und sang in Tönen, die das Mark durchbebten
Und alle Schläfer aus dem Schlafe weckten,
Und von des Nordens meerumspültem Strande
Bis zu den Sennen an den schnee'gen Alpen
Durchdrang sein Wacheruf die deutschen Gaue,
Und schlug sein Lied an alle deutsche Herzen.

Und mächtig drang sein Ruf durch die Gebirge
Und flog hinüber zu der ew'gen Roma,
Sich donnernd hebend an St. Peters Stuhle,
Erschütternd des Vatikanes Veste.

Er trotzte kühn des hohen Priesters Fluche;
Ihn schreckte nicht die Rache der Tyrannen;
Mit seiner Leier, mit dem Schwert im Arme,
Blickt muthig er auf seiner Feinde Schaaren.
Nur her, nur her! rief er in hohem Zürnen,
Als sie sich rings mit stolzem Haupt erhoben:
Ich hab's gewagt, die Wahrheit zu verkünden,
Ich hab's gewagt, die Binde zu zerreißen,
Die ihr geschlungen um des Volkes Augen;
Nur diesen siechen Körper könnt ihr tödten,
Der Geist ist frei, unsterblich wie die Gottheit.

Er war der Stern der goldnen Morgenröthe,
Der Bote eines großen hellern Tages.
Drum nahm der Tod ihn in die kalten Arme,
Als rings die Nacht erbleichte und die Sonne
Im hellen Glanz am Horizonte prangte.

Ihm hat sein Vaterland kein Mal errichtet,
Selbst seine Asche ruht in fremder Erde,
Im Schweizerland, auf stiller grüner Insel.
Drum sey uns wenigstens die Stätte heilig,
Auf der der Held, der Redner und der Dichter
Die ersten Blicke zu dem Lichte sandte
Und sich des Friedens seiner Jugend freute.

## 6.

## Steckelberg.

Die Steckelburg liegt im kurhessischen Kreise Schlüchtern, etwa 2 Stunden von Schlüchtern und 2 Stunden von Schwarzenfels, in 6stündiger Entfernung von Fulda und 9stündiger vom Maine, da wo dieser bei Langenprodselten am nächsten ist. Nördlich und westlich, nach Vollmerz und Ramholz hin, senkt sich der Berg jäh herab; östlich aber knüpft er sich an einen höhern Bergrücken (den Nickes, eine Höhe der breiten First), der sich zum Theil auf den Burgberg herabneigt und rückwärts die ganze Nordseite umschlingt, so daß durch dessen Verbindung mit dem Langenberge, Allmigenberge und dem Kinzberge bis zur Westseite hin eine vom Steckelberg sich allmählig entfernende Kette entsteht, und nur die Nordseite, dem Laufe der Kinzig nach, offen ist.

Die Abhänge des Burgberges sind thalwärts mit Ländereien, weiter hinauf aber mit wildem Gesträppe bedeckt, durch welches sich einzelne Baumpflanzungen ziehen.

Der nicht sehr geräumige Gipfel wird von den Trümmern beinahe völlig bedeckt. Diese lassen sich in drei Theile unterscheiden, von denen das größte ein längliches Viereck ist, welches sich von Osten gegen Westen streckt. Das zweite ist ein beinahe gleichseitiges Viereck, das sich an die östliche Hälfte der Nordseite des erstern anschließt. Um deutlicher zu werden, will ich mich eines Gleichnisses bedienen. Man setze vier gleiche Quadrate zu einem zusammen, kehre ihre Seiten nach den Hauptwinden und schneide dann das die nordwestliche Ecke bildende Quadrat aus. — Das dritte Stück ist ein halbrundes, thurmähnliches Rondel, das der breiten Westseite des länglichen Vierecks angefügt ist [1]. Dieses Rondel hat zwei Pforten, von denen eine in das Innere der Burg, die andere ins Freie führt. Letztere hat in dem Schlußsteine ihres Spitzbogens die Inschrift:

Anno Dni. 1509. Vlrich v. Hutten.

In diesem nicht hohen Rondele, welches die Stelle des Thurmes vertrat, befand sich das Verließ, und Schatzgräber, die ihr Glück darin zu finden hofften, fanden statt dessen Gerippe von Menschen und Schweinen. Auch hat man hier und auch am Burgberge nicht selten Pfeilspitzen gefunden [2].

Die ganze Burg ist nur noch eine wüste Trümmerstätte, denn nur die Reste der Außenmauern sind noch vorhanden. An den meisten Stellen erreichen diese kaum noch die Höhe von 12 Fuß, und nur die des oben bezeichneten Winkels erheben sich noch an 40—50 Fuß.

Das Ganze der Trümmer umschlingt ein dicht um die Mauern laufender tiefer Graben.

Ueber dieser Trümmerstätte liegt in der Richtung nach NO. die Altenburg, etwa in der Entfernung eines Büchsenschusses. Die dichte Buchenwaldung, welche die Stelle bedeckt, hat jedoch beinahe jede Spur ehemaliger Trümmern verwischt.

Der Brunnen der Burg lag am nordwestlichen Fuße des Burgberges im Thale.

Die Aussicht von den Trümmern hat für mich stets viel Anziehendes gehabt. Während gegen Osten, Süden und Südwesten hohe grüne Berge die Aussicht versperren, so daß man nur auf der Höhe der Mauern Schwarzenfels und Stolzenberg erblickt, bietet sich nordwestlich — von wo der alte Brandenstein aus den Bergen herüberschaut — und westlich das Kinzigthal in wahrhaft idyllischer Schönheit dar, und über die Berge hinaus sieht man die Höhen des Speßharts, des Vogelsbergs, der Wetterau und in blauer Ferne den Taunus.

Am südlichen und südwestlichen Fuße des Steckelberg's liegen die Dörfer Ober- und Niederramholz (**Ramundes**). Ueber diesen, am südlichen Abhange des Kinzberges, befindet sich die eigentliche Quelle der Kinzig, noch klein und im Sommer beinahe versiegend. Am nördlichen Abhange des Kinzberges ist eine zweite und am Fuße des Steckelberg's eine dritte Quelle. Diese vereinigen sich nordwestlich unter Steckelberg zu Vollmerz (**Folmondes, auch Frumunges, Fromoltz**), wo ehemals eine huttische Burg stand. Auch von Sterbfritz (**Sterfrides**), das südlich vom Steckelberg liegt und dessen Geschlecht 1562 erlosch, kommt über Sannerz (**Sanderates**), wo noch jetzt der huttische Burgsitz, die Lisenburg, steht, ein Bächlein her, das sich unter Vollmerz mit den andern vereinigt. Vollmerz mit den beiden Ramholz bildeten ehemals ein eigenes Gericht. Hinter Vollmerz gestaltet sich schon das Thal, als dessen Schlußstein Steckelberg zu betrachten ist. Noch hat der Bach keinen bestimmten Namen; von dichten Erlen beschattet, eilt er durch das ehemals fuldische Gericht Herolz und heißt, bis er Schlüchtern erreicht, das herolzer Wasser; erst hier, wo er, schon durch eine Menge kleiner Quellen gestärkt, die Elm (**Elma** oder **Bockynauw**) aufnimmt, erhält er den Namen Kinzig, oder nach der Volkssprache Kinz. Sein Lauf bis hieher ist, mehrere Krümmen abgerechnet, westlich; bei Schlüchtern aber verändert er diese Richtung und fließt südwestlich. In Schlüchtern (**Sluthere**, **Solitaria**) war ein altes Benediktiner Kloster, mit dem die v. Hutten in häufiger Beziehung standen.

In jenem Thale erzählt man eine Sage. Allnächtlich wenn der Mond scheint, wandeln drei huttische Jungfrauen am Ufer der Kinzig in der Nähe des Steckelbergs und wirken unter leisem Gesange ihre Brautkleider; denn diese Jungfrauen, so erzählt die Sage, starben unvermählt in der Blüthe ihrer Jahre.

Nur durch die breite First, eine Plattform von 3 Stunden Länge und ½ Stunde Breite, welche die

Wasserscheide bildet, wird der Steckelberg von dem nahen Sinnthale getrennt. Die schmale Sinn, welche am Dammersfelde entspringt, nimmt erst hinter dem Steckelberg ihren völlig südlichen Lauf und geht durch Weichersbach, dann unter Schwarzenfels hin, bei Mottgers (Ottekares) vorbei und vereinigt sich zwischen hier und Altengronau mit der breiten Sinn, die von der Rhön über Brückenau und das thüngische Zeitlofs (Citolfes) kommt. Das in einem Wiesenthale gelegene Altengronau (Grunaha) hatte ein altes huttisches Schloß, das aber schon im 16ten Jahrhundert sehr herabgekommen war und im 30jährigen Kriege beinahe ganz verwüstet wurde. Die Gemarkung, zu der allein 10,000 Acker Waldung gehören, ist sehr bedeutend. Auch das Schloß nahm einen ungewöhnlich großen Raum ein; es bildete ein Viereck, dessen Fläche 8 1/4 Acker, also einen Raum umfaßte, der einer kleinen Stadt genügend gewesen wäre. Zwei Wassergräben umgaben das Schloß, von denen der eine unmittelbar um die Schloßgebäude, der andere um die äußerste Grenze der großen Burgstätte lief und sich an die Sinn lehnte. Zwischen beiden Gräben standen Gebäude. Nicht weniger als 5 Teiche gehörten zum Schlosse, von denen der größte (3 1/2 Acker) unmittelbar vor dem Schlosse lag. Altengronau, Ober= und Mittelsinn nebst Joß machten ein eigenes Gericht aus.

Die Burg Steckelberg findet sich seit dem Anfange des 12ten Jahrhunderts und hatte schon 1167 eine eigene Kirche (Basilica), welche dem Kloster Schlüchtern unterworfen war. ³) Diese Burg stand auf der Stelle, welche jetzt Altenburg genannt wird, und hatte zu Bewohnern ein Freiherrn-Geschlecht, welches sich v. Steckelberg nannte. Hermann v. St. ist der erste, welcher mir davon bekannt geworden; er findet sich 1131 in der Umgebung des mainzischen Erzbischofs Albert. ⁴) Ein **dominus** Gebhard erscheint 1144 ohne Geschlechtsnamen; er hatte dem Kloster Schlüchtern die Pfarre zu Ramholz (**Ramundes**) genommen, welche in jenem Jahre Bischof Embricho von Würzburg, in Folge eines Befehls des Papstes Innozens, dem Kloster zurückstellte; sowohl die Oertlichkeit, als der Namen veranlassen mich, Gebhard für einen v. Steckelberg zu halten.

Heinrich v. St. bezeugte 1159 eine Urkunde des Bischofs Gerhard von Würzburg und lebte noch 1170. ⁵) Gerhard v. St., der sich zuerst 1189 findet, ⁶) wurde zugleich mit seinem Bruder Gottfried und dem Grafen Ludwig von Rineck, wegen Eingriffe in die Besitzungen des Klosters Schlüchtern, im J. 1200 vom Pabste Innozens in den Bann gethan. ⁷) Hermann v. St., den man 1209 zuerst findet, hatte die Tochter Kuno's, Herrn von Minzenberg, zur Gattin ⁸) und lebte noch 1219.

Dieses sind die Glieder, welche ich von dem Dynastengeschlechte aufgefunden habe. Von nun an findet sich ein niederadeliches Geschlecht von Steckelberg. Ob dieses aber ein eigenes Geschlecht, oder eine Fortsetzung des ersteren ist, wage ich nicht zu entscheiden. In dem letzteren Falle müßte dasselbe von seinem früheren Standpunkte herabgesunken seyn, was nicht nur möglich, sondern auch nichts Seltenes ist.

Rudolph (oder Rupert) und Heinrich v. St. finden sich von diesem niederadelichen Hause 1229 zuerst und zwar als Knappen.[9] Im Jahre 1265 lebte Ruprecht v. St.,[10] dessen Sohn Gottfried seit 1293 als Probst zu St. Petersberg bei Fulda erscheint. Letzterer hatte 2 Hufen zu Schwalheim bei Friedberg, und die Hälfte des Dorfes Zündersbach (Sinzilbach) erkauft, und bestimmte diese zum Theil dem Seelenheile seines Vaters;[11] auch 1321 stiftete er für diesen noch ein Seelgeräthe. Ein anderer Ruprecht v. St., Ritter des Johanniter=Ordens, starb 1275. Gottfried, Erkanbert, Hermann und Ulrich v. St., von denen die letzteren drei bereits 1274 erscheinen,[12] waren die Söhne eines Johann v. St. Gottfried v. St., hier nobilis vir genannt, hatte einen Streit mit dem Kloster Schlüchtern wegen eines Hofes zu Ramholz, des Rufoberges (**rufo mons**) und einer Fischerei beim Dorfe Sachsen (bei Steinau), welcher 1278 durch Austräge beigelegt wurde. Gottfried wurde hiernächst Amtmann zu Schwarzenfels und nannte sich nun G. miles advocatus (zuweilen auch **scultetus**) de Swarzenfels (1280 — 1295). Von seinem Bruder Ulrich und dessen Sohne Hermann erhielt er 1295 Güter zu **Melesynne** (Mittelsinn?), **Nuwenbruouwe**

(Neuengronau?) und **Sanderades** (Sannerz), nebst der Wüstung **Luderbreyden**. Gottfried hatte mit seiner Hausfrau Adelheid einen Sohn Konrad, der aber vor dem Vater gestorben seyn muß, weil dieser von den Töchtern beerbt wurde. Dieses war wenigstens mit den Gütern zu **Ramundesburne** (d. i. Ramholzbrunnen) der Fall, welche Graf Ludwig d. J. von Rineck 1309 nach Gottfried's Tode dessen Töchtern Tamburg und Adelheid, sowie dem Ritter Hartnid v. Tafta und dessen Gattin Petrissa zu Lehn gab. In welcher Beziehung letztere zu Gottfried standen, ob Petrissa etwa gleichfalls eine Tochter Gottfried's gewesen, ist nicht zu ersehen. — Ulrich v. St. lebte noch 1304, sowie Hermann v. St. 1305. Auch 1320 findet sich ein Hermann v. St., [13] der 1326 mit seiner Gattin Petrissa, einer Schwester des Ritters Joh. Küchenmeister, Güter zu Zündersbach (**Zuncelsbach**) für 40 Pfund Heller dem Stifte Fulda versetzte. Er starb um's Jahr 1338, wo seine Wittwe mit Gütern zu Rotelsau (**Rotelsouge**) ein Seelgeräthe zu Fulda stiftete. Heinrich v. St. war 1323 Domherr zu Aschaffenburg. Ruprecht v. St., Knappe, erhielt 1345 das durch Hermann's v. St. Tod erledigte mainzische Burglehn zu Orb. [14] Konrad v. St. findet sich seit 1349 als mainzischer Domherr [15] und starb 1354, wie sein an der Kirche zu Orb noch befindliches Grabmal zeigt. Dieses, welches ihn auf einem liegenden Löwen stehend darstellt, hat die Umschrift: **Anno dni. MCCCLIIII in festo sente Gertrudis virg. † Conradus de Steckum-**

berg can. i. mog. et pastor in Orba. Ein Konrad v. St. starb 1383 und wurde zu Schlüchtern beigesetzt, wo sein noch vorhandenes Grabmal die Inschrift hat: **Anno domini MCCCLXXXIII obiit Conradus de Steckelberg.** Der Knappe Ulrich v. St. scheint der letzte der v. St. gewesen zu seyn. Man findet ihn 1379 mit seiner Gattin Elisabeth, als er seinen Theil am Gerichte Burggronau an Ulrich Herrn von Hanau verkaufte und sich über die Verleihung der dasigen Kapelle mit demselben verglich.

Das Wappen der letzten v. St. war ein der Länge nach getheiltes Schild, das im rechten Felde einen stehenden Löwen, im linken 2 auch 3 Querbalken hatte.

---

Um den Zusammenhang der Nachrichten über das Geschlecht nicht zu unterbrechen, habe ich von den Schicksalen des Schlosses Steckelberg bisher geschwiegen. Dasselbe hatte inzwischen wichtige Veränderungen erfahren. Schon im Jahre 1273 befand es sich nicht mehr in dem Besitze der von Steckelberg, sondern in dem des Bisthums Würzburg. Nachdem Bischof Berthold II., ein geborner Graf von Henneberg, seinen Gegner Berthold I. aus Würzburg vertrieben, und sich auf dem bischöflichen Stuhle niedergelassen hatte, kam er noch in demselben Jahre, in dem er die Regierung erhalten, durch die Aenderungen, welche er im Zunftwesen vornahm, mit den

Bürgern Würzburg's in Streit, der sich bald zu einem blutigen Kampfe entwickelte. Er suchte darum Bundesgenossen und gewann als solchen unter andern auch Reinhard I., Herrn von Hanau. Am 1. Jan. 1274 wurde das Bündniß geschlossen. Der Bischof verpfändete nämlich sein Schloß (castrum nostrum) Steckelberg mit dessen Zubehörungen dem genannten Reinhard für 250 Mark („marcis dativorum coloniensium sicut pro pleno in partibus Wetrabye acceptantur"), und dieser versprach dagegen, dem Bischofe mit Rath und Beistand gegen seine empörten Bürger zu helfen und sich nicht ohne den Willen des Bischofs zu sühnen. Nach Beendigung der Fehde sollte Reinhard, so wurde bedungen, die Burg so lange behalten, bis ihm die Pfandsumme vom Bischofe oder dessen Bruder, dem Grafen Hermann v. Henneberg, bezahlt worden sey. Auch wurde ihm erlaubt, bis zum Betrage von 30 Mark an der Burg zu verbauen. An dem darauf folgenden Tage gab der Bischof ihm auch die Erlaubniß, alle würzburgischen Lehen, welche in dem Bezirke des Schlosses St. gelegen (sita in territorio castri nostri Steckelnbergk), von denen er nur die zum Schlosse gehörigen Burglehen ausnahm, an sich zu kaufen. Der Bischof betrachtete sich hiernach als unbeschränkten Besitzer und das Schloß als sein Allodium, dennoch erklärte der Johanniter=Ritter Ruprecht v. Steckelberg 1275 auf seinem Todbette auf die Frage: „Wannen Steckelnbergk die burgk rurete?" — „so er sich aller rechtes versunne, so rure es von dem reiche." Diese

Widersprüche vermag ich nicht zu erklären, auch finden sich der Ungewißheiten noch mehrere. Im J. 1276 befand sich schon die Burg nicht mehr in Reinhard's Händen, und wie es scheint, war sie ihm gewaltsam entrissen worden. Ihre Inhaber — deren Namen unbekannt sind — befehdeten Reinhard v. Hanau und beunruhigten die Wetterau durch Raubzüge. Reinhard zog deshalb aus und brachte die Burg wiederum in seine Hände. Hierauf ritt er und der Burggraf zu Friedberg nebst den anderen, welche beraubt worden, an das Hoflager des Kaisers Rudolph zu Lenzburg. Klagend erschienen sie hier vor dem Kaiser, der, umgeben von seinen Getreuen, am 14. Oktober 1276 das Urtheil sprach: daß die Steckelburg nieder gebrochen und ohne kaiserliche Erlaubniß nie wieder aufgerichtet werden sollte; zugleich beauftragte er den gegenwärtigen Inhaber Reinhard mit der Zerstörung. Zu Bern am 30. Okt. bestätigte der Kaiser dieses Urtheil durch eine schriftliche Urkunde.

So sank die alte Steckelburg nieder und Hanau blieb im Besitze des Burgberges, bis sich Reinhard's Sohn Ulrich 1290 mit dem Bischofe Mangold in einer Zusammenkunft zu Würzburg vertrug. Während der Bischof an Ulrich die Karlsburg zu Burglehn gab, stellte dieser den Burgberg der Steckelburg mit allen dazu gehörenden Gütern („montem in quo situm fuit castrum Steckelnberg, bona eidem castro attinencia et alia ecclesie Herbipol. bona per nos [sc. Ulricum de Hagenoya] et nostros homines hactenus occupata,,) dem Bisthume zurück. [16]

Beinahe ein Jahrhundert verschwindet, ehe man den Namen der Burg wieder findet und erst 1388 tritt uns derselbe von Neuem entgegen. Damals war die Burg in dem Besitze Ulrich's v. Hutten. Ueber die Art, auf welche dieser dazu gelangt, schweigen die Nachrichten, aber aller Wahrscheinlichkeit nach hatte er oder einer seiner nächsten Vorfahren deren Wiederaufbau begonnen. Dieser Bau geschah aber nicht auf der Stätte, wo die alte Burg gestanden hatte, sondern tiefer, wo jetzt die Trümmer stehen. Obgleich Hanau sich der Herstellung widersetzte, gab es dennoch (28. Juli 1388) nach, als ihm Ulrich die Oeffnung der Burg gelobte, die derselbe auch schon den geistlichen Fürsten von Mainz und Würzburg verschrieben hatte. Von dem Bischofe zu Würzburg nahm er die Burg zu Lehn.

Die letzten von Ulrich's Nachkommen waren seine Urenkel Ulrich und Margarethe. Da diese bei ihres Vaters Friedrich Tode noch minderjährig waren, erhielten sie aus den übrigen huttischen Stämmen drei Vormünder, welche am 22. Mai 1407 zu Neustadt versprachen, die Burgen Steckelberg und Vollmerz, sowie alle übrigen Güter, bis zu Ulrich's Mündigkeit treu zu verwahren. Am 30. deff. Mon. errichteten sämmtliche Glieder der Stämme zu Gronau, Stolzenberg und in Franken einen Burgfrieden zu Steckelberg, in welchem sie bestimmten, daß, wenn sie zu Fehden kommen würden, die Steckelburg, Vollmerz und alle Güter, die sie in Ulrich's Namen im Besitze hätten, als neutral betrachtet werden, so aber Jemand gegen die Steckelburg ziehe, sie sämmtlich zu deren Vertheidigung herbei eilen sollten. Auch gelobten sie unter einander, daß sie ihren Mündel Ulrich, sobald derselbe mündig geworden sey, zu bewegen suchen wollten, die Steckelburg mit ihnen zu theilen. Wenn aber Ulrich Anstand nähme, wollten sie ihm Alles ohne Weigerung zurückstellen. Im Falle er aber bis dahin sterben würde, vereinigten sie sich, seine sämmtlichen Güter zu theilen, wo dann jeder Stamm ein Drittheil derselben haben sollte. Ferner setzten sie fest, daß, wenn einer von ihnen mit dem Bischofe von Würzburg zerfiele und sein Lehn am Steckelberge aufsagen müsse, sollten das die Anderen so lange tragen, bis er sich wieder gesühnt habe; gegenseitig wollten sie sich helfen und schützen, und namentlich dem Ritter Ludwig v. Hutten zu Altengronau beistehen, wenn dieser des Steckelberg's wegen etwa durch den v. Bickenbach angesprochen werden sollte. [17]

Ein Theil der steckelbergischen Güter befand sich in dem Pfandbesitze des ebengenannten Ludwig's, dessen Sohn Hans die Schwester Ulrichs, Margarethe, zur Hausfrau nahm. Als nun der stolzenbergisch=fränkische Stamm jene Pfandschaft ablöste, gab ihnen Ulrich dafür im J. 1418 ein Drittheil der eingelösten Güter, namentlich an Steckelberg, Vollmerz, Ramholz u. Mittelsinn, zu einem Erbkaufe, und zugleich die Befugniß, seinen Schwager Hans abzufinden. Neben diesem Vertrage wurde auch ein Burgfrieden errichtet. Gleich als ob man

Ulrich's frühen Tod voraussehe, so bereitete man sich darauf vor. Dieser erfolgte wirklich im J. 1422. Ungeachtet jener Vorbereitungen erhob sich nun über seine Hinterlassenschaft Streit, der jedoch schon im Anfange des J. 1423 durch die Vermittelung ihrer Freunde beigelegt wurde. Durch diesen Vergleich erhielten Hans zu Stolzenberg und Bartholomäus zu Arnstein jeder ein Viertel der Steckelburg, Hans aber, als der Gatte der steckelbergischen Erbtochter, die Hälfte derselben, die er hierauf mit seinen Brüdern theilte. Die Steckelburg sollte, so wurde bestimmt, nun ein Ganerbenschloß des huttischen Geschlechts seyn und der Antheil jedes Stammes stets von dem Aeltesten besessen werden. Das erste Jahr sollte Hans die Burg verwahren und dieses seine Vettern ihm vergüten; dann aber sollte es Jedem freistehen, seinen Theil in Besitz zu nehmen. Hans sollte dagegen die Kemnate und alle Güter und Briefe, die sein Schwager hinterlassen, behalten, und nur die Steckelburg, sowie die Aecker am Burgberge, im Falle diese mit in das würzburgische Lehen gehörten, sollten davon ausgenommen seyn.

Hierauf vereinigten sie sich noch an demselben Tage über einen Burgfrieden. Unter den Bestimmungen, welche dieser enthielt, waren unter andern folgende: Wenn ein Ganerbe seinen Antheil verkaufen wollte, sollte er dieses seinen Mitganerben ein Vierteljahr vorher kund thun, und wollte ihn dann keiner kaufen, sollte es ihm frei stehen, denselben an einen Fremden, doch nur einen Standes=

genossen, zu veräußern. Auf jedes Viertel sollten 2 Knechte und 1 Wächter gehalten werden, unter denen sie einen zum Thorwächter auswählen sollten. Jeder Ganerbe sollte diesen Vertrag in seinem 12ten Lebensjahre beschwören. — Im Jahre 1425 wurden sämmtliche v. Hutten mit der Steckelburg belehnt.

Später veräußerte Konrad v. H. zu Trimberg sein Achttheil an Karl v. Thüngen zum Reusenberg für 300 fl., worauf dieser dasselbe seinem Eidame Stamm v. Schlitz, gen. v. Görtz, verschrieb, der es bis zum J. 1451 behielt, wo es sein Schwäher wieder an sich löste. Konrad's v. H. Bruder, Bartholomäus, der das andere Achttheil besaß, hatte von den Gronauern ein Viertel erworben, das er am 30. April 1452 an Hans v. H. für 560 fl. verkaufte.

Obgleich die Steckelburg, wie wir gesehen, bereits eine ganerbschaftliche Verfassung hatte, so beschränkte sich das Ganerbiat doch beinahe nur auf die Familie. Jetzt aber kamen die Ganerben überein, dieser Verfassung eine größere Ausdehnung zu geben, und scheinen dabei die Reichs= ganerbenschlösser der Wetterau im Auge gehabt zu haben. Der hierüber aufgerichtete Vertrag wurde am 12. Mai 1452 untersiegelt. Die Ganerben des Schlosses waren damals: Ludwig v. H. zu Stolzenberg mit ½ Viertel, Hans v. H. zu Hausen mit 1½ Viertel, Bartholomäus v. H. zu Arnstein und Karl v. Thüngen mit 1 Viertel und Lorenz v. H. zu Gronau mit 1 Viertel. Diese bestimm=

ten nun in jenem Vertrage, daß sie zusammen 32 Ganerben aufnehmen wollten, unter denen sich jedoch weder Fürsten, noch Grafen oder Herren befinden sollten; Ludwig sollte nämlich 3, Hans 12, Bartholomäus und Karl 6 und Lorenz 7 davon aufnehmen. Sie bestimmten den Bezirk des Burgfriedens, der die Altenburg mit einschloß, und unterwarfen die Schlichtung etwaiger Streitigkeiten 2 Baumeistern, welche von 2 zu 2 Jahren neu gewählt werden, und bei ihrem Abgange jedesmal Rechnung ablegen sollten. Weiter setzten sie fest, daß jeder Ganerbe jährlich 5 fl. Baugeld zur Erhaltung und Befestigung des Schlosses geben, und wenn er ein halbes Jahr mit der Zahlung rückständig bleiben würde, daß dann sein Theil verkauft, und der Erlös an das Schloß gewendet werden sollte; ferner sollte jeder Ganerbe auf dem Schlosse haben: 4 gute Handbüchsen, 1 neue Armbrust nebst 1 guten Winde, 500 Pfeile, 20 Pfund Pulver und 20 Pfund Blei; dieses sollte halbjährlich nachgesehen werden. Es sollte den Ganerben erlaubt seyn, Fremde im Schlosse zu enthalten, d. h. diesen das Schloß zu öffnen, um zur Führung einer Fehde Gewaffnete hinein zu legen. Würde dieses einem Fürsten, Grafen oder Herrn erlaubt, so sollte ein solcher 100 fl. zu dem Baue des Schlosses, ferner 1 Tonne Pulver, 1 Büchse und 4 Gewaffnete nebst Speise und Trank geben; ein Edelmann sollte nur den Burgfrieden beschwören; eine Stadt jedoch sollte 300 fl., 1 gute Steinbüchse zu 30 fl. Werth, 4 gute Armbrüste nebst 4 Winden an den Bau geben und 10 gewaffnete

Schützen senden. Eine solche Enthaltung sollte nicht über 2 Jahre dauern. Für die Bewachung des Schlosses sollten Ludwig und Hans 2 wehrhafte Knechte, 1 Wächter und 1 Nachthund zu ihrer Hälfte und die anderen eben so viel zu jedem Viertel halten. Der Thorwächter sollte jährlich durch die Baumeister bestellt und gemeinschaftlich belohnt werden. Bei einer Belagerung des Schlosses sollte jeder Ganerbe einen reisigen Knecht mit Harnisch und Armbrust schicken. Im Falle sie die Burg verlieren würden, sollten sie sämmtlich zur Wiedereroberung helfen, und gelinge dieselbe, so sollte jeder Ganerbe, der nicht mitgeholfen, 50 fl. zahlen. Die Baumeister sollten 4 Fuder Wein oder Bier kaufen und Sorge tragen, daß daran kein Abgang entstehe. Wenn ein Ganerbe Krieg habe, und bringe sein reisiges Zeug (seine zum Kriege gerüsteten Pferde) auf seinen Ganerbentheil, und dieser wäre ihm zu beschränkt, möge er 2 — 3 Nächte, nöthigenfalls auch länger, eines Andern Stallung gebrauchen. Ferner behielten sie sich vor, ein Thal (ein Dorf unter dem Schlosse) zu bauen. Wenn die Zahl der 32 Ganerben voll sey, sollte es erlaubt seyn, auf jedes Viertheil des Schlosses noch einen Ganerben mehr zu nehmen. Das Einkaufsgeld eines Ganerben sollte nie unter 100 fl. betragen, die zum Baue des Schlosses verwendet werden sollten. Im Falle ein Ganerbe bei einer armen Dirne schlafe, so sollten, möchte er sie auch ehelichen, die Kinder derselben von dem Ganerbiat ausgeschlossen seyn.

Noch in demselben Jahre begannen sie mit der Aus=

führung des Vertrages und es dauerte nicht lange, so war die Zahl der Zwei= und= dreißig voll.

Aber nicht allein Hanau nahm an dieser Einrichtung Anstand, sondern auch Würzburg fühlte sich durch dieselbe in seinen Rechten gekränkt, denn die Ganerben wurden aufgenommen, ohne den Lehnsherrn zu fragen. Dazu kam noch, daß sie dem Bischofe die Oeffnung des Schlosses verweigerten nnd selbst Feinde desselben darin enthielten, daß endlich Würzburger durch die Ganerben beraubt worden waren. Bischof Johann v. Würzburg sammelte deshalb 1458 sein Landvolk und etliche Ritter und zog um den 12. März gegen die Steckelburg, welche er umschloß und so bedrängte, daß sie am 24. März in seine Hände fiel. Außer einigen von Adel, unter denen sich namentlich die Ganerben Philipp Faulhaber u. Bernhard v. Kirdorf, gen. v. Liederbach, befanden, machte er viele Knechte zu Gefangenen. Erst nach dringenden Bitten ließ er sich bewegen, die Burg den von Hutten wieder zurückzugeben. Dieses geschah am 11. April 1459. Sie mußten dagegen geloben, Würzburg nie wieder zu beschädigen, das Lehn stets durch den Familienältesten zu empfangen und keinen Ganerben ohne des Bischofs Erlaubniß aufzunehmen. [18]) Dieser Vergleich wurde unter Johann's Nachfolger, dem Bischofe Rudolph, am 17. Nov. 1466 erneuert, der im folgenden Jahre auch die Ganerben bestätigte. Zu diesen gehörten der Burggraf v. Gelnhausen Henne Reiprecht, die v. Eberstein, die Forstmeister, die v. Schwalbach, v. Herda, v. Wallenstein, v. Schlitz, v. Mörle g. Böhm ꝛc.

Da die Ganerben, ich meine die 32, nichts weiter an der Burg hatten, als das Recht, sich derselben in ihren Fehden zu einem Waffenplatze zu bedienen, so lag es in der Natur des Verhältnisses, daß mit der Verminderung der Fehden, und der größeren Ausbildung der Feuergewehre, denen die Burgen erlagen, die Zahl der Ganerben abnehmen mußte, denn an die Stelle der Abgehenden kauften sich keine neuen ein. Schon zu Ende d. J. 1495 findet man, daß sich die ganze Verbindung aufgelöst hatte. Dieselben Ursachen verminderten aber auch den v. Hutten den Werth der Burg, und das um so mehr, da sie baufällig wurde, und auch nur die gronauer Linie noch eine Wohnung darin hatte. Die fränkische Linie hatte sogar ihren Antheil schon aufgegeben, obgleich sie noch immer mitbelehnt wurde. Nur die gronauer und stolzenberger Linien treten zu Ende des 15ten Jahrhunderts als Besitzer auf und errichteten um's Jahr 1497 eine Vereinigung. Beide theilten nämlich das Schloß, und die Stolzenberger gaben ihre Hälfte an Ulrich v. Hutten, um diese für sie zu bestellen, weil ihnen eine Wohnung im Schlosse mangelte. Sie versprachen diesem hierfür jährlich 12 fl., die aber im folgenden Jahre schon auf 8 fl. herabgesetzt wurden. Ungeachtet dieser kleinen Summe unterblieb deren Zahlung doch beinahe zum größten Theile und alle Mahnungen waren fruchtlos. Schon hatte Ulrich 200 fl. aus eigenen Mitteln verbaut, als neue Bauten nöthig wurden, und er sich am 9. April 1509 an den Bischof von Würzburg mit der Bitte wendete, seine Vettern zur Beisteuer und zur Zahlung der jährlichen 8 fl. anzuhalten. Er versicherte bei dieser Gelegenheit, daß, wenn er nicht gewesen, die Burg schon jetzt nur noch ein Schutthaufen seyn würde. Der Bischof schrieb auch an die Stolzenberger, doch der Erfolg ist nicht bekannt. Ulrich aber baute in diesem Jahre das Rondel.

Ihre größte Berühmtheit empfing nun die Burg als der Geburtsort des ältesten Sohnes jenes Ulrich's, des edlen Ulrich's v. Hutten, der im J. 1488 hier geboren wurde, und seine ersten Jugendjahre auf derselben verlebte. Doch nur von kurzer Dauer und oft unterbrochen war sein Verweilen, wenn er später die väterliche Burg, die er oft die Huttensburg (arx huttenica) nannte, besuchte. Die Umgebung war zu wenig geeignet, um seinen feurigen Geist zu fesseln, und er fühlte sich nie in derselben völlig heimisch. Man findet ihn namentlich auf Steckelberg im August 1515, im Winter 1517, dann 1518; sein längster Aufenthalt war im J. 1519, wo er eine eigene Handdruckerei in der Burg angelegt hatte, aus der namentlich die Reden gegen den Herzog Ulrich von Wirtemberg und seine Ausgabe des alten Werkes de unitate ecclesiae etc. hervorgingen. Im März 1520 findet man ihn hier zum letzten Male.

Bis in's 17te Jahrhundert blieb die Burg in einem noch wohnlichen Zustande, und es ist möglich, daß erst der 30jährige Krieg ihr den letzten Stoß gegeben. In diesem wurde die ganze Umgegend verwüstet und von

1634 bis 1645 stand dieselbe beinahe menschenleer, indem sich der größte Theil der Bewohner geflüchtet hatte. So kam Weichersbach bis auf 2 Familien herab; am 29. Juni 1646 wurde Schlüchtern durch die Kaiserlichen geplündert und die ringsum geflüchteten Bewohner kehrten erst im September theilweise zu den Trümmern ihrer Häuser zurück. Der Joßgrund wurde 1634 so verwüstet, daß er lange öde stand und erst im J. 1651 zu Marjoß der erste Gottesdienst wieder gehalten werden konnte.

Philipp Daniel v. H. war der letzte Bewohner der Steckelburg. Da die Burg ohne alle Zubehörungen war, bat er 1644 seinen Schwager von Landas, dem er Vollmerz und Ramholz verkauft hatte, um ein Stück Land und Wiese, damit er sich einiges Vieh halten könne; so sehr war er herabgekommen. Auch versetzte er demselben 1645 die Burg für 1,000 fl., löste sie jedoch schon 1648 wieder zurück. Noch vor seinem Tode stürzte sie völlig zusammen und sein Sohn nahm seinen Wohnsitz zu Sannerz. Dieser beschwerte sich 1695 bei dem Greben zu Vollmerz, daß ein dasiger Einwohner die schönen Steine am hintersten Graben und Rondele herausgebrochen habe, um sie zu seinem Kellerbaue zu verwenden, und bat, ihn zur Erstattung anzuhalten. Auch später hat die Zeit weniger als die Hand des Menschen gethan.

Nachdem der gronauer Stamm 1704 erloschen, ging das Lehn auf die fränkische Linie über, und seit diese im vorigen Jahrhundert ausgestorben ist, befinden sich die

Grafen v. Degenfeld=Schomburg in dem Besitze des Burg=
berges und der Trümmer.

Ich schließe mit einer Stelle aus dem Gedichte des
hier heimischen Sängers Peter Lotichius, in der er eine
Schilderung der Steckelburg giebt:

**Inclita tu priscae spectas cunabula gentis,**
    **Illis prima scatet fontis origo tui.**
**Ardua qua vacuas turres extollit in auras**
    **Arx a praecipiti nomen adepta jugo.**
**Quis veterum referat decus immortale parentum**
    **Amplaque victrici praemia parta manu?**
**Bis tria jam coelum permensus secula Titan,**
    **Et totidem roseis lustra peregit equis,**
**Cum celebres atavi factis et equestribus armis**
    **Sanguinis auxerunt nomina clara sui.**

## 7.

## Stolzenberg.

Oben hatte ich das Kinzigthal bei Schlüchtern verlassen, um hier wieder zu demselben zurückzukehren. Von Schlüchtern aus nimmt der jetzt schon stärker gewordene Fluß eine völlig südwestliche Richtung und sein Thal, links durch den Speshart, rechts durch die südlichsten vom Vogelsberge ausgehenden Hügel gebildet, wird enger und tiefer. Von allen Seiten ergießen sich Bäche aus den Bergen und vermehren seine ernsten, stets trüben Fluthen, welche häufig und dann eben so plötzlich als verwüstend aus ihren Ufern treten und das Thal überschwemmen. Erst wenn er den militärisch wichtigen Engpaß von Wirtheim und das nur in seinen Trümmern noch prächtige Gelnhausen hinter sich hat, endet das Thal bei Langenselbold, wo ihn die Ebene des Maines aufnimmt, auf der Napoleon seine letzte Schlacht auf deutschem Boden schlug.

Wenn die Kinzig das alte Schlüchtern, wo sie die Leipzig = Frankfurter Heerstraße zur Begleiterin erhält, durchflossen hat, geht sie an Niederzell hin auf Steinau, zwischen denen ehemals das Dorf Sachsen (**Sassen**) lag. Steinau (1½ Stunde von Schlüchtern); das zu seiner Unterscheidung von Freiensteinau und Hintersteinau, schon seit alten Zeiten wegen seiner Lage S t e i n a u  a n  d e r  S t r a ß e genannt wird, ist ein altes hanauisches Städtchen, an dessen oberem Ende ein alterthümliches Schloß liegt. Ihm gegenüber, am rechten Ufer liegt der Hof Hundsrück, und in seiner Gemarkung die Stätten mehrerer verschwundener Orte; so Kühnrod (**Kinderode**) am Schwadelberge, Bremenfeld (**Brymenfeld**) und Neuendorf (**Nuwendorf**) am Wege nach Marjoß. Von hier geht die Kinzig bei dem ehemaligen Dorfe Auerbach (**Vrbach**), wo sie den Auerbach aufnimmt, vorbei auf Ahl (**Alda**) und Salmünster, unterhalb dem ehemals das Dorf Fischborn lag. Bei Salmünster nimmt sie die Salza auf und ihr Thal erweitert sich zu einer geräumigen Wiesenfläche. Bereits im J. 909 erwarb die fuldische Kirche Salmünster, das seinen Namen (ehemals **Salchinmunstere**) von den nahen alten Salzquellen zu haben scheint, die Eckard für jene hält, um deren Besitz einst die Hermunduren und Katten kriegten. Im Mittelalter hatte es eine starke Burgmannenschaft und noch sind einige Burgsitze übrig, namentlich ein huttischer, welcher im Jahre 1400 erbaut worden. Salmünster liegt von Schlüchtern 3½ St. und von Hanau 6¼ St. entfernt.

Kaum 3000 Fuß nordöstlich von Salmünster liegen die Trümmer der **Stolzenburg**. Die rechte Thalwand der Kinzig, die Hart genannt, senkt sich gegen den durch den Einfluß der Salza gebildeten Winkel jäh herab und auf der südwestlichen Spitze erheben sich die Trümmer jener Burg, welche aus einem Thurme und dem Reste einer Mauer bestehen. Der Thurm, der durch zwei Gräben und drei Wälle von dem Bergrücken geschieden wird, von denen der innere Graben ihn in der Entfernung weniger Fuße umgiebt, hat beinahe noch eine Höhe von 40 Fuß, ist aber an mehreren Stellen der Länge nach gerissen. Von diesem Thurme zieht sich von Süden nach Norden eine an 16 Fuß hohe und 44 Schritt lange Mauer, der letzte Ueberrest der Burggebäude, und trennt den Thurm von der übrigen Burgstätte, die sich bis zum Abhange des Berges erstreckt und jetzt geebnet und mit Weinreben bepflanzt ist. [19]

Südöstlich unter Stolzenberg, und sich an den Burgberg lehnend, liegt das Städtchen Sooden, dessen Kirche die erneuerte Jahrszahl 1464 trägt. [20] Schon frühe stand hier eine Burg, die auch noch gegenwärtig bewohnt wird und mit ihren schwarzen Mauern die Häuser des Städtchens überragt. Ueber dem Eingange des Treppenthurmes steht das huttische Wappen und die Jahrszahl 1536 und an einem Fenster das Jahr 1592.

Nur durch die Salza wird Sooden von dem jetzt zu einem Hofe herabgekommenen Dorfe Salz geschieden. An den Höhen des Vogelsbergs entspringend stürzt sich

dieser reißende Bach durch ein wildes Thal der Kin=
zig zu. Wenn er Radmühl durchflossen und Rebs=
dorf und Rabenstein hinter sich hat, so erhält das Thal
den erst in neuerer Zeit entstandenen Namen des hutti=
schen Grundes. Dieser Grund besteht aus 5 Dörfern:
Kerbersdorf, Romsthal, Eckardroth, Wahlerts und Mar=
born, welche die v. Hutten erst seit dem 16ten Jahr=
hunderte zum größten Theil in ihren Besitz erhielten, denn
früher besaßen sie nur einzelne Güter darin. Die vier
ersten Orte liegen nahe bei einander zu beiden Seiten der
Salza und nicht weit über Sooden. Kerbersdorf, am
linken Ufer, hatte früher den Beinamen: „zu den Wein=
reben," wenn nicht hierunter, wie es zuweilen scheint,
ein eigener Bezirk des Dorfes verstanden wurde. Zwischen
diesem und Sooden liegt auf demselben Ufer Romsthal
(Ramstall). Am linken Ufer liegen Eckardroth und
Wahlerts (Waldenrod, Wallrod). Marborn (ehemals
Ober= und Niedermarborn) liegt dagegen im Thale des
Ulmbachs und wird von jenen durch einen ansehnlichen
Wald (der hohe Wald) geschieden; auf dem gegenseitigen
Ufer des Baches erhebt sich die marborner Warte. Noch
ein sechstes Dorf, in welchem die v. Hutten ebenfalls
begütert waren, das aber nicht mehr zu dem huttischen
Grunde gehört, ist Willroth (Willenroth, Wildenrode),
auch katholisch Willroth genannt, nahe den Dörfern
Eckardroth und Wahlerts gelegen.[21] In diesem Bezirke
befinden sich auch einige ausgegangene Orte, namentlich
Rimbach (Ober= und Niederrimbach) zwischen Romsthal

und Marborn, und Hiefen (auch Hüffts und Sunhiefen genannt) Wahlerts gegenüber, [23]) wo noch der Hiefen=wald daran erinnert.

Sowohl Salz als Sooden erhielten ihren Namen von den Salzquellen in der Sooderau, die nun seit etwa drei Jahrhunderten nicht mehr betrieben werden. Nur den Bewohnern lieferten sie noch ihren Salzbedarf bis dieser Vortheil ihnen in neuerer Zeit, und zwar nach dem Beitritte Kurhessens zum deutschen Zollvereine, durch die Verschüttung dieser Quellen, wenn nicht für immer geraubt, doch sehr erschwert worden ist.

Zu Salmünster war ein eigenes Landgericht, welches von dem huttischen Schultheißen bei dem Banne und dem Frieden des Abtes von Fulda und der von Hutten als Pfandherren gehegt wurde. Zufolge eines Weisthums von 1487 wiesen die Schöpfen zu diesem Gerichte: Salz, Eckardroth, Wahlerts, Romsthal, Ahl, Fischborn, Marborn und Auerbach.

Auf der andern Seite von Salmünster erhebt sich die Klinge (1336 „Klinge, daß ein Dorff heyssetet ets=wanne was") mit dem jetzt baierischen Dorfe und ehemaligen Schlosse Hausen, von dem östlich Alsberg liegt. Steigt man von Hausen aus in südlicher Richtung über's Gebirge, so kommt man nach Orb und seinen reichen Salinen, und weiter über das Orberreisig steigend, in den Joßgrund. Die Joß (**Jazzaha**), welche unfern Lettgenbrunn ihre Quelle hat, verändert, nachdem sie dieses Dorf und einen langen Wiesengrund, in dem die Grenze zwischen Baiern und Hessen läuft, durchflossen, ihre südliche Richtung und eilt, sich nördlich wendend, auf Oberndorf, wo sich schon die kahlen mit Wildfeldern bedeckten Höhen zeigen. Endlich erreicht sie Burgjoß, wo die alte, einst huttische Burg noch aus dem Thale hervorragt. Das Thal wird nun breiter und der mächtiger gewordene Bach erreicht Mörnes **(Mernolfs)**, über dem auf hohem Berge das gleichfalls ehemals huttische Alsberg **(Eylertsberg, Ahlertsberg)** mit einer 1513 eingeweihten Kapelle liegt. Bei Marjoß **(Merjazza, Marienjazza)** wendet sich die Joß gegen Osten und fällt, nachdem sie Joß berührt, unterhalb Altengronau in die Sinn.

Die Gegend zwischen der Kinzig, der Salza, und der Steinach besaß im 9ten Jahrhunderte ein Graf Stephan. Welchem Geschlechte er angehörte und wo er seinen Sitz gehabt, ist nicht bekannt. Es ist möglich, daß der letztere vom Kinzigthale weit entfernt lag und er deßhalb wünschte, jene Güter zu veräußern. Er knüpfte mit dem Abte Hugo **(Hugge)** von Fulda Unterhandlungen an, und in Folge derselben gab ihm dieser für seine Güter im Kinzigthale den der fuldischen Kirche zustehenden Ort **Criechesfelt** (al. **Creichesfelt**). Nachdem auch Stephans Bruder Walacho seine Einwilligung zu diesem Tausche gegeben, wurde derselbe im Jahre 900 in einem vor dem Könige Ludwig gehegten öffentlichen Gerichte zu Tribur bestätigt. [23] Der Bezirk der nunmehr fuldisch gewordenen Besitzung wird in der königlichen Bestätigungs=

Urkunde genau bezeichnet. Der Ort Salza (**Salzaha**) wird nämlich als Hauptort genannt und dessen Zubehörungen folgendermaßen abgegrenzt: Von dem Einflusse der Bracht in die Kinzig (bei Wächtersbach), die Bracht hinauf, weiter den Riedbach und dann den Reichenbach hinauf, bis gen Reichenbach, von da über das Salzthal nach Ulmbach bis Kreffenbach und von da die Steinach hinab bis wieder zur Kinzig. Schwerlich waren in diesem nicht unansehnlichen Gebiete schon alle die Orte vorhanden, welche wir vier Jahrhunderte später darin antreffen. Auch findet sich Fulda später nur noch in dem Besitze eines Theils desselben.

Daß schon im 9ten Jahrhundert das Dorf Salz vorhanden war und selbst der Bach diesen Namen führte, ist insofern wichtig, als man daraus ersieht, daß die dortigen Salzquellen schon damals bekannt waren, also auch gewiß schon in sehr früher Zeit benutzt wurden; ja es ist selbst wahrscheinlich, daß das Dorf Salz seine Entstehung jenen Salzquellen zu verdanken hat.

Dem fuldischen Erwerbe dieses Landstrichs folgte wenige Jahre später auch der Erwerb Salmünsters, das sich nun jenem unmittelbar anschloß.

Noch war dieses Gebiet durch keine Feste geschützt, denn Salmünster war offen und erhielt erst Jahrhunderte später Wälle und Gräben. Die Abtei Fulda war deshalb bedacht, durch die Erbauung einer festen Burg ihrer Besitzung den nothwendigen Schutz zu verleihen, und wählte hierzu den über den Salzquellen sich erhebenden Stolzenberg. Für die Wahl desselben mag eben so sehr seine kaum viertelstündige Entfernung von Salmünster, als die Nähe jener Quellen gesprochen haben. Wann dieser Bau, der von dem Berge Stolzenburg genannt wurde, zu Stande kam, darüber schweigen die Nachrichten und erst in der Mitte des 13ten Jahrhunderts wird uns sein Daseyn bekannt. Damals, wo der kräftig erwachsene Fehdegeist allenthalben gleich einer Hyder sein Haupt erhob, wurde auch die Stolzenburg von den Feinden des Stiftes Fulda erobert und zerstört. Um sie wieder herstellen zu können, wendete sich Abt Heinrich IV. von Fulda an König Wilhelm und dieser ertheilte ihm hierzu am 13. Dezember 1252 die Erlaubniß. Dieser Wiederaufbau geschah mit der Hülfe des Königs. [24]

Obgleich das Dorf Salz beinahe am Fuße des Burgbergs lag, so veranlaßte doch der lockende Schutz der Burgmauern, auch Ansiedelungen am linken Ufer des Salzbachs, am Abhange des Burgberges. Um die hier entstandenen Häuser zu vermehren und zu einer Stadt zu vereinigen, wendete sich Abt Heinrich V. an den Kaiser Rudolph, der hierauf im Jahre 1269 dem Orte städtische Rechte und die Freiheiten, welche Frankfurt genoß, ertheilte. [25] Diese Stadt, welche sich ungeachtet dieser Freiheiten nie über die Größe und den Wohlstand eines Dorfes erhob, wurde anfänglich Stolzenthal genannt; dieser Name, der wahrscheinlich auch nie in den Mund des Volkes gekommen, ging schon früh unter, und an seine Stelle trat der durch die Saline veranlaßte Name Sooden, den sie noch jetzt führt.

Bis in die erste Hälfte des 14ten Jahrhunderts scheint das Stift Fulda die Burg im eigenen Besitze behalten, und die Bewachung und Vertheidigung einem Amtmanne und einer Anzahl Burgmannen anvertraut zu haben. Als die ältesten Burgmannen finden sich die Herren v. Eppenstein, welche bereits 1263 und 1269 als solche erscheinen. [26]) Im Jahre 1311 erhielt auch Graf Hermann v. Battenberg ein Burglehn. Von den Amtleuten findet man 1320 Konrad v. Alsfeld, dem 1321 die Gebrüder Giso und Konrad v. Joß folgten, wofür diese 100 Pfd. Heller zahlten. Im Jahre 1327 war Hermann v. Altenburg Amtmann, an dessen Stelle schon 1328 die Brüder Friedrich und Frowin v. Hutten traten, welche zugleich Erbburgmannen wurden.

Wenn man in Geldverlegenheiten nicht zu Verkäufen schreiten wollte, so gab es damals kein anderes Mittel, Geld zu erhalten, als das Verpfänden von Gütern, denn das Leihen auf Zinsen wurde von den kanonischen Gesetzen als Wucher bezeichnet und verboten. Jenes Verpfänden bestand jedoch nicht in der einfachen Einsetzung eines Grundstücks als hypothekarisches Pfand, sondern in der wirklichen Uebergabe desselben an den Gläubiger. Es war also ein Mittelding zwischen unserem heutigen Verkaufen und Verpfänden, oder, wie man sich damals ausdrückte, ein Verkauf auf Wiederkauf. Diese Art der Verpfändung wird seit dem 13ten Jahrhundert allgemein und erst seit dem

15ten Jahrhundert tritt allmählig ein Rentenverkauf an ihre Stelle, aus der sich unsere hypothekarische Verpfändungsweise entwickelte.

Auch das Stift Fulda, dessen Einkünfte sich bereits sehr gemindert, hatte auf die erstere Weise schon viele seiner Besitzungen veräußert, als endlich auch die Reihe an Stolzenberg kam. Dieses geschah vor dem J. 1340. Der erste bekannte Pfandbesitzer desselben war Ulrich Hoelin, der es mit Sooden und Salmünster erhalten hatte. Von diesem lösten es vor dem Jahre 1373 die Gebrüder Frowin und Konrad von Hutten mit 5400 Pfund Heller an sich. Nachdem der Erstere in jenem Jahre durch Ulrich, Herrn von Hanau, ermordet, und der Letztere von der Pfandschaft abgefunden worden, ließen Frowin's Söhne 1375 die Pfandschaftsbriefe vom Abte Konrad von Fulda bestätigen. Indem sie hierdurch sich den Besitz jener Orte auf Jahrhunderte begründeten, wurden sie zugleich die Stifter eines der huttischen Hauptstämme, der unter dem Namen des stolzenbergischen bekannt ist.

Der erste ausführliche Pfandbrief, welchen ich gefunden, ist vom Jahre 1384. In diesem werden ihnen verschrieben: Die Burg Stolzenberg, die Feste Sooden darunter, und die Stadt Salmünster nebst dem Gerichte; ferner der Zoll, das Ungeld und die Juden zu Sooden und Salmünster; ausgenommen werden die Kirchenlehen, die Mannlehen und die Herberge im Gerichte; an den Gehölzen sollten sie nur das Recht gewöhnlicher Amtleute haben und jährlich von der Bete zu Salmünster nicht mehr denn 30, und von der zu Sooden nicht mehr denn 60 Pfund Heller erheben; der Abt behielt sich die Erhebung der allgemeinen Landbeten vor, und erlaubte ihnen, das Landgericht zu halten, an welcher Stätte im Gerichte sie wollten. Sie sollten Fulda stets die Oeffnung gewähren, und wenn dieses mit ihnen in Fehde komme, demselben aus den verschriebenen Orten keinen Schaden zufügen ɾc. Im Jahre 1387 verschrieben sie dem Erzbischof Adolph von Mainz eine Oeffnung an Stolzenberg, Sooden und Salmünster und 1390 wurde die Pfandsumme auf 9200 fl. erhöht. In diesem Jahre erhielt Hanau einen Antheil an der Pfandschaft verschrieben, der anfänglich einige Mal abgelöst und erst seit 1404 feststehend wurde. Es war ein Drittheil von Stolzenberg und Sooden. Hanau setzte Ulrich Hoelin als Amtmann darüber, mit dem die v. Hutten aber bald in Zwietracht kamen. Dem geschlossenen Burgfrieden gemäß, sollte kein Ganerbe den Feind eines Mitganerben in's Schloß aufnehmen. Dieses that aber Ulrich Hoelin, und die Gebrüder Frowin und Hans v. Hutten beschwerten sich darüber bitter bei dem Grafen von Hanau: Ulrich habe als ein meineidiger treuloser Bösewicht ihren Feind Joh. v. Rüdigheim in das Schloß und den Thurm gelassen und diese ihnen entwendet, behalte dieselben und beschädige sie daraus. Ulrich habe Hans v. H. fangen und ermorden wollen, obgleich sie an demselben Tage noch friedlich mit einander gegessen und getrunken hätten ɾc. Weiter ist von diesem Streite nichts bekannt. Ulrich legte jedoch die Amtmannschaft bald nieder, welche hierauf 1412 Hans v. Hutten erhielt.

Durch des ebengenannten Hans beide Söhne, Hans und Ludwig, entstanden zwei neue Linien zu Hausen und Stolzenberg. Letzterer erhielt 1437 die hanauische Amtmannschaft und behielt sie bis zu seinem Tode, der 1473 erfolgte. Seitdem verhinderte ein heftiger Streit mit Hanau eine neue Bestellung, bis in Folge eines geschlossenen Vergleiches 1493 Dietrich an die Stelle seines Großvaters trat. Dieser war der letzte hanauische Amtmann, denn es gelang den v. Hutten, den hanauischen Pfandtheil zu unterschlagen; seit dem 16ten Jahrhundert hört man nichts mehr von hanauischen Pfandrechten.

Im Jahre 1472 wurde ein Burgfrieden errichtet, der Stolzenberg, Sooden, Salmünster und das benachbarte Häusen umschloß, und von jedem dieser Orte so weit reichen sollte, als man mit einer Windenarmbrust von 4 fl. Werth schießen könne. Im Amte Salmünster wollten sie einen gemeinschaftlichen Schultheißen halten, der Jedem zu seinem Rechte im Gerichte helfen, die Schlüssel der Stadt verwahren, mit dem Stadtrathe gemeinschaftlich Thorwächter und Wächter besorgen und in ihrem Namen das Geleite geben sollte. Sie wollten keinem Amtsgesessenen schaden oder ihn verkürzen. Keiner sollte, ohne des Andern Wissen, seinen Theil veräußern, eine Fehde beginnen oder eines anderen Ganerben Feind hegen ꝛc. Dieser Vertrag wurde 1516 erneuert.

Damals lebte der mainzische Marschall Frowin v. Hutten. Als Luther 1521 von dem Reichstage zu Worms zurückkehrte, soll ihn derselbe auf Stolzenberg besucht haben. Man zeigt noch einen Ofen, an dem sich Luther gewärmt haben soll, der sich jetzt durch einen seltsamen Wechsel im Refektorium des Franziskanerklosters zu Salmünster befindet. Frowin's Verbindung mit Franz von Sickingen hatte die Folge, daß sowohl Hausen und Salmünster, als auch Stolzenberg, von den verbündeten Fürsten am 24. Oktober 1522 erobert wurden, und Hessen Frowin's Antheil in Besitz nahm. Der hessische Amtmann zu Stolzenberg war Georg v. Bischoferode. Durch einen Vergleich vom J. 1526 erhielt endlich Frowin seine Güter zurück.

Schon seit dem Anfange des 16ten Jahrhunderts befand sich der bauliche Zustand des Schlosses Stolzenberg in der übelsten Verfassung. Vergeblich hatten die v. Hutten schon mehrmals den Abt von Fulda zur Beisteuer aufgefordert, als in den ersten Tagen des Novembers 1512 ein Theil der Behausung Dietrich's v. Hutten einstürzte, wodurch diesem großer Schaden zugefügt wurde. Am 9. November wurde das erste Holz zum Neubaue gefällt, der bei seiner Vollendung 307 fl. kostete. Ein zweiter Bau geschah 1519 auf den alten Grundmauern eines verfallenen Hauses und kostete 345 fl. Im J. 1527 am 18. März begann Ludwig v. H. den

Bau eines Pferdestalles in der Burg, dessen Kosten sich auf 101 fl. beliefen, auch setzte er auf den gegen den Thurm stehenden Stall einen Erker. ²⁷)

Die Gewißheit, daß der Stamm zu Hausen erlöschen werde, veranlaßte den Marschall Frowin im J. 1528, nachdem er seines Neffen Frowin Theil an sich gebracht, seine sämmtlichen Güter dem fränkischen Stamme zu verkaufen, der hierdurch auch zu einer Hälfte an Stolzenberg, Sooden und Salmünster kam; die andere Hälfte blieb dagegen im Besitze der stolzenbergischen Linie. Dieser gemeinschaftliche Besitz dauerte bis zum J. 1540, wo die fränkische Linie jene Güter wieder an das Erzstift Mainz verkaufte.

Im Jahre 1624 endlich kündigte der Abt von Fulda den v. Hutten ihren Antheil an der Pfandschaft. Man kam darüber anfänglich vor Austrägen und dann vor dem Reichskammergerichte in Streit, der aber nach dem J. 1630 liegen blieb. Mainz erwarb indessen von der stolzenbergischen Linie noch 3 Zehntheile, so daß es im Anfange des vorigen Jahrhunderts sich in dem Besitze von 4 Fünftheilen befand, wogegen die v. Hutten nur noch 1 Fünftheil besaßen. Nach langen Verhandlungen mit Mainz wegen der Ablösung, denn man stritt sowohl über den dermaligen Werth der Pfandsumme, als über den Bestand der Pfandschaft, kam endlich am 4. Mai 1734 ein Vergleich zu Stande. Mainz gab hiernach das verfallene Schloß Stolzenberg, Sooden und Salmünster für 52,500 fl. an Fulda zurück. Ueber Ahl und Salz war man streitig gewesen, ob sie zur Pfandschaft gehörten; da sie aber ganz in die Gemarkung von Salmünster eingeklammert, Salz und Sooden selbst eine Gemeinde bildeten und beider Wohnungen untermischt waren, gab Mainz nach und überließ sowohl diese Orte, als, aus ähnlichen Gründen, auch die Feldbezirke von Fischborn und Auerbach an Fulda. Ferner gab Mainz an Fulda den von den v. Hutten erkauften s. g. freien Hof zu Salmünster. Dagegen trat Fulda an Mainz 31 1/2 Morgen Wiesen ab und versprach demselben, es an seinem Kammergute zu Hausen nicht zu schmälern, auch die Salzquellen im Amte Salmünster so lange nicht zu benutzen, als das Salzwerk zu Orb im Betriebe sey. Hierauf kündigte Fulda auch das noch übrige huttische Fünftheil; aber erst nach einem langen Streite am Reichskammergerichte erhielt Fulda auch dieses, in Folge eines Vergleichs vom 17. November 1742, wiederum in seinen Besitz.

Die Burg Stolzenberg lag schon seit dem 16ten Jahrhundert in Trümmern. Johann v. Hutten schrieb am 8. November 1585 an den Abt von Fulda, und bat, ihn mit der Burg, die er allein inne habe, zu belehnen, indem er sich dann verbindlich machen wolle, sie wieder herzustellen; jetzt sey sie zur Wohnung unbequem, und obgleich seine Vorfahren mehr verbaut hätten, als die Pfandbriefe auswiesen, sey sie doch wieder baufällig und ein Neubau derselben sehr nothwendig. Aber seine Bitte wurde abgeschlagen, und die Stolzenburg verfiel zusehends, bis zuletzt nur noch ihre Mauern standen.

Ich gebe schließlich noch ein Verzeichniß der fuldischen Burgmannen zu Stolzenberg; ihre Zahl war ansehnlich. Es waren die Familien: v. Taffta (1323), v. Ulmbach (1324), v. Joß (1324), Kunkel zu Büdingen (1351), Pfeffersack (1350 — 1390), deren Burglehen auf die v. Rodenhausen überging, die Herren v. Trimberg (1341), Zipper (1365 — 1461), v. Ramstall (1366), denen die Pfeffersack folgten, die Grafen v. Weilnau (1396—1410), v. Selbold (1396 — 1424), v. Schlüchtern (von 1381 bis zu ihrem Erlöschen in der Mitte des 16ten Jahrhunderts), v. Bünau (1404), Faulhaber (1460) 2c.

Auch Sooden hatte eigene Burgmannen, wie die v. Spala, v. Rüdigheim, v. Schlüchtern, Forstmeister 2c.

Salmünster und Sooden mit den Trümmern der Stolzenburg kamen als Zubehörungen des Fürstenthums Fulda mit demselben an das Kurfürstenthum Hessen.

## Geschichte des reichsritterschaftlichen Geschlechts der v. Hutten.

In dem ehemaligen hanauischen Amte Brandenstein, im jetzigen kurhessischen Kreise Schlüchtern, liegt ein Dörfchen Hutten, in welchem die bekannte reichsfreie Familie v. Hutten ihren Ursitz gehabt. Erst im Jahre 1140 findet man den Namen dieses Ortes, als ein gewisser Hezekind für seine und seiner verstorbenen Söhne Seelenheil ein daselbst gelegenes Gut der fuldischen Kirche schenkte. ²⁸) Ob dieser zu den Ahnen des huttischen Geschlechts zu zählen sey, ist eine Frage, welche unbeantwortet bleiben muß; denn erst 130 Jahre später lernen wir die Familie dadurch kennen, daß sie den Namen jenes Dorfes zu ihrem Geschlechtsnamen machte.

Gleich bei dem ersten Auftreten der Familie erscheint dieselbe mit so vielen Gliedern, daß es bei der zugleich herrschenden Armuth an Nachrichten nicht möglich ist, die verwandtschaftlichen Verhältnisse aller einzelnen Glieder zu einander zu bestimmen. Ich ziehe es deshalb vor, um gewagte Hypothesen zu vermeiden, jene einzeln vorzuführen, bis die Urkunden zahlreicher werden, und die einzelnen Stämme sich mit Sicherheit scheiden lassen.

Die ersten, welche sich unter dem Namen v. Hutten finden, sind drei Brüder, Erkanbert, Hermann und Johann, welche 1274 eine Urkunde des Abtes von Schlüchtern bezeugen, ²⁹) von denen der erste und letzte sich 1278 wieder finden. In demselben Jahre lernt man auch einen Gerhard d. j. v. Hutten kennen, der den Rufoberg, welcher schlüchterisches Lehn war, als allodial erkauft hatte und nun diese Lehnsbarkeit anerkennen mußte. — Berthold v. Schlüchtern und Hermann v. H., der Sohn eines Johannes v. H., hatten von Würzburg die Vogtei über eine Mühle zu Schlüchtern zu Lehn; als sie diese dem Kloster Schlüchtern verkauften, ertheilte der Bischof Berthold 1285 dazu seine Einwilligung. Zu derselben Zeit lebte Friedrich v. H., der 1286 von den v. Erthal die Vogtei im Dorfe und in der

Mark Kressenbach erkaufte, und 1295 für sich und seine Frau Elisabeth vom Kloster St. Andreas bei Fulda einen Weinberg zu Herolz auf lebenslang erhielt. Im Jahre 1300 findet man Friedrich zum letzten Male.

Schon aus dem eben Mitgetheilten läßt sich vermuthen, daß die Familie bereits in mehrere Stämme geschieden war. Doch erst von jetzt an wird es möglich, diese mit Sicherheit zu trennen, und wir lernen so zwei Hauptstämme kennen: den hermannischen, der sich wieder vielfach verzweigte, und den zu Gronau.

## I. Der hermannische Hauptstamm.

Im J. 1305 lebten 2 Brüder, die Ritter Konrad und Hermann, von denen der erstere sich nach 1306 nicht mehr findet und, wie es scheint, Hermann und Johann zu Söhnen hatte, die nach 1327 gleichfalls verschwinden. Auch jener Ritter Hermann hatte zwei Söhne, Friedrich und Frowin (auch Wortwin genannt). Mit dem letztern Sohne erhielt er 1327 ein fuldisches Burglehn zu Stolzenberg mit 60 Pf. Hell. und das Amt zu Herolz; beide übernahmen dagegen die Verpflichtung, auf Stolzenberg zu wohnen. Zu gleicher Zeit wurde Frowin fuldischer Burgmann auf dem Schlosse Werberg, nördlich von Brückenau, wo ihm die neue Kemnate des Schlosses als Burgsitz und ein Gefälle zu Mitgefeld (Metticheuelt) als Burglehn angewiesen wurden. Während Frowin noch Knappe war, hatte sein Bruder bereits den Ritterschlag und von dem Abte Heinrich von Fulda das fuldische Marschallamt erhalten. Um ihn für seine Dienste zu lohnen, gab ihm derselbe 1327 zwei Höfe zu Rommerz (**Rumudis**) und mehrere Hofstätten zu Neuhof zu Erbburglehn. Zugleich mit seinem Bruder erhielt er 1328 die Amtmannschaft auf dem Schlosse Stolzenberg nebst 10 Pfund Gülten für 470 Pfund Heller verschrieben und 1329 ein Burglehn zu Salmünster, so wie 3 Hufen zu Salz. Auch wurden ihnen vom Abte 30 fl. auf einen dasigen Weiher verschrieben. Als ihnen hiernächst der Abt 200 Pfund Heller schuldig wurde, übertrug er ihnen dafür 1330 die Amtmannschaft über Neuhof. Frowin verschwindet nun auf Jahre, während denen Friedrich seine Güter auf eine so ansehnliche Weise vermehrte, daß man ihn für eben so reich als haushälterisch halten muß. Nachdem ihm 1334 sämmtliche Weiher zu Salz für 100 Pfd. Hlr. verschrieben worden und er auch Güter zu Bermuthshain, am Vogelsberg, erkauft, überwies ihm Abt Heinrich von Fulda auf 5 Jahre alle Gülten des Amtes Neuhof, wofür er demselben 400 fl. zahlte. Nur das Amtmannsrecht und die Herberge bedung sich der Abt aus; Friedrich sollte dagegen alle Wächter, Thorwarten und Thürmer des Schlosses Neuhof besolden. Von den v. Joß erkaufte er 1336 deren Güter im Gerichte Salmünster, so wie von Appel Küchenmeister Güter zu Neuendorf (bei Steinau) und Alsberg. Auch von seinem Eidam, dem Ritter Johann Küchenmeister, der seine Tochter Elise zur Gattin hatte, erwarb er 1337 Güter im Gerichte Salmünster, und von denen v. Bünau und von dem Stifte Fulda Güter zu Diebach.

Eben sowohl seine auf Reichthum begründete Macht, als sein strenger und ritterlicher Charakter, veranlaßten den Kaiser Ludwig bei der neuen Bestellung eines kaiserlichen Landvogts der Wetterau seine Augen auf Friedrich zu richten. Am 27. Juli 1341 übertrug er ihm die Landvogtei, ein Amt, das wegen des damit verbundenen Ansehens gewöhnlich nur dem höheren Adel zu Theil wurde. Friedrich zahlte dem Kaiser dafür 800 Pfund und behielt das Amt bis zum Jahre 1346, wo Walter von Kronenberg dasselbe von ihm ablöste. Während der Verwaltung desselben kam der Kaiser mit dem Herrn von Hanau in Fehde, welche Friedrich als kaiserlicher Hauptmann führte.[30]

Der Joßgrund war in eine Menge einzelner Besitzungen zerstückt. Auch Heinrich, H. v. Isenburg-Büdingen, besaß einen Antheil desselben, wegen dessen er mit Friedrich in Unterhandlungen trat und diesem seinen Theil für 350 Pfd. Hlr. verkaufte, und zwar auf Wiederkauf, jedoch mit der Bedingung, daß, wenn dieser nicht binnen 2 Jahren erfolge, sich derselbe in einen Erbkauf verwandeln sollte. Mehrere Ritter verbürgten sich hierfür und Konrad Kunkel v. Büdingen versprach für den Fall, daß der Erbkauf eintreten würde, seine isenburgische Pfandschaft am Gerichte an Friedrich zur Lösung geben zu wollen. Dieses geschah auch 1346 und jene Güter kamen dadurch in den Erbbesitz der v. Hutten. Friedrich bemühte sich nun, seine joffischen Güter zu vermehren; schon 1345 hatte er die bimbachischen Güter zu Alsberg und Hausen für 120 Pfd. Hlr. erkauft. Aber später kam er mit jenem Heinrich, H. v. Isenburg, wahrscheinlich wegen des Joßgrundes, in Streitigkeiten, die zu einer Fehde führten, welche 1348 beigelegt wurde. Kurz hierauf starb Friedrich; sein Bruder Frowin überlebte ihn noch beinahe 20 Jahre. Beider Nachkommen bildeten zwei getrennte Stämme; Friedrich stiftete nämlich die Linie zu Stolzenberg und Frowin wurde der Stammvater der ältern Linie zu Steckelberg.

Die Friedrichslinie zu Stolzenberg.

Friedrich hinterließ außer Hedwig, seiner Wittwe, 4 Söhne: Friedrich, Konrad, Frowin und Ludwig, so wie 2 Töchter, von denen Hedwig 1349 gegen eine Summe von 1100 fl. auf die väterliche Erbschaft (mit Hand und Halm) verzichtete und Irmengard (Irmel) den Ritter Gottschalk v. Buchenau, bekannt unter dem Beinamen die alte Gans, zum Gatten erhielt.

Ritter Friedrich, der 1346 zuerst genannt wird und 1349 alle seine Güter zu Neuhof seiner Mutter versetzte, begab sich am 23. Nov. d. J. in einer Zusammenkunft mit dem mainzischen Verweser Kuno v. Falkenstein, in die Kriegsdienste des Erzbischofs Heinrich v. Mainz. Er verpflichtete sich mit 2 Knechten in dem Kriege gegen den Gegenerzbischof Gerlach von Nassau und den Landgrafen von Hessen zu helfen. Hierfür wurden ihm auf den nächsten St. Michaelistag 200 Pfd. Hlr. Dienstgeld, 50 Pfd. Hlr. für Sold, und 40 Pfd. Hlr. für Zehrung, zusammen also

290 Pfd. Hlr. versprochen.³¹) Wie es scheint, fand er in diesem Kriege seinen Tod; man findet ihn wenigstens nicht wieder. Er hinterließ keine Söhne und seine Witwe Mechtilde v. Bleichenbach ehelichte später Wilhelm von Fronhausen. Die ihr von Friedrich auf Lebenszeit eingegebenen Güter, einen Hof zu Haslau und das Dorf Vermuthshain (Bezumechan) auf dem Vogelsberge, gab sie 1377 ihrem Schwager Konrad und ihren Neffen zurück.

Die übrigen drei Brüder verkauften 1351 ihre Mühle zu Gundhelm und Güter zu Vollmerz (Frumunges) und (Veit=) Steinbach für 250 Pfd. Hlr. an ihren Oheim Frowin. Ludwig wurde 1355 ziegenhainischer Burg= mann und starb bald nachher. Er hinterließ eine Wittwe Lutgarde, aber keine Kinder.

So waren nur noch Konrad und Frowin übrig. Diese verkauften 1358 ihren Theil an der Vogtei des Dorfes Kressenbach und einen Hof zu Albstadt für 300 fl. an das Kloster Schlüchtern. Seit dieser Zeit findet sich Konrad als fuldischer Marschall und würzburgischer Amtmann zu Arnstein und Karlstadt. Von Gottfried v. Hohenloh, gen. v. Brauneck, empfing er hierauf Lehn= güter zu Kahl (Kalda) am Main, Albstadt ꝛc.

Nördlich v. Brückenau lag auf einer Höhe des Rhön= gebirges das fuldische Schloß Werberg, auf dem die v. Hutten bereits Burgmannen waren. Nachdem Abt Heinrich v. Fulda dieses Schloß mit dem dazu gehörenden Gerichte Motten an sich gelöst hatte, verpfändete er beide im J. 1362 den Brüdern Konrad und Frowin, welcher letztere hier zuerst als Ritter erscheint. Die Pfandsumme betrug 6000 Pfd. Hlr., wovon sie 1000 Pfd. verbauen sollten. Auch wurde bedungen, daß die Lösung so lange unterbleiben sollte, als sie und ihre Söhne am Leben seyen, und daß sie Appel Küchenmeisters Burggut mit 100 Pfd. Heller an sich lösen könnten. Zugleich wurden sie zu einer Verbesserung ihrer Lehen mit allen Gefällen des Schlosses Werberg belehnt. — Auch hatten sie bereits seit früherer Zeit das Schloß Hausen von Mainz erhalten.

Mit ihrem Oheime Frowin standen sie hinsichtlich ihrer meisten Güter in einem ganerbschaftlichen Verhältnisse. Dieses wünschte aber Frowin jetzt zu ändern und in Folge der hierüber gepflogenen Verhandlungen kam im J. 1364 eine Todttheilung zu Stande. Frowin und Konrad erhielten hierdurch die Güter zu Gundhelm, Steinbach, Rode, Ramholz (**Romundes**), Klesberg, Marjoß (**Merjazza**), Hausen ꝛc., die Vogtei zu Kressenbach, die Burggüter zu Neuhof und Salmünster nebst der halben Vogtei zu Sooden, und weil ihres Oheims Antheil besser war, von demselben noch an Geld 950 Pfd. Hlr. und 265 fl. Ungetheilt blieben nur noch die Burggüter zu Steinau und Sinn, so wie die Weiher zu Weichersbach (**Wichelsbach**) und die Güter zu Vollmerz (**Fromoltz**).

Nachdem in Hessen Landgraf Hermann zur Mitregierung gekommen, hatte sich gegen denselben der Bund der

Sterner erhoben und eine erbitterte Fehde verwüstete die hessischen Lande. Bis zu den Ufern des Maines erstreckten sich die Wohnsitze der Bündner und einer der mächtigern dieser Gegend war Ulrich IV, Herr v. Hanau; die v. Hutten scheinen dagegen auf der Seite des Landgrafen gestanden zu haben, wenigstens waren sie demselben befreundet geblieben. Als sie mit Ulrich im Jahre 1373 in dem gräflichen Schlosse zu Steinau an der Straße zusammenkamen, erhob sich ein Streit zwischen ihnen und Frowin und einige der Seinigen wurden von Ulrich erschlagen. Der genaue Hergang dieses Vorfalls ist nicht bekannt, daß aber Frowin, wie ein Schriftsteller annimmt, Steinau habe erobern wollen, ist eine durch nichts begründete, ja selbst unwahrscheinliche Vermuthung. Frowin's Tod entflammte dessen Verwandte, namentlich aber dessen Bruder, zur Rache, und es glückte ihnen, Ulrich gefangen zu nehmen. Als die Nachricht hiervon an den damaligen Verweser des Erzstiftes Mainz, den Bischof Adolph von Speier, gelangte, erbot sich dieser zum Vermittler. Er berief die Parteien zu einer Zusammenkunft nach Orb und brachte am 5. Juli desselben Jahres eine Vereinigung zu Stande. Ulrich mußte zur Sühnung des Mordes im Kloster Schlüchtern einen Altar stiften, dessen Leihung den v. Hutten bleiben sollte; Ulrich wies hierzu 50 fl. an. Er sollte ferner an das Haus, in welchem Frowin erschlagen worden war, für 100 fl. ein steinernes Kreuz setzen lassen; Fulda vermögen, daß dasselbe die Pfandschaft an Stolzenberg, Sooden und Salmünster vor den nächsten 3 Jahren nicht einlöse; er sollte dem Sternerbunde entsagen und die von Hutten nicht bei dem Landfriedensrichter zu Nürnberg verklagen; an Konrad und des erschlagenen Frowin's Kinder 7504 fl. in Gold zahlen und endlich dem Kaiser Briefe zusenden, worin er und seine Freunde auf alle Anforderungen wegen seiner Gefangennehmung durch die v. Hutten Verzicht leisteten. Dieses waren die harten Bedingungen, welchen Ulrich sich unterziehen mußte; eben in dieser Härte liegt der Beweis, daß Frowin gegen Ulrich wenigstens nicht geradezu feindlich aufgetreten seyn kann; denn die Bedingungen würden anders gewesen seyn, wenn Frowin in offenem Kampfe gefallen wäre; jene Verpflichtungen aber tragen ganz den Charakter einer Todbesserung.

Nach Frowin's Tode entstand eine neue Stamm-Abtheilung. Während Konrad, der sich in Franken niedergelassen, die fränkische Linie stiftete, setzte Frowin in seinen Söhnen die Linie zu Stolzenberg fort.

## Frowin's Stamm zu Stolzenberg.

Frowin hatte mit seiner Gattin Jutta drei Söhne gezeugt: Frowin, Friedrich und Konrad, von denen der erstere bereits 1362 genannt wird. Auch waren mehrere Töchter vorhanden; von diesen erhielt Elisabeth den Knappen Ulrich Hoelin (1375) und Anna den Eberhard v. Fechenbach zum Gatten, nebst einer Mitgift von 1000 fl.

Schon damals hatten sie auch einen Pfandtheil am fuldischen Schlosse Saaleck bei Hamelburg.

Im Anfange des Jahres 1382 kamen jene Brüder und Konrad Schotten mit Ulrich, Hrn. v. Hanau, in Streit und nahmen demselben das an der f. g. Birkenhainer Straße, zwischen Hanau und Gelnhausen, gelegene Schloß Somborn (Sonneborn). Unter dem 18ten Tage des genannten Jahres forderte Ulrich sie auf, das ihm widerrechtlich genommene Haus zurück zu geben. Der Ausgang dieses Streites ist nicht bekannt; da jedoch Friedrich, der bereits die Ritterwürde erhalten, im Sept. d. J. als hanauischer Amtmann zu Steinau erscheint, so darf man wohl eine völlige Beilegung dieser Sache voraussetzen. Dieser erhielt auch am 13. Sept. d. J. von seinem Herrn dessen Güter im Dorfe **Brymendefelt** (bei Steinau) für 100 fl. und 105 Pfd. Hlr. verpfändet.

Nachdem Abt Friedrich von Fulda ihnen 1000 fl. schuldig geworden und dafür am 1. Februar 1384 eine Rente von 100 fl. angewiesen hatte, erneuerte er am 11. Mai d. J. auch den Pfandvertrag über Stolzenberg, Sooden und Salmünster, und setzte die Pfandsumme auf 5400 Pfd. Heller. fest. Wie man aus diesem Vertrage schließen muß, war ihr Oheim Konrad von dieser Pfandschaft abgefunden worden.

Das hanauische Kloster Schlüchtern kam 1384 mit den fuldischen Geschlechtern v. Bimbach, v. Haune, v. Romrod, v. Hattenbach und v. Schlitz in Fehde. Ulrich, Hr. von Hanau, war Schirmvogt des Klosters, und also zu dessen Vertheidigung verpflichtet. Um dieses aber um so kräftiger zu können, schloß er, in Gemeinschaft mit dem Abte Wilhelm v. Schlüchtern, am 5. November d. J. ein Bündniß mit dem Ritter Friedrich v. Hutten, Amtmann zu Steinau, Lutz d. ä. v. Hutten, Amtmann zu Schwarzenfels, ferner Ludwig und Ulrich v. Hutten; auch die Geschlechter Hoelin, Katzenbiß, v. Schlüchtern, Feyser ꝛc. wurden mit hinein gezogen. Ulrich v. Hanau versprach, 20 Glevener zur Fehde zu stellen; eben so viel sollten die übrigen zusammen halten. Die Fehde verzog sich bis zum nächsten Jahre. Einer der Aufenthaltsorte der Feinde war die Burg Uerzel an der Steinach, nördlich von Steinau. Der Besitzer dieser Burg Konrad v. Mörle, gen. Böhm, nahm zwar anfänglich keinen offenen Theil an der Fehde, als ihn aber die Bürger von Steinau unter Führung ihres Amtmanns Friedrich v. H. bis vor die Thore seiner Burg verfolgten, griff auch er zu den Waffen und beschädigte die Besitzungen der v. Hutten und Friedrich's, Hrn. v. Lisberg. Um hierfür Rache zu nehmen, verbanden sich diese am 14. Aug. zu einem gemeinschaftlichen Zuge nach Uerzel und forderten auch den Abt von Fulda zur Theilnahme auf. Dieser verwahrte sich aber als Lehnsherr von Uerzel gegen jeden Angriff und erbot sich zur Ausgleichung des Streites. Die Nachrichten schweigen darüber, ob der Zug unterblieben. Am 22. September sühnten sich wenigstens die Gebrüder v. Mörle mit Hanau. Sie mußten nicht allein versprechen, Hanau niemals von Uerzel aus zu beschädigen, sondern demselben auch das Oeffnungsrecht am Schlosse verschreiben; die Streitsache selbst wurde einem Austrägalspruche unterworfen. Die Hauptfehde wurde erst 1386 beigelegt und die Gegner des Klosters vermachten zum Theil demselben zur Ausführung, auf den Fall ihres Todes, ihr bestes Roß und ihren besten Harnisch.

Frowin und Konrad verschrieben im Jahre 1385 die neue Kemnade auf dem Schlosse Werberg, nebst allen Nutzungen, welche zu Frowin's Theil gehörten, für 300 kleine fl. an Hans v. Hohenzell; erst 1396 wurde diese Pfandschaft wieder eingelöst. Friedrich, der an diesem Versatze keinen Antheil genommen, stiftete 1385 mit einem Hause zu Steinau, welches er erbaut hatte, und einem Garten, ein Spital für die Armen der Stadt. Er und Frowin verschrieben 1387 dem Erzbischofe Adolph von Mainz eine Oeffnung an Stolzenberg, Sooden und Salmünster, wofür dieser sie in seine Dienste aufnahm und ihre Besitzungen zu schirmen versprach. Konrad lebte damals nicht mehr; außer einer Wittwe Katharine hatte er einen minderjährigen Sohn Konrad, der seiner Mutter 1388 von der Bede zu Sooden jährlich 40 fl. aussetzte, und 3 Töchter hinterlassen. Margarethe erhielt Henne v. Weihers, Jutte den Eberhard Geier und Eva den Giso von Biebergau zu Gatten; nachdem letzterer 1412 von Reinhard, Herrn von Hanau, zu Steinau erschlagen worden, ehelichte Eva den Heinrich Pfeffersack.

Auch Friedrich starb nach dem Jahre 1388, wo er noch seinen Hof zu Altenhaslau an Ulrich Kolling ver=

setzte; um diesen wegen der Pfandschaft sicher zu stellen, verbriefte sich sein Bruder Frowin wegen der Ansprüche, welche etwa seines Bruders Erben auf jenen Hof machen möchten. Friedrich, der keine Söhne hatte, muß hiernach doch Töchter gehabt haben.

Frowin war nun der einzige noch übrige seiner Brüder. Er versetzte im Jahre 1390 nicht nur ein Achttheil des Schlosses Werberg an den Erzbischof Konrad von Mainz, sondern auch für 3000 fl. einen Antheil von Stolzenberg und Sooden an Reinhard und Johann, Hrn. von Hanau, mit denen er deshalb auch am 7. Juni d. J. einen Burgfrieden errichtete. Hierauf (21. Dezember) erneuerte er und sein Neffe Konrad auch den Pfandschaftsvertrag mit Fulda; die Pfandsumme betrug nun 9200 kleine Goldfl.; zu der früheren waren noch hinzu gekommen: 1100 fl. rückständige elfjährige Zinsen von dem 1379 geliehenen Kapital von 1000 fl.; 400 fl., welche das Stift dem verstorbenen Konrad schuldig geblieben; 200 fl., welche ihnen durch gütliche Uebereinkunft zugesprochen, und 617 fl., welche verbaut werden sollten. Konrad hatte nur ein Drittel an der Pfandschaft, das, wenn er ohne Söhne sterben würde, ebenfalls noch an Frowin fallen sollte. Dieser beschwur den Vertrag mit gegen die Sonne erhobenen Fingern durch einen gestabten Eid zu den Heiligen.

Der verstorbene Konrad v. H. hatte dem Abte Konrad von Fulda einen Hof zu Salmünster verkauft, den dieser hierauf dem Bruder desselben, Frowin, für 210 fl.

und 100 Mlt. Korn verschrieben hatte. Abt Friedrich hob am 25. Jan. 1391 diese Pfandschaft auf, und gab den Hof nebst einer Anzahl Ländereien an Frowin zu Lehen. Frowin löste auch im folgenden Jahre den fuldischen Antheil des Gerichts Freiensteinau an sich.

Konrad's Schwester, Margarethe v. Weihers, kam später mit ihrem Bruder und ihrem Oheim wegen ihrer väterlichen Erbschaft in Streit, der 1397 dadurch beigelegt wurde, daß man ihr für die auf 700 fl. festgesetzte Abfindungssumme ihres Vaters Drittel an Stolzenberg und Sooden als Pfand eingab. Henne v. Weihers nahm hierauf seinen Wohnsitz zu Stolzenberg.

Nachdem Frowin 1399 mit den Gebrüdern Reinhard und Johann von Hanau den Burgfrieden über Stolzenberg erneuert, geschah dasselbe 1401 auch mit dem Pfandvertrage; 300 fl. Zinsen waren rückständig geblieben und wurden zu Kapital angeschlagen und die Zinsen davon, nach dem damals üblichen Fuße, zu 30 fl. jährlich festgesetzt; als Unterpfand gab Frowin einen Theil von Salmünster. Obgleich er diese 300 fl. im folgenden Jahre (31. Mai) wieder abtrug, bekannte er sich doch schon am 7. Juni deff. J. zu einer neuen Schuld von 60 fl. Erst im J. 1403 löste er die hanauische Pfandschaft wieder ein und nahm am 7. Oktober wieder Besitz von dem versetzten Theile an Stolzenberg und Sooden. Inzwischen war Konrads Drittel von seiner Schwester Margarethe wieder eingelöst, und seiner zweiten Schwester Jutta Geier für eine gleiche Summe eingegeben worden. Diese verpfändete es hierauf am 28. Februar 1402 an die Herren von Hanau, und nachdem es auch von diesen wieder gelöst worden, und es die dritte Schwester Eva v. Biebergau erhalten hatte, setzte auch diese es für eine Schuld von 1000 fl. wiederum an die Herren v. Hanau zum Unterpfande. Hierdurch wurde deren Besitz auf lange Jahre begründet.

Alle diese Verpfändungen waren geschehen, ohne daß die v. Hutten die Einwilligung des Abts von Fulda als Pfandherrn dazu eingeholt hatten. Als sie einen Antheil des Schlosses Werberg dem Erzstifte Mainz verschrieben, waren sie auf gleiche Weise zu Werke gegangen; ja, sie hatten sich selbst in der Gegenwart des Bischofs von Würzburg und vieler Ritter gerühmt, daß Werberg ihr Erbe und Eigenthum sey. Dazu kam noch, daß die Einsassen des Amtes Salmünster bei dem Abte über schwere Bedrückungen klagten, und des Zündstoffes zu einer Fehde war mehr als zu viel gehäuft. Diese begann und einer der Hauptführer derselben war, besonders im Anfange, Hans, der Sohn des Ritters Frowin. Er beschädigte die fuldischen Gerichte Kreinfeld, Burghard, Ulmbach und Flieden durch Raub und Brand, er brandschatzte die Kirchen und Kirchhöfe, nahm die Glocken aus den Thürmen, verwundete und erschlug viele Bauern und trieb die Heerden der Dörfer fort. Er überfiel auf der offenen Heerstraße Bürger von Fulda, und die er nicht verwundete oder tödtete, machte er gefangen und nahm ihnen ihre Pferde und die Habe, welche sie mit sich führten. Bei nächtlicher Weile fiel er in die Walkmühle vor Fulda und raubte das in derselben befindliche Tuch. Auf diese Weise durchstreifte er Schrecken verbreitend das Stiftsgebiet, und Werberg, welches die stolzenbergische Linie mit der fränkischen in Gemeinschaft besaß, zwar sein Hauptanhaltepunkt.

Während dieses gegen Fulda geschah, trat die fränkische Linie in ähnlicher Weise gegen Würzburg auf. Ludwig und Hartmann hatten hier die Burgen und Aemter Arnstein und Bodenlaube an der Saale im Pfandbesitze. Schon in der Fehde der Stadt Würzburg gegen den Bischof hatten sie und die Stolzenberger gegen den letzteren gestanden und waren in dem blutigen Treffen am 11. Januar 1400 bei Bergtheim, unfern Würzburg, gefangen worden. Dieses Schicksal traf namentlich den Ritter Frowin und seinen Sohn Hans nebst ihren Vettern Konrad zu Stolzenberg, sowie Ludwig zu Arnstein.[32]) Der Verlust der Stadt war so bedeutend, daß die beiderseitigen Freunde schon den folgenden Tag eine Sühne vermittelten; auch die Gefangenen erhielten dadurch ihre Freiheit wieder. Dessen ungeachtet blieben die v. Hutten des Bischofs Feinde. Die beiden würzburgischen Aemter, welche sie im Pfandbesitze hatten, litten hierbei am schwersten. Zu den größten Gebrechen, welche das Mittelalter hatte, gehört unstreitig die, in ihren Folgen meines Wissens noch am wenigsten hervorgehobene, Verpfändung der Unterthanen. Mochte der Verpfänder seinem Gläubiger auch die Grenzen der ihm übertragenen Rechte noch so genau bezeichnet haben, so lag es doch in der Natur des Verhältnisses, daß der Pfandinhaber bei der Ungewißheit der Dauer des Besitzes weder eine Zuneigung, noch ein Interesse an deren Aufkommen gewinnen konnte; er konnte sie vielmehr nur als einen rein dinglichen Gegenstand betrachten und kein anderes Interesse an seiner Pfandschaft haben, als einen möglichst großen Nutzen aus derselben zu ziehen. Daß hierbei der Weg des Rechtes immer behalten wurde, wird Niemand zu behaupten sich einfallen lassen; schon die Natur des Menschen, seine Rechte so weit wie möglich auszudehnen, steht damit im Widerspruche. Die Bedrückungen traten aber dann vorzüglich ein, wenn unglücklicher Weise Pfandherr und Pfandbesitzer mit einander in Streit kamen und noch mehr, wenn sie feindlich gegen einander zu den Waffen griffen; dann litten die verpfändeten Güter und Bauern mehr als je. Ein Beispiel hiervon liefern eben jene beiden würzburgischen Aemter Arnstein und Bodenlaube während der Feindschaft der v. Hutten gegen den Bischof. Vier Dörfer derselben hatten die v. Hutten völlig wüst gelegt und das, was sie den armen Leuten unrechtlich abgezwungen, schlug der Bischof zu der ungeheueren Summe von 12,000 Pfd. an.

Außer mit Fulda und Würzburg waren die v. Hutten auch mit Henneberg zerfallen, und Graf Friedrich v. Henneberg=Ascha und sein Schwiegervater Graf Heinrich X. v. Henneberg=Schleusingen verbanden sich 1403 mit mehreren Anderen zu ihrer Befriegung. Der ganze umher hausende Adel war in Bewegung; zu den Ge=

noffen der v. Hutten gehörten auch die v. Ebersberg,
v. Steinau, v. d. Thann, v. Thüngen ꝛc. Trotzend auf
die Festigkeit ihrer Burgen und ihre Kraft im gemeinsa=
men Wirken, spotteten diese kleinen Tyrannen, die nur
für sich selbst Freiheit forderten, jedes fremden Rech=
tes. Weder die Eroberung des thüngischen Schlosses
Soodenberg, noch der würzburgische Zug gegen Weihers
hatte sie einzuschüchtern vermocht; selbst der am 26.
August 1403 zu Mergentheim für Franken errichtete
Landfrieden hatte bis jetzt keinen Eindruck auf sie gemacht.
So drängten sie dann endlich die Fürsten zu einer Ver=
einigung, und am Ende des Jahres 1403 wurde ein
gemeinschaftlicher Zug gegen die v. Hutten beschlossen.
Es war im November, als der Bischof Johann v. Würz=
burg, der Abt Johann v. Fulda, die Grafen Heinrich und
Friedrich v. Henneberg und der Hauptmann des fränki=
schen Landfriedens Friedrich Schenk, Herr zu Limburg,
durch die Thäler der Rhön vordrangen und sich unter der
Feste Werberg vereinigten. Aber die v. Hutten waren
vorbereitet und trotzten keck der Ueberlegenheit der Feinde.
Während sie von den v. Hutten zu Steckelberg thätig
unterstützt, und mit Waffen und Nahrung versehen
wurden, machten sie aus anderen Orten zugleich Einfälle
in das Fuldische und überfielen unter andern die Probstei
St. Johannesberg bei Fulda, und führten derselben alle
ihre Habe, ihre Pferde und an 300 Schafe mit fort. Ob=
gleich auch die Belagerer nicht feierten und ihre Geschosse
manche Mauer der Burg stürzten, so blieb doch jede ihrer

Bestrebungen, die Burg selbst zu gewinnen, vergeblich und ihre Kraft zerschellte an dem tapfern Widerstande der Belagerten. Als sich nun mehrere Ritter zur Vermittelung erboten, nahm man diese von beiden Seiten um so williger an, als keiner Partei aus dem Streite Heil zu erblühen schien. Am 30. November kam in einem unter Werberg gelegenen Hofe eine Sühne zu Stande, der zufolge die Fehde beigelegt seyn und der Hauptmann des fränkischen Landfriedens mit Zuziehung zweier Ritter über die gegenseitigen Ansprüche entscheiden sollte. Also wurde die Belagerung aufgehoben und die Fürsten zogen von Werberg ab, ohne ihren Zweck erreicht zu haben, denn wenn auch die Umgegend unendlich gelitten hatte, so stand doch die Feste noch trotzend da.

Jener Sühne zufolge zog nun der Hauptmann die Sache vor seinen Richterstuhl und entbot die Parteien zu einem Tage gen Schweinfurt. Nachdem hier die Klagen vorgebracht und die v. Hütten auf einzelne Punkte geantwortet, ließen sie von ihrer ferneren Vertheidigung ab; auch die Bemerkung, daß ihren Gegnern das Recht nicht versagt werden könne, machte auf sie keinen Eindruck, und den Sühnevertrag verletzend, verließen sie Schweinfurt. So erkannten denn bei ihrem Ungehorsam die Austräge die Ansprüche der Kläger für gerechtfertigt und die v. Hutten schuldig, dieselben zu entschädigen. [33]) Ueber den endlichen Ausgang dieses Streites mangeln alle Nachrichten.

Im Jahre 1407, in dem Konrad seinen Theil am

See zu Salz (Soltza) seinem Oheim Frowin verkaufte, erhielten beide, durch die mit den übrigen v. Hutten geschlossenen Verträge, ein Drittheil am Schlosse Steckelberg (S. 200). Frowin hatte um diese Zeit auch Streit mit Hanau, wegen dessen er sich mit diesem am 17. Mai 1407 verglich; die Herren v. Hanau erließen ihm von einer Schuld von 1100 fl. — 400 fl.; wegen des Restes von 700 fl. sollte er jedoch eine jährliche Rente von 35 fl. anweisen; auch belehnten sie ihn von Neuem mit seinen Lehen zu Steinau. Jene Rente wies hierauf Frowin 1408 an und zwar 16 fl. auf die Bede zu Salmünster, 7 fl. auf einen Garten zu Steinau und 12 fl. auf Freiensteinau. Mit jenen Streitigkeiten scheint ein Zwist mit dem hanauischen Amtmann zu Stolzenberg, Ulrich Hoelin, in Verbindung gestanden zu haben. Dieser hatte, dem Burgfrieden zuwider, den huttischen Feind Joh. v. Rüdigheim auf's Schloß genommen, und sich Dinge gegen die v. Hutten erlaubt, worüber diese gereizt, die heftigsten Klagen bei Hanau führten (S. 221). Frowin und sein Sohn machten im J. 1408, wahrscheinlich in Folge jenes Vergleichs, ihre eigenen Güter zu Bremenfeld (Brymefeld), Neuendorf (Nuwendorf) und die Hart zu hanauischem Mannlehn.

Um Werberg von den in der Belagerung von 1403 erlittenen Schäden wieder herzustellen, kamen die Stolzenberger mit ihrem Vetter Ludwig überein und bestimmten 200 fl. zu diesem Zwecke. Diese schoß Ludwig her und jene versprachen ihm dafür, ihren Antheil bis zur Zahlung zu verzinsen. Frowin half in diesem Jahre auch dem blödsinnigen Ulrich, Herrn von Hanau, in einer Fehde gegen Frankfurt. 34)

Konrad war bereits unverehelicht gestorben, als auch Frowin um's J. 1411 zu seinen Vorfahren ging. Zweimal verehelicht, mit Margarethe und Jutta, hinterließ er 3 Söhne, Hans, der seit 1390 an den väterlichen Verfügungen Theil nahm, Konrad und Frowin, welche 1418 zuerst genannt werden, so wie eine Tochter Barba, welche an Burghard von der Thann verehelicht und mit 800 fl. abgefunden wurde.

Hans erhielt 1412 die Amtmannschaft über den hanauischen Antheil an Stolzenberg und Sooden. Nachdem er und sein Bruder Konrad, so wie die v. Hutten in Franken für Ulrich v. Hutten den Steckelberg von Ludwig v. Hutten gelöst, gab ihnen derselbe Ulrich dafür ein Drittel von Steckelberg, Vollmerz, Ramholz und Mittelsinn, sowie die Erlaubniß, auch noch andere seiner verpfändeten Güter an sich zu lösen (s. S. 201). Konrad hatte 2 Pferde, so wie Frowin 40 fl. an das Kloster Schlüchtern vermacht; diese Schulden tilgten Hans und seine Brüder 1420 dadurch, daß sie dem Kloster ihre Güter zu **Wyserechtes** für 60 fl. verschrieben. Hans schloß 1423, nachdem er ein Viertheil am Schlosse Steckelberg erhalten, mit seinen Vettern daselbst einen Einungsvertrag und einen Burgfrieden (s. S. 202), und verkaufte in Gemeinschaft mit seinen Brüdern 1424 ein Gut in der Mark zu Fischborn einem

Domherrn zu Salmünster. Diese drei Brüder finden sich hier zuletzt. Nur Hans hatte Kinder hinterlassen, nämlich 4 Söhne: Hans, Ludwig, Andreas und Konrad, und 2 Töchter, von denen die eine an Martin Forstmeister, die andere an Georg Brendel v. Homburg verehelicht wurde.

Hans war 1417 mit Margarethe, der Tochter des verstorbenen Hildebrand's v. Thüngen, in Gegenwart seines Vaters und der beiderseitigen Verwandten auf der thüngischen Burg Reusenberg verlobt worden. Die hierbei aufgerichteten Ehepakten setzten die Mitgift auf 1500 fl. fest und bestimmten, daß die Ansprüche, welche Margarethe und ihr Bruder Hildebrand an Konrad v. Hutten zu Trimberg hätten, gemeinschaftlich mit Hans ausgeführt werden sollten; erst nach drei Jahren sollte die Ehe vollzogen werden. Jene Ansprüche betrafen die Erbschaft Hansens v. Bibra, des Bruders der ersten Gattin Konrad's v. Hutten, und der darüber waltende Streit wurde am 3. Febr. 1424 dahin geschlichtet, daß die bibraischen Güter in Form eines Erbkaufs an Konrad überlassen wurden und dieser dagegen 2400 fl. zu zahlen versprach. Von diesen zahlte er 400 fl. baar und setzte für die 2000 fl. sein Viertheil an Hausen und den anderen althuttischen Gütern ein; auch wies er noch eine jährliche Rente von 50 fl. auf das Dorf Beingesang (auch Bessingen genannt, unfern Arnstein) an. Am 14. Oktb. d. J. stellte er für Hans und dessen Hausfrau einen förmlichen Kaufbrief über sein Viertel an Hausen, über seine eigenen Leute zu Salmünster, über sein Viertel an dem Joßgrunde und den Gütern zu Willenroth, Zündersbach, Salz, Sooden, Albstadt, Somborn und Kahl aus. Das andere Viertel dieser Güter besaß Konrad's Bruder Bartholomäus, der dasselbe 1430 gleichfalls an Hans verkaufte, so daß namentlich Hausen dadurch in den alleinigen Besitz der stolzenberger Linie kam.

Die Mitgift seiner Frau erhielt Hans erst im J. 1433 von seinem Schwager Balthasar v. Thüngen, welche er hierauf an Dietz v. Thüngen verlieh, während er das Witthum seiner Frau auf Hausen verschrieb.

Im J. 1428 kam Hans und sein Vetter Hans v. H. zu Steckelberg mit Hans Schelm v. Bergen in eine Fehde.

Hansens Bruder Ludwig lernt man erst im J. 1437 kennen, als Reinhard Herr v. Hanau ihn zu seinem Amtmann über das hanauische Drittheil an Stolzenberg bestellt. Nachdem beide mit ihren Brüdern Andreas und Konrad dem Abte Johann v. Fulda 1000 fl. geliehen, erneuerte dieser 1438 die Pfandschaft an Stolzenberg, und machte sich verbindlich, dieselbe binnen den nächsten 20 Jahren nicht abzulösen; auch sollten sie binnen den nächsten 6 Jahren 200 fl. an der Burg verbauen. Später kamen sie mit dem Grafen Philipp v. Rieneck in Zwiespalt, und erlitten von diesem eine Niederlage „bei der Lattstadt" auf dem Speshart (**Spechshart**); so bald sie sich deshalb vertragen, nahm jener 1441 Hans und Andreas gegen 50 fl. in seine Dienste. Letzterer findet sich später nicht mehr.

Ihr Urelterwater Frowin hatte, wie schon oben bemerkt worden, die Hälfte der Vogtei Kressenbach an das Kloster Schlüchtern verpfändet; bis jetzt war diese Pfandschaft nicht abgelöst worden und die huttischen Brüder benutzten dieses zur Stiftung von Seelgeräthen, indem sie 1444 den Wiederkauf in einen Erbkauf verwandelten.

Das Schloß Burgjoß und andere Güter hatte Mainz seit längerer Zeit an die v. Thüngen verpfändet; von diesen gingen sie 1444 auf Hans über, dem der Erzbischof Diether schon 1443 die Erlaubniß zu dieser Einlösung mit der Weisung gegeben hatte, 150 fl. am Schlosse zu verbauen.

Um diese Zeit starb Hansen's Gattin; im J. 1445 stiftete er für dieselbe im Kloster Schlüchtern Seelenmessen mit Gefällen aus seinem Hofe zu Rode über Schlüchtern. Er verband sich hierauf in zweiter Ehe mit einer Tochter Mangold's v. Eberstein.

Im Jahre 1447, wo Ludwig Güter zu Schlüchtern veräußerte und er zuerst mit der Ritterwürde bekleidet auftritt, erhielt er in Gemeinschaft mit seinen Brüdern und den fünf Burgmannen zu Stolzenberg, vom Abte von Fulda die Salzquelle zu Sooden, jeder von ihnen zu einem Achttheil, mit der Bedingung, von jedem Soodhaus jährlich eine Last Salz abzugeben.

Nachdem Hans am 30. April 1452 zu seinem Achttheil an Steckelberg noch ein Viertel erkauft, schloß er und die übigen Ganerben 12 Tage später einen neuen Vertrag, wodurch sie der ganerbschaftlichen Verfassung der Burg eine größere Ausdehnung gaben. Eine Folge davon war aber, daß Bischof Johann von Würzburg ihr Feind wurde und am 24. März 1458 die Steckelburg eroberte. Erst nach Verlauf beinahe eines Jahres bekamen sie dieselbe zurück (s. S. 206). Einen anderen Streit hatten 1459 die Brüder Ludwig und Hans mit Synand und Oswald v. Rodenhausen.

Konrad starb ohne Kinder und kurz nach ihm auch sein Bruder Hans. Dieser hatte 2 Söhne, Frowin und Hans, und zwei Töchter, Katharina und Gerhusa, welche er 1454 an Bernhard v. Schwalbach und Hans v. Ebersberg verehelichte. Während Ludwig, der seinen Bruder um 13 Jahre überlebte, die stolzenberger Linie fortsetze, stiftete Hans, der seinen Sitz zu Hausen gehabt,

### Die Linie zu Hausen.

Hansen's Sohn, Frowin, trat 1463 in die Dienste der Grafen Philipp von Hanau. Sein Bruder Hans, der Margarethe Forstmeister geehelicht hatte, kam mit deren Geschwistern wegen der Hinterlassenschaft deren Vaters, Bernhard Forstmeister, in Streit, welcher 1467 verglichen wurde.

Frowin v. H. und Philipp v. Thüngen wurden 1472 des Grafen Otto v. Henneberg Feinde. Am 10. Oktober, als der Graf sich außer Landes befand, überfielen sie dessen Dorf Sulzthal, unweit Hamelburg, erstiegen den befestigten Kirchhof, plünderten das Dorf und führten die Beute mit den gefangenen Einwohnern nach Thüngen; erst von hieraus sendeten sie dem gräflichen Statthalter einen Fehdebrief. Dieser sammelte einen Heerhaufen und fiel, um Sulzthal zu rächen, in den Joßgrund, den Hanau, die v. Thüngen und die v. Hutten besaßen, und worin namentlich letztere Burgjoß hatten. Als man die Henneberger gewahrte, hallte alsbald durch das Thal der Kriegsruf: Feinde jo! und Boten eilten fort, um Hülfe aufzubieten. Aber die Henneberger säumten nicht, nachden sie gebrannt und verwüstet und sich mit Raub und Beute beladen, eilten sie wieder der Heimath zu. Schnell folgte das aufgebotene Landvolk, geführt von den v. Hutten und den hanauischen Amtleuten, Hans v. Ebersberg zu Schwarzenfels, Ulrich Hoelin zu Bieber, Philipp v. Eberstein zu Steinau c. Sie folgten den Joßgrund hinab, über die Sinn bis in das Thal der fränkischen Saale; als sie aber die hennebergische Grenze bei Frankenborn erreichten, wendete sich Philipp v. Eberstein und mahnte von einer weitern Verfolgung abzustehen: „Ihr Männer," sagte er, „laßt uns umwenden, wir ziehen keinem Edelmanne, sondern einem Grafen ins Land!" Aber die Bauern, die so wenig den Verlust des Ihren verschmerzen, als die Hoffnung, es wieder zu gewinnen, aufgeben konnten, riefen zürnend: „Das muß sich Gott erbarmen, daß wir das Unsrige verlieren sollen; der Adel will nicht vorrücken." Als das Philipp hörte, erwiderte er: „Nun wohlan, einem

Andern ist der Bauch so weich als mir!" So rückte dann der Adel dem Fußvolke voran. Die Henneberger, welche eine Höhle bei Frankenborn zum Hinterhalte benutzt, empfingen sie aber mit so wohl gerichteten Schüssen, daß ihnen der eben noch so kecke Muth bald entsank und sie nach kurzem Gefechte in der Flucht ihre Rettung suchten. Philipp v. Eberstein hatte einen Schuß in den Schenkel erhalten, an dessen Folgen er bald verschied; Hans v. Hutten lag todt auf der Wahlstatt. Außer diesen hatten sie noch mehrere Todte, Verwundete und Gefangene verloren. [35])

Hans hinterließ 3 Söhne: Jakob, Hans und Frowin, über die ihr Ohm Frowin Vormund wurde. Dieser, Hildebrand v. Thüngen und die Gebrüder Kunz und Heinrich v. Steinau gen. Steinrück traten nach Balthasars v. Thüngen Tode als Erben desselben auf, und kamen darüber mit dessen Wittwe in Streit; diese forderte ihr Gegengeld, ihre Morgengabe, die fahrende Habe und die ihrem Gatten zugebrachte Erbschaft ihrer Eltern. Der Bischof Rudolph v. Würzburg schied sie 1474 dahin, daß die Erben für jene Forderungen der Wittwe 2600 fl. folgen lassen sollten; Balthasar hatte ein Viertel am Schlosse Werneck für 4000 fl. in Pfand gehabt, und dem Stifte Würzburg von dieser Summe 500 fl. erlassen, davon sollte die Wittwe 200 fl., die Erben aber 300 fl. tragen; die fahrende Habe sollte getheilt werden, und wenn sie wieder irrig würden, sollten sie an das Hofgericht zu Würzburg gehen. Als die

v. Hutten später wegen dieser Erbschaft mit Hildebrand v. Thüngen zu Buchold in Streit kamen, vermittelte man 1487 einen Vergleich, dem zu Folge die v. Hutten 700 fl. als Abfindung erhielten.

Frowin starb nach dem J. 1477, und da er ohne Kinder war, beerbten ihn seine Neffen, von denen Jakob als der Aelteste, die Verwaltung der Güter übernahm.

Der 1430 und 1444 von der fränkischen Linie geschehene Versatz ihrer Hälfte an Hausen und dem Joßgrunde, bestand noch immer; um diesen Besitz zu sichern, knüpfte Jakob mit Konrad v. Hutten Unterhandlungen an, in deren Folge er im J. 1481 die Pfandschaft in einen Erbkauf verwandelte. In diesem Jahre begann ein langer Streit mit Hanau.

Hanau besaß nämlich noch immer seinen Pfandtheil an Stolzenberg, denn die v. Hutten hatten bisher um so weniger an eine Ablösung gedacht, als gewöhnlich einem der Ihrigen die Amtmannschaft übertragen worden war. Obgleich seit Ludwig's Tode, um's J. 1473, die Bestellung eines neuen Amtmanns unterblieben, so hatten die v. Hutten dennoch jenen Theil in ihrem Besitze behalten. Als nun aber Hanau Miene machte, zu einer solchen Bestellung zu schreiten, bemühte sich Jakob durch seinen Oheim Bernhard Forstmeister darum. Da aber hierauf nicht eingegangen wurde, sann Jakob auf Mittel, das, was man ihm in Güte verweigerte, auf anderem, wenn auch gewaltsamen, Wege zu erlangen. Er ritt (1481) nach Hanau und verlangte die Einsicht der Pfandbriefe. Man versprach ihm eine Abschrift derselben zu schicken, da man aber jene Briefe nicht finden konnte, schickte man ihm statt deren eine Abschrift des Briefes, durch welchen Ludwig zum Amtmann bestellt worden war. Nun leugnete Jakob die Pfandschaft ab, verweigerte Oeffnung und Huldigung und untersagte die Zahlung des 1451 an Hanau überwiesenen Zinses. Auch im Joßgrunde hatten sich Irrungen erhoben. Hanau war mit den Gerichtseinsaffen in Streit gekommen und Jakob verlangte bei dessen Entscheidung als Mitgerichtsherr hinzugezogen zu werden. Während letztere Spannung, vorzüglich durch das Bemühen des Erzbischofs Diether von Mainz, bei dem Jakob in Diensten stand, bald beseitigt wurde, verzog sich die erstere um so länger, als stets neue Vorfälle den alten Hader erfrischten.

Ehe jedoch der Streit von Neuem begann, ehelichte Jakob (1484) die Tochter des verstorbenen Georg Riedesel zu Eisebach und erhielt statt der Mitgift von 750 fl. den riedeselischen Theil an Freiensteinau verschrieben. Hierauf kam er mit Heinrich v. Jhringshausen in Fehde. Dieser hatte ihn beraubt und die Beute in's Buseckerthal getrieben; am 9. April 1484 verwahrte er sich gegen die Ganerben dieses Thales, wenn er ihnen im Suchen seines Feindes Schaden zufügen würde.

Im Frühjahr 1484 verließ Graf Philipp v. Hanau sein Land, und trat eine Reise nach Palästina an. Vor der Abreise bestellte er seinen Amtmann zu Hanau,

Friedrich von Dorfelden, zugleich zum Amtmann über seinen Antheil an Stolzenberg (22. April). Obgleich derselbe mit Jakob in nahen Verwandtschafts-Verhältnissen stand, so war diesem die Bestellung doch sehr zuwider, und er wartete nur auf Gelegenheit, seinen Unmuth auszusprechen. Diese brauchte er nicht lange zu suchen, denn die oft im höchsten Grade verworrenen Besitzverhältnisse boten dem Streitsüchtigen immer ein weites Feld dar. Bereits im Juli (18.) beschwerte er sich bei den hanauischen Statthaltern, daß ihn die Steinauer Hirten in seiner Hute beeinträchtigt; doch diese entgingen ihm durch die Erklärung, daß es ohne ihren Willen geschehen sey (1. Aug.) Nun sperrte er durch Schließung der Schläge die Straße zwischen Hausen und Salmünster, auf welcher Hanau das Geleit hatte. Vergeblich sprach der hanauische Amtmann, Hans v. Ebersberg, mit ihm, vergeblich drohten (30. Aug.) die Statthalter die Schläge mit Gewalt zu öffnen, denn es war Messe zu Frankfurt und sie hatten namentlich den Erfurtern das Geleite zugesagt. Jakob spottete über ihre Drohungen. Beide wendeten sich an den Abt von Fulda, als den Landesherrn. Dieser entbot sie vor sich (9. Sep.), aber Hanau bestand vorerst auf der Huldigung und Friedrich v. Dorfelden schrieb an Jakob, daß er sich den 20. Sept. zu deren Empfangnahme einfinden werde. Jakob wendete sich hierauf an seinen Herrn, den Erzbischof, der gern willfahrend, Hanau jedes Unternehmen gegen seinen Diener untersagte (17. Sept.). Auch Fulda gebot die Huldigung vorerst noch anstehen zu lassen (18. Sept.), und berief die Parteien zu einer Zusammenkunft, in welcher der Streit dahin vermittelt wurde, daß Jakob die Huldigung zuzugeben und die Schläge zu öffnen versprach (23. Sept.). Noch eine andere Sache kam hier zur Sprache. Außer den v. Hutten waren unter andern auch die v. Biebergau im huttischen Grunde begütert; schon Jakobs Großvater und dessen Brüder hatten mit Heinrich v. Biebergau Zwist gehabt und waren 1446 durch Fulda verglichen worden. Diese Güter waren inzwischen durch eine Tochter Heinrich's v. Biebergau auf die v. Bischofrode und durch die Tochter von Heinrich's Sohne Giso v. Biebergau, die Wittwe Ludwigs von Hutten, auf ihren Sohn und ihren zweiten Gatten, Johann von Nordeck zur Rabenau, gekommen. Letzterer war im Gefolge des Grafen Philipp noch abwesend, als Jakob den Zehnten zu den Hieffen, zwischen Romsthal und Salz, aus der Scheune zu Romsthal fortführte. Darüber klagte Eberhard v. Bischofrode, aber Jakob weigerte sich zu antworten und der Abt v. Fulda brachte es in der erwähnten Zusammenkunft dahin, daß diese sowohl, als die Stolzenberger Sache, bis zur Heimkehr des Grafen Philipp beruhen sollte. Dessen ungeachtet blieb die Straße ferner gesperrt und als Eberhard v. Bischofrode mit seinen Knechten in Geschäften der Statthalter durch Salmünster reiten wollte und die Pforten verschlossen fand, ritt er deshalb vor die Pforten zu Hausen. Dieses betrachtete nun Jakob als eine Feindseligkeit und klagte darüber beim Erzbischofe zu Mainz, der die Sache jedoch auf einem Tage zu Steinheim am 8ten April 1485 ausglich.

Graf Philipp war indeß zurückgekehrt; man findet ihn schon im Januar 1485 wieder in Hanau. Nun traten die v. Bischofrode und v. Nordeck gemeinschaftlich klagend auf, und hatten außer den schon genannten Beschwerden noch eine Menge anderer. Der Abt v. Fulda ernannte Schiedsrichter und am 9. Mai sprachen diese, daß der streitige Zehnte in 2 Theile getheilt werden und jeder Partei eine Hälfte zustehen sollte; wegen der Viehtrift zu Sooden, Romsthal, Eckardroth und Wahlerts sollte es beim Alten bleiben, es sollte nämlich eine Koppelhute seyn und nur, wenn es Eicheln gebe, jeder in seiner Mark bleiben von Marien Geburt bis Weihnachten. Was endlich die Huldigung betraf, die Jakob zu Romsthal, Eckardroth und Wahlerts eingenommen hatte, so sollte er die Männer dieser Orte binnen 8 Tagen wieder davon lossagen.

Dieser Spruch mußte jedoch am 21. Oktober nochmals wiederholt werden. Während dessen waren die von Hutten auch mit den Burgmannen zu Salmünster zerfallen. Es waren dieses namentlich Johann v. Nordeck, Rudolph v. Schwalbach, Melchior und Balthasar Reiprecht, Eberhard v. Bischofrode und Bonifaz Küchenmeister, also meist huttische Verwandte. Die Irrungen betrafen vorzüglich die Benutzung ihrer in der Mark von Salmünster liegenden Güter, namentlich den Gebrauch der Wälder, der Jagd, der Fischerei, der Wege, der Thore ꝛc.; doch waren auch Gewaltthätigkeiten vorgefallen; denn als sich die Burgmannen geweigert, die gewöhnlichen Wachen in ihre Burgsitze aufzunehmen, hatte man den reiprechtischen Burgsitz erbrochen. Der Abt von Fulda verglich sie hierüber am 29. Oktober zu Salmünster und setzte wegen des letztern Punktes fest, daß nur in Nothfällen die Burgsitze mit Wachen besetzt werden sollten.

Unter dem 8. November 1485 forderte Graf Philipp v. Hanau Jakob wiederum auf, ihm seinen Theil an Stolzenberg und Sooden zurückzugeben; dieser aber verlangte noch immer die Vorlage der Pfandbriefe und wendete sich später an den Erzbischof, der hierauf dem Grafen jede Gewaltthat untersagte (12. July 1486), die Sache zu seiner Entscheidung zog und am 17. Februar 1487 die v. Hutten mit allen ihren Gütern, namentlich Stolzenberg, Sooden und Salmünster, in seinen besonderen Schutz erklärte. Auf diesen mächtigen Fürsten sich stützend, konnten sie nun um so ruhiger dem Hasse ihrer Nachbarn Trotz bieten. Am 6. Dezember 1488 bestimmten sie deshalb auch, daß keiner von ihnen den erzbischöflichen Schirm aufsagen sollte, ehe die Irrungen mit ihren Nachbarn gemeinschaftlich gesühnt seyen. Zu gleicher Zeit gaben sie Dietrich, dem Sohne Ludwig's, der volljährig geworden, dessen Antheil an Stolzenberg, Sooden, Salmünster und Hausen und erneuerten den Burgfrieden.

Erst am 25. August 1490 kam mit Hanau eine Ausgleichung zu Stande; die v. Hutten versprachen binnen 1 Monat die Huldigung geschehen zu lassen, und Hanau versprach dagegen einen v. Hutten als Amtmann zu bestellen und den Theidingsleuten die Pfandbriefe vorzulegen. Als nun auch mit den Burgmannen nochmals ein Vergleich getroffen, wurde am 18. Februar 1491 Dietrich zum hanauischen Amtmann zu Stolzenberg ernannt.

Nachdem Jakob und seine Brüder 1486 ihre Schwester Margarethe an Harteid v. Stein zu Ostheim verehelicht hatten, setzten sie 1487 auch das Witthum ihrer Mutter aus; das Wohnhaus, welches sie derselben zu Salmünster überwiesen, wurde jedoch erst 1488 ausgebaut. Eine andere Schwester Anne gaben sie Philipp v. Haune.

Nun entstand auch ein Streit unter ihnen selbst; Jakob und seine Brüder beeinträchtigten nämlich Dietrich an der Schäferei zu Willenroth, dem Gattergelde zu Sooden, mehreren Gefällen zu Bommersheim 2c. Schiedsrichter sprachen 1493 jeder Partei die Hälfte zu.

In demselben Jahre wurde Frowin, Jakob's Bruder, der Stadt Frankfurt Feind; erst nachdem sich dieselbe vergeblich an seine Brüder um Vermittelung gewendet, griff auch sie zu den Waffen.

Hans wurde 1495 als Ganerbe der Burg Lindheim an der Nidder aufgenommen, und Graf Reinhard von Hanau, den sein Vater Philipp zum Mitregenten erklärt, nahm 1497 zum großen Verdrusse seines Vaters, Frowin an seinen Hof. Hierauf wurden Frowin und sein Schwager Philipp v. Haune 1500 hessische Amtleute zu Hauneck.

Wenn Graf Reinhard durch jene Aufnahme Frowin's in seine Dienste die Mißhelligkeiten, welche seit einiger Zeit mit den v. Hutten im Joßgrund schwebten, leichter beizulegen hoffte, so befand er sich in einem Irrthume, den er bald erkannte. Als Graf Reinhard nach seines Vaters Tode (1500) die Huldigung einnahm, hatte Jakob zwar nichts dagegen einzuwenden, seine Worte aber, welche er zu den Bauern sagte: „Kommt her ihr Nachbarn, ich will meinen Herrn die Schaafe hüten lassen und ich will dieselben scheeren", zeigen, wie er in seinem Herzen dachte und daß der alte Haß gegen Hanau sich noch keineswegs gemildert hatte. Schon im folgenden Jahre entstanden neue Irrungen, und ein Verkauf ihrer Güter zu Oberndorf, welchen die v. Hutten an Hanau beabsichtigten, zerschlug sich wieder. Dessen ungeachtet blieben die Verhältnisse noch friedlich und Frowin erhob 1501 vom Grafen ein Darlehn, während Jakob demselben eine Fischerei bei Mörnes verkaufte. Dieser Zustand hatte jedoch kaum die Dauer einiger Jahre. Als der Centgraf und die Schöpfen zu Oberndorf zur Hegung des Gerichts versammelt waren, erschien plötzlich Frowin und gebot ihnen auseinander zu gehen, und als sie Anstand nahmen, wiederholte er die Aufforderung mit den Worten: Steht in Hundert Teufels Namen auf. Was zu dieser Niederlegung des Gerichts die Veranlassung gegeben, ist nicht bekannt, es ist jedoch möglich, daß es die Aenderung des Freigerichts vor dem Berg Wilmitzheim war, für welche sich die v. Hutten rächen wollten;

später war dieses wenigstens ein öfter wiederholter Punkt ihrer Beschwerden. Das Gericht im Joßgrund blieb nun liegen. Man kam zwar darüber zu Verhandlungen, die aber durch den 1512 erfolgten Tod des Grafen Reinhard abgebrochen wurden. Immer verwickelter wurden die streitigen Fragen, so daß endlich die v. Thüngen, um den ewigen Plackereien und Streitigkeiten auszuweichen, ihren Antheil am Joßgrunde den v. Hutten verkauften.

Frowin war um diese Zeit bereits Marschall am Hofe des mainzischen Kurfürsten Uriel v. Gemmingen. Im J. 1510 kam er mit Götz v. Berlichingen in eine Spannung, die für ihn leicht ernstlich werden konnte. Götz hatte Kölner niedergeworfen, deren sich Hanau annahm, weil es im hanauischen Geleite geschehen; dagegen behaupteten die v. Hutten, daß es in ihrem Geleite geschehen sey. Als Götz nun hörte, daß Frowin sich drohend über ihn geäußert habe und dieser von seinem Herrn nach Erfurt geschickt wurde, machte sich der immer rüstige Fehderitter auf, und ritt in Begleitung eines Knechtes nach Erfurt, in dessen Nähe bei einem Freunde herbergend, um die Rückreise Frowin's zu erfahren; denn er wollte diesem entgegen treten, ehe er wieder Salmünster erreiche. Aber seine Reuter blieben ihm aus und ob er zwar nachher einige Tage bei Salmünster lag, so stand er doch wegen der Ungewißheit der Zeit von dem Unternehmen ab. Zu dem, sagt Götz, sey Frowin sein lieber und naher Freund gewesen, gegen den er, weil er ein weidlicher Ritter, nichts Ernstliches vorgehabt;

wäre er ihm aufgestoßen, so würde er ihn gefragt haben, wie er sich gegen ihn halten wolle, und hätte er sich wie früher ausgesprochen, dann hätte er ihn in ritterliches Gelübde genommen, wenn er sich aber freundvetterlich gegen ihn geäußert, würde er ihn freigelassen haben. [36])

Die Stellung als Marschall des Kurfürsten von Mainz bot Frowin Gelegenheit, sich mit Erfahrungen zu bereichern, die er auf der einsamen Burg der Heimath nicht hätte sammeln können. Er hatte sich eine Gewandtheit in den Geschäften und eine Reife und Umsicht in seinen Rathschlägen angeeignet, welche ihn eben so sehr, wie seine Tugenden als Ritter und Mensch in der öffentlichen Achtung hoben. Wie hoch ihn selbst der edle Maximilian schätzte, ersieht man aus einem Briefe an den mainzischen Kurfürsten, worin er sich Frowin auf einige Monate ausbittet, um sich seines Rathes zu bedienen. [37]) Unter solchen Verhältnissen konnte es Frowin nicht schwer werden, den Kaiser zu Begünstigungen zu bewegen. So erhielt er am 5. Januar 1515 zu Insbruck das Recht, zu Salmünster, Oberndorf und Alsberg einen Zoll zu erheben (von 1 Pferde 2 Pfenn., von 1 Ochsen oder 1 Stück anderem Hauptviehe 1 Pfenn., von 1 Schweine oder Schaafe 1 Hlr.); ferner verlieh der Kaiser ihm 2 Jahrmärkte und 1 Wochenmarkt zu Salmünster und einen Jahrmarkt zu Alsberg und Oberndorf, sowie das Recht zur Anlegung von Bergwerken. In demselben Jahre am 24. Oktober gab ihm hierauf der Kaiser auch den Blutbann über den Joßgrund, und das Recht, zu Hausen und Burgjoß Stock und Galgen zu errichten. Die Voraussetzung, unter welcher Maximilian dieses gestattete, war freilich nicht begründet, denn Frowin hatte vorgegeben, daß diese Orte kein Halsgericht hätten und Niemanden mit hohem Gerichte unterworfen wären. Hierauf trat er in kaiserliche Dienste. Maximilian ernannte ihn zu Augsburg am 20. Oktober 1516 zu seinem Rath und Diener von Haus aus, mit 8 Pferden, und versprach ihm jährlich 300 fl. Wenn er in Rüstung gefordert werde, sollte er für jedes gerüstete Pferd 10 fl. haben und für seine Person gleich andern gehalten, so er aber ungerüstet diene, sollten ihm Futter, Zehrung und Unterhalt für 5 Pferde von dem Tage an vergütet werden, an dem er von Haus abreite.

Im Jahr 1517 schlossen Frowin und seine Brüder und sein Vetter einen Burgfrieden zu Stolzenberg, Sooden, Salmünster und Hausen, den jeder ihrer Nachkommen im 15. Lebensjahre beschwören sollte. Als hierauf Abt Hartmann v. Fulda die Bewohner von Romsthal sich huldigen ließ, legten sie feierlichen Widerspruch ein, und vernahmen die Aeltesten, die da aussagten, daß Fulda keine Gerechtigkeit an ihnen habe und sie nur verpflichtet seyen, bei dem Gericht zu erscheinen, wo das die Gerichtsherrn hin verlegten. (1. Jan. 1518.)

Vormundschaftliche Regierungen sind selten, am wenigsten aber in stürmischen Zeiten, wohlthätig, und das Land, dem eine solche zu Theil wird, kann dies stets als ein Unglück betrachten. Auch die Minderjährigkeit des Landgrafen Philipp hatte für Hessen unsägliches Unheil in ihrem Gefolge. Die noch nicht gebändigte, obgleich schon sinkende Rauflust eines verwilderten Adels sah hier eine lockende Gelegenheit, sich ungestraft zu bereichern und auch, als Philipp die Regierung endlich übernommen, war sein jugendliches Alter nicht geeignet, Achtung oder Furcht zu erwecken, mochte ernster Wille auch seine Jugend stärken. Joh. v. Breidenstein, Ganerbe zum Reifenberg am Taunus, war um's Jahr 1515 des Kurfürsten Ludwig von der Pfalz Feind geworden und hatte in der Meinung, daß es pfälzisches Gut sey, auf der hessischen Straße und im hessischen Geleite, 200 Ochsen genommen. Als er nun wegen dieses Landfriedenbruchs als hessischer Landsasse und Lehnmann gestraft werden sollte, wurde er, und hierauf auch sein Genosse Joh. Weise v. Feuerbach, der Landgrafschaft Feind, und beide beschädigten die um den Taunus gelegenen hessischen Besitzungen von Reifenberg aus, welches Mainz durch Hinsendung von Büchsenmeistern und Fußknechten zu ihrer Unterstützung verstärkte. So fiel Joh. v. Breidenstein in den Wald vor Homburg an der Höhe und führte den Bürgern ihre Kühe fort; zwar widersetzten sich die Bürger, sie wurden aber mit einem Verluste von 3 Todten zurückgeschlagen. Der Landgraf schickte hierauf etliche Reiter in die Herrschaft Eppenstein nach Rüsselsheim und Rosbach, um die Straßen zu schützen. Als sie zu Rüsselsheim lagen, entstand eines Morgens das Gerücht, daß Feinde in der Nähe

seyen und bereits einen Hof in Brand gesteckt hätten.
Schnell ließ der Amtmann von Eppenstein, Helwig v. Lehrbach, die Reiter aufsitzen und eilte, 28 Pferde stark, nach
dem bezeichneten Orte; aber man sah weder Feinde noch
Feuer; da man aber weiter trabte, wurde die Vorhut
etlicher Reisigen ansichtig, die plötzlich heransprengten und
die Frage an die Hessen richteten, wohinaus sie wollten,
und als ihnen die gegebene Antwort nicht genügte, unter
die Pferde der Hessen schlugen. Diese übermannten sie
zwar, da sie sich aber nun als mainzische Diener zu erken=
nen gaben, ließ sie der Amtmann wieder aufsitzen und
weiter reiten. Auch die Hessen ritten weiter, bis sie in
die Nähe des Dorfes Flörsheim, am Main, kamen, wo
sie einen neuen Trupp Reiter gewahrten. Es war dieses
der Marschall Frowin v. Hutten mit 47 Pferden,
der die Hessen bereits bemerkt hatte und sich hinter den
Zäunen hielt, um seine Ueberlegenheit zu verbergen. Als
die Hessen näher gekommen und die Zahl der Reiter
erkannten, wären sie gern umgewendet, es war aber schon
zu spät, um es mit Ehre zu können und sie ritten des=
halb vor. Frowin fragte nun mit trotzigen Worten, wer
sie geheißen, in seines Herrn Landen zu reiten? und gab,
des Amtmanns Antwort nicht abwartend, das Zeichen
zum Angriffe. Nachdem von beiden Seiten abgeschossen,
wodurch mehrere Reiter und Pferde stürzten, sprengte
man ohne Ordnung mit dem Rennspies an einander.
Des Amtmanns Pferd hatte bereits eine so schwere Wunde
am Halse erhalten, daß es zum ferneren Kampfe unfähig

geworden, als ein Mainzer mit eingelegter Lanze ansprengte, um ihn zu durchbohren; auf den Zuruf des Henning Schollei, doch des frommen redlichen Edelmanns zu schonen, wendete er sich gegen diesen selbst und traf ihn so heftig in das Schulterbein, daß die Lanze zersplitterte und das vordere Stück stecken blieb; nachdem Schollei selbst dieses wieder ausgezogen, sank er ohnmächtig zu Boden. Hartnäckig wehrten sich die Hessen, und ergaben sich erst dann, als die Bauern von Flörsheim mit Hellebarden, Spießen und Büchsen herankamen, und sie der Uebermacht nicht mehr widerstehen konnten. So wurden der Amtmann und Helwig v. Rückershausen, welche beide auf's tapferste gefochten, und die Gebrüder Wigand und Eckhard v. Gilsa, nebst den Uebrigen gefangen genommen. Als sich der Amtmann ergab, bemerkte er spottend gegen Frowin, daß er heute an ihnen die goldnen Sporen nicht verdient habe, denn wäre er nicht zwei bis dreimal stärker gewesen, sollte es wohl anders gekommen seyn. Zwei hessische Knechte lagen todt auf der Wahlstatt. Frowin ließ die Gefangenen ein ritterlich Gefängniß geloben, worauf diese noch an demselben Tage, unter dem Hohne der Domherren, zu Mainz einzogen und die Herberge zum Rosse zur Einkehr angewiesen erhielten. Alles dieses geschahe am Donnerstage den 17. Juny des J. 1518.

Anderthalb Monate brachten die Hessen gefangen in Mainz zu, und hatten Manches zu leiden; so rührte man einst die Trommeln vor ihrer Thüre und rief, man solle sie todtschlagen. Schon Ende Juny wollte ihnen der

Wirth nicht mehr borgen, denn die Zeche war bereits auf 160 fl. gestiegen, er klagte beim Gerichte, sie aber erklärten, daß sie Gefangene und in die Herberge bestrickt, also nicht im Stande seyen, vor Gericht erscheinen zu können; ohnedem seyen sie nicht in eigener Sache, sondern als Diener des Landgrafen gefangen. Das Gericht aber pfändete, und die Pferde, deren 23 verkauft wurden, und ihre Rüstungen gingen meist darauf. Kaiser Maximilian nahm sich endlich der Sache an und vermittelte dieselbe am 4. August dahin, daß die Gefangenen und ihre Habe in seine Hand gestellt und der ihnen auf der Wahlstatt zugefügte Verlust ersetzt werden sollte; dagegen sollte der Landgraf den auf die geistlichen Güter gelegten Beschlag wieder aufheben. Später wolle er, so versprach der Kaiser, die Sache ganz beilegen. Auf seinen Befehl verfügte sich hierauf der Reichsschultheiß zu Frankfurt nach Mainz und ließ sich die Gefangenen ausliefern, die er nun auf eine alte Uhrfede [38]) in Freiheit setzte. Während dieses geschah, hatte Helwigs v. Lehrbach Bruder Hartmann drei fritzlarische Bürger, welche vom Markte zu Grünberg heimkehrten, um für seinen Bruder Geiseln zu erhalten, niedergeworfen. [39])

Dieses war ein Vorspiel zu der Fehde, welche Franz v. Sickingen kurz nachher gegen Hessen erhob. Frowin, ein warmer Anhänger Luthers und der Reformation, stand auch mit dem wackern Franz im engen Freundschaftsbündnisse, ob er aber schon damals (1518) für denselben focht, muß ich bezweifeln, weil in den weitläuftigen

Schriften über diesen Handel sich nirgends eine Spur davon findet. Dagegen war er, wie auch Franz, bereit, für den deutschen Orden gegen Polen zu kämpfen, und als der Geschäftsträger des Hochmeisters im September von Halle abreiste, besuchte er auch Frowin. Doch der Zug ward aufgeschoben und Frowin, wie es scheint auch seine nächsten Angehörigen, nahmen keinen Antheil daran.

Zu dem denkwürdigen Reichstage zu Worms (1521) war auch Frowin gezogen und wußte sich hier von dem neuen Kaiser Karl V, der Maximilians Gunst für Frowin ererbt hatte, die Bestätigung des Privilegiums über den Blutbann im Joßgrund zu verschaffen (1. Februar 1521). Als Luther von Worms heimkehrte, soll er, so berichtet die Sage, auf Stolzenberg bei Frowin eingekehrt seyn.

In dem Kriegszuge Franzens v. Sickingen gegen Trier im J. 1522 befand sich auch Frowin und fügte namentlich denen von St. Wendel großen Schaden zu. Deshalb traf auch ihn der Sturm, welcher Franz v. Sickingen niederwarf. Pfalz und Hessen hatten sich mit Trier zur Hülfe verbunden und drängten Franz aus dem Trierischen zurück. Sie wollten aber den gefürchteten Ritter gänzlich stürzen, und entschlossen sich, zuerst über seine Freunde herzuziehen. Mit Kronenberg machten sie den Anfang; nachdem dieses nach etwa einwöchiger Belagerung gefallen, zogen sie über Frankfurt nach dem Kinzigthale und eroberten am 16. Oktober Gelnhausen und

Rückingen, von deren Ganerben mehrere im sickingischen Bunde standen; nun kam auch an Frowin die Reihe, doch kehrten sie vorher wieder nach Frankfurt zurück. Erst am 22. Oktober erließen sie einen Fehdebrief an denselben und am 24. Oktober erschien das verbündete Heer vor Stolzenberg, Salmünster und Hausen. Obgleich sich Frowin vorbereitet hatte, und den Feinden auch durch seine Geschütze Schaden zufügte, so stand die Befestigung dieser Orte doch in keinem Verhältnisse mit der Heeres= macht der Belagerer, und noch an demselben Tage fielen jene Orte in ihre Hände. Frowin rettete sich mit Philipp d. j. v. Rüdigheim und seinen andern Genossen durch die Flucht. [40])

Landgraf Philipp von Hessen nahm Frowin's An= theil an den genannten Orten als erobertes Gut in seinen Besitz und setzte darüber Georg v. Bischofrode zum Amt= mann. Erst im nächsten Frühjahre begann der Feldzug gegen Franz, mit dem Frowin bis zu dessen Tode in enger Verbindung blieb. Die ihres Eigenthums beraubten Ritter gingen gleich nach dem über sie hereingebrochenen Unglücke klagend an das Reichsregiment zu Nürnberg. Auch Ritter Frowin klagte hier die drei Fürsten der Verletzung des Landfriedens an. Es begann nun ein Prozeß, der mit der größten Leidenschaftlichkeit geführt wurde. Schon am 9. Juny 1523 wurde den Fürsten befohlen, binnen 6 Wochen und bei Strafe von 200 Mk. Silbers Frowin's Güter zurückzugeben. Statt dessen aber erfolgte eine heftige Schrift von den Fürsten, die sich über ein solches Urtheil hoch beschwerten, da sie nur im Interesse des Landfriedens gehandelt, und zwar gegen Ritter, die dadurch, daß sie Sickingen unterstützt, mit demselben in die Reichsacht verfallen seyen; sie beschuldigten selbst das Reichsregiment der Parteilichkeit und erklärten, das Urtheil nicht vollziehen, sondern appelliren zu wollen. Aber eben sokräftig antwortete das Gericht, es forderte die Fürsten auf, dem Rechte seinen Lauf zu lassen und von der Berufung abzustehen, da diese die Vollziehung des Urtheils nicht aufhalten könne. Unter anderm heißt es in diesem Erlasse der Reichsregiments: „Was gerüchts, klag vnd geschrey auch daraus volgen mocht, als man (wo es den weg haben solt) un zweiuel sagen wurde, das gar kein recht mer im Reich, vnd das recht vnd gesatz, so durch Kay. Mt. vnd die Stende vor das hochst verordnet, wurde vergleicht der Spinnen Netz, also welcher mechtiger nit gehorsam sein wolt, der mogt wol für vber, aber allein die Armen müsten pleiben hangen der Ordnung vnderworffen sein. — Diweil auch sunderlich dieser Zeit der gemaine Man sich mergflicher beschwerden von der Oberkeit beclagen vnd schreien vnd yetzt aigenlich mercken solten das gegen Fürsten auch am Kay. obersten Regiment kein entlich hilflich recht zu bekomen were, was sollichs mit der Zeit mitbringen vnd wie die art zuletzst weg lernen möchte, haben Ew. Fürstl. Gn. auch wol zu bedencken."

Der Streit zog sich in die Länge; schon war der

Winter eingetreten und Frowin befand sich noch immer in derselben Lage, als Erzherzog Ferdinand die Fürsten ersuchte, sich auf dem nächsten Reichstage mit seinem Rathe Frowin zu vergleichen; aber nur ein Stillstand der Sache scheint hier erzielt worden zu seyn, und erst im J. 1526 kam eine Ausgleichung zu Stande. Nachdem sich Frowin nämlich mit den beiden Kurfürsten verglichen hatte, vermittelten diese am 22. August 1526 zu Speier auch mit dem Landgrafen einen Vergleich; ungeachtet derselbe in einem Vertrage mit Fulda vom 1. Mai d. J. das frowinische Theil an den fuldischen Pfandschaftsgütern sich mit der Ermächtigung, das Ganze an sich zu lösen, hatte überweisen lassen, so gab Philipp dennoch jene Güter an Frowin zurück, wogegen dieser jedoch Alsberg und Schönhof zu hessischen Lehn auftragen und empfangen mußte. Diese Belehnung erfolgte am 25. September zu Ziegenhain, nachdem der Landgraf ihn am 24. September mit 6 gerüsteten Pferden und einem Botenpferde gegen jährlich 100 fl. und ein Hofkleid in seine Dienste genommen hatte.

Frowin's Brüder waren damals schon seit längerer Zeit nicht mehr am Leben. Hans hatte zwar einen gleichnamigen Sohn gehabt, aber auch dieser war schon früher und zwar ohne Kinder gestorben, und von Jakobs 4 Söhnen war Bartholomäus deutscher Ordensritter und Jost Geistlicher geworden und nur Frowin, der zu Burgjoß wohnte, im weltlichen Stande verblieben.

blieben. Dieser wurde mit in seines Oheims Schicksal verwickelt, obgleich er, wie er sagt, „all sein Tag Niemand eine Reise gedient, sondern der Schule nachgezogen, auch niemals ein eigenes Pferd gehabt, weil sein Einkommen nicht so groß sey, daß er sich ein solches halten könne." Nach der Eroberung von Salmünster hatte man auch ihn im Joßgrunde beschädigt und einen Theil der Bauern in Pflichten genommen, weil Frowin, der Ritter, Theil daran hatte, welches der jüngere Frowin freilich in Abrede stellte. Es war allerdings arg gehaust worden, namentlich in den Dörfern Pfaffenhausen, Mörnes und Oberndorf; man hatte das Vieh fortgetrieben, die Wöchnerinnen aus den Häusern gejagt, die Kirche geplündert und deren Fenster zerschlagen. Frowin, der den Schaden auf 590 fl. anschlug, klagte ebenfalls gegen den Landgrafen beim Reichsregimente, sich zur Reinigung von dem Vorwurfe, daß er zur sickingischen Partei gehört, erbietend. Der Landgraf gab auch dessen Unschuld zu, behauptete aber, daß die Güter im Joßgrunde zum größten Theile dem ältern Frowin gehörten, und daß er befohlen habe, jenen zu entschädigen. Aber dieses war wenigstens nicht ausgeführt worden und der Landgraf wurde 1523 am 20. April in 50 Mark Silber Strafe verurtheilt und ihm nochmals die Entschädigung anbefohlen, welche auch später erfolgte.

An dem hiernächst ausbrechenden Bauernaufruhre nahmen auch die huttischen Unterthanen Theil und wurden dafür gleich den übrigen hart gezüchtigt. Ritter Frowin hatte selbst in diesem Zerstörungskriege das Schwert gegen sie erhoben, und sie in einem Treffen bei Königshofen geschlagen.

Frowin d. J., der wegen seiner schwächlichen Gesundheit jeder ehelichen Verbindung entsagt hatte, traf in seinem 33sten Lebensjahre, am 10ten September 1528, mit seinem Oheim Frowin eine Uebereinkunft, durch welche er seinen Antheil an sämmtlichen Gütern diesem überließ und dafür eine Wohnung zu Salmünster und eine jährliche Rente auf Lebenszeit erhielt. Hierauf verkaufte Ritter Frowin diese und seine übrigen Güter seinen Vettern v. Hutten zu Frankenberg für 15940 fl. Er that dies in dem Vorgefühle seines Todes, um für seine Töchter — denn Söhne hatte er keine — nach Möglichkeit zu sorgen. Sein Tod erfolgte noch in demselben Jahre und die Kirche zu Steinheim, wo noch jetzt sein Grabmal zu sehen, wurde zu seiner Ruhestätte erwählt. Seine Wittwe, welche erst 1548 starb und neben ihm beigesetzt wurde, war Kunigunde von Hattstein; seine Töchter waren Margarethe, Ursula und Anna, von denen die beiden erstern an Philipp v. Reifenberg und den Kämmerer von Worms, Eberhard v. Dahlberg, vermählt wurden. Nach Frowin's Tode machte dessen Schwester, Anna v. Haune, obgleich sie bei ihrer Verheirathung abgefunden worden, dennoch Ansprüche auf die Güterantheile ihrer Brüder Jakob und Hans und kam darüber anfänglich zu Fulda, dann vor dem Reichskammergerichte in einen weitläuftigen Rechtsstreit.

Frowin d. j., mit dem der Stamm zu Hausen erlosch, soll erst 1540 gestorben seyn.

Die Linie zu Stolzenberg. Bei der Geschichte dieser Linie beziehe ich mich zum Theil auf das Vorhergehende.

Ritter Ludwig, zugleich hanauischer Amtmann zu Stolzenberg, starb kurz nach dem Jahre 1473, nachdem seine Hausfrau Anna von Fischborn schon früher verstorben. Von seinen Kindern sind 2 Söhne und 3 Töchter bekannt. Melchior wurde 1470 in den deutschen Orden aufgenommen und Ludwig später mit Margarethe, Giso's v. Biebergau Tochter, verehelicht. Die Töchter wurden an Friedrich v. Hutten, Walter v. Mörle, gen. Böheim, und Georg v. Schlüchtern verheirathet. Ludwig erhielt durch seine Hausfrau einen Theil der Güter seines Schwähers im huttischen Grunde und als Erbe seiner Mutter mehrere Antheile an den Salzsooden zu Orb.

Ueber die fuldischen Lehngüter seines Schwähers, der von seinem Vater, Heinrich v. Biebergau, überlebt wurde, kam Ludwig mit des Letztern Schwester Margarethe, der Hausfrau Henne Reiprechts, in Streit; auch forderte diese die Zugift ihrer Mutter von Ludwig, als dem Lehnserben deren Bruders Georg v. Schlüchtern. Nachdem die Sache vergeblich vor einem Austrägalgericht verhandelt, 1472 vor ein Mannengericht zu Fulda gebracht worden, das sich aber für nicht spruchberechtigt erklärte, wurde 1473 ein Vergleich vermittelt, dem zufolge Ludwig 2 Drittel und die Reiprecht 1 Drittel der Güter haben sollten. Ludwig starb hierauf schon 1474 und seine

Wittwe ehelichte Johann v. Nordeck zur Rabenau, der jene Angelegenheiten endlich 1477 völlig in Ordnung brachte. Ludwig's einziger und noch sehr jugendlicher Sohn war Dietrich, der 1491 hanauischer Amtmann zu Stolzenberg wurde. Als im J. 1493 etliche Feinde des Grafen Johann v. Wirtheim dessen Güter beraubt und die Seinigen als Gefangene fortgeführt hatten, öffnete Dietrich ihnen sein Schloß, weshalb der Graf ihm die Fehde ankündigte. — Hanau hatte einen Burgsitz zu Steinau an Philipp v. Eberstein gegeben, den Dietrich als Erbe der v. Schlüchtern, in Anspruch nahm. Da Hanau seine Forderungen nicht beachtete, so überfiel Dietrich am 15. Januar 1510 etliche Bürger aus Steinau, verwundete mehrere derselben, und nahm ihnen 5 Pferde, die er nach Stolzenberg führte. Erst am 18. Januar schrieb er dem Grafen seine Dienste auf, und bewog Ulrich v. Hutten zu Steckelberg, gleichfalls dem Grafen einen Absagebrief zu schicken; hierauf belegte er auch die 16 fl. Zinse, die dem Grafen von Hanau zu Sooden und Salmünster verschrieben waren, mit Beschlag. Aber nun griff auch Hanau zu, und Dietrich klagte darüber beim Reichs=Kammergerichte zu Worms, das schon am 28. Januar ein Mandat erließ, welches beiden Theilen Ruhe und die Rückgabe des Geraubten befahl. Als Dietrich 1513 starb, war der Streit noch nicht geendet. Seine Söhne Ludwig, Lukas und Rabe setzten denselben fort, bis endlich am 7. Oktober 1518 zu Höchst ein Austrägalspruch erfolgte, der ihnen den Burgsitz zusprach und die Zahlung des von ihnen mit Verbot gelegten Zinses erkannte. Als Hanau dennoch den Burgsitz behielt, erneuerten sie das Verbot. Vergeblich wurden nun wieder Tage zu Salmünster, Frankfurt und Gelnhausen gehalten; 1521 klagte Hanau beim Kaiser, der am 28. July aus Gent einen Befehl an die v. Hutten erließ. Erst 1526 fanden beide ihre Befriedigung.

Im J. 1529 erkaufte Lukas die mosbachischen Güter zu Salmünster, sowie sein Bruder, der Ritter Ludwig, die bischofrodischen Güter im huttischen Grunde, so daß sie nun sämmtliche biebergauische Güter im Besitze hatten. Letzterer, der das Burggrafenamt zu Gelnhausen bekleidete, starb 1532 und hinterließ eine Wittwe Anne, Tochter des Erbmarschalls Theodor Riedesel, und 3 Söhne Valentin, Dietrich und Ludwig, welche sich in Gemeinschaft mit ihren Oheimen mit des Ritters Frowin v. Hutten Wittwe 1535 wegen des Dorfes Schnepfenbach (im baier. Ldger. Alzenau) verglichen. In demselben Jahre erkaufte Lukas, der seinem Bruder im gelnhauser Burggrafenamte gefolgt, den reiprechtischen Burgsitz zu Stolzenberg und die reiprechtischen Güter zu Salmünster.

Die hanauische Zinsforderung von 16 fl. war während des hessischen Besitzes berichtigt worden, seit 1526 aber wieder rückständig geblieben. Nachdem nun die fränkische Linie 1540 ihren Antheil an Hausen, Stolzenberg ꝛc. an Mainz verkauft hatte, wurde 1541 Hanau klagbar, doch das Reichskammergericht wies die Klage an den ordentlichen Richter; man klagte nun beim Hofgerichte zu Mainz, dagegen aber protestirte Fulda und die Sache verzog sich, so daß sie 1559 noch nicht erledigt war.

Lukas starb 1545 kinderlos und seine Wittwe, Apollonie v. Frankenstein, wurde abgefunden. Auch Rabe hinterließ keine Kinder.

Mit Mainz kamen die genannten Söhne Ludwig's wegen nachbarlicher Irrungen in einen Streit, der am 3. Februar 1558 zu Aschaffenburg beigelegt wurde. Während sie ihre Ansprüche an die Jagd, die Wälder und die Obrigkeit zu Willenroth, welche nach Hausen gezogen werden sollte, aufgaben, sollten sie dieselbe zu Romsthal und Eckardroth behalten; auch überwies ihnen Mainz an beiden Orten den Frohndienst zur Haferernte, um ihre Ansprüche auf den Wiederlös von Hausen zu beseitigen.

Zwei dieser Brüder starben ohne Söhne, Dietrich, der sich 1559 mit Barbara Hoelin verehelicht hatte, im J. 1561, und 10 Jahre später Ludwig. Dieser, der Margarethe Riedesel v. Bellersheim als Gattin hatte, und 1564 dem Erzbischofe v. Mainz den Draselhof zu Salmünster gegen ein neues Haus daselbst vertauschte, starb nach langer Krankheit, während welcher er sich zuerst zu Fulda, dann zu Salmünster aufgehalten hatte, im Frühjahre 1571. Nur Valentin pflanzte den Stamm fort. Er hatte 1563 Weingärten zu Wasserlos und Hörstein, am Hahnenkamm, unfern des Mains, und starb 1569. Mit seiner Hausfrau, Margarethe Brendel v. Homburg, einer Schwester des mainzischen Kurfürsten Daniel, welche früher mit Philipp v. Kronenberg verehelicht gewesen war, hatte er einen Sohn Johann. Dieser erkaufte viele Güter zu Salmünster und in der Nachbarschaft und vergrößerte namentlich seinen Hof zu Sooden. Mit Hanau hatte er Irrungen, vorzüglich wegen der Grenze zwischen Marborn und Steinau, welche durch Vergleiche vom 31. Oktober 1584 und 2. August 1585 beigelegt wurden. Auch mit Mainz verglich er sich 1586 am 27. November über eine Menge einzelner streitiger Fragen, welche sich im Amte Hausen, im huttischen Grunde, zu Salmünster und anderwärts erhoben hatten. Auch erkaufte er von den Forstmeistern 1616 den marbornischen Burgsitz zu Sooden und den Hof zu Salmünster.

Durch die Vermittelung des Kurfürsten Daniel, seines Oheims, ehelichte er 1577 dessen Nichte Anna v. Kronenberg. Mit dieser errichtete er 1615 zu Sooden ein Testament, worin er seine Söhne Joh. Hartmuth, Daniel und Friedrich zu Universalerben ernannte und festsetzte, daß, um den Reichthum der Familie zu erhalten, die Töchter abgefunden werden sollten, wie dieses bisher immer geschehen sey. Johann starb 1617 und es entstanden 3 Linien zu Salmünster, Sooden und Romsthal-Steinbach. Nachdem König Gustav Adolph von Schweden dem Grafen Philipp Moriz von Hanau das mainzische Amt Orb geschenkt, kam dieser darüber mit jenen Brüdern, die gleichfalls auf den Grund eines Geschenkes dieses Königs Ansprüche auf Hausen, Salmünster und Joß machten, in Streit. Am 3/13 März 1632 schlossen sie darüber zu Frankfurt einen Vergleich, dem zufolge Hanau Hausen, Burgjoß und Alsberg, die v. Hutten aber die Gemeinschaft an Salmünster, Sooden, Salz, Ahl, Willenroth und Schönhof, so wie an den Waldungen behielten. Auch übernahm der Graf die Zahlung der Zinsen einer Summe von 2000 fl., welche den v. Hutten auf Orb versichert waren, wogegen diese auf 200 Dukaten, welche ihnen auf Hausen verschrieben waren, verzichteten.

Die Linie zu Salmünster. Joh. Hartmuth erneuerte am 18. Juny 1647 zu Hanau die väterliche Bestimmung hinsichtlich der Familien=Güter, und setzte die Abfindungssumme für jede seiner drei Töchter auf 4000 Thlr. Nur allein der männliche Stamm sollte erben und, wenn auch die Güter getheilt würden, die Lehen stets gemeinschaftlich bleiben. Er starb als mainzischer Vicedom zu Aschaffenburg und hinterließ viele Kinder, von denen hier jedoch nur 3 Söhne in Betracht kommen.

A) Joh. Friedrich († 9. Jan. 1673). Sein Enkel, Joh. Anton Wilhelm († 1747) hatte 3 Kinder, von denen ihn Max und Ernestine Sophie, verehelicht an den Obersten v. Köller, beerbten. Während letztere ihre ererbten Güter auf ihre Söhne brachte, starb ihres Bruders männliche Nachkommenschaft mit dessen Sohne Georg Friedrich im J. 1800 aus, und seiner Tochter Karoline v. Buseck gelang es, sich in dem Besitze des fuldischen Lehns zu Marborn gegen die sooder Linie zu behaupten, wogegen sie wegen der hanauischen Lehen durch Dekret vom 22. August 1800 abgewiesen wurde. Nachdem sie am 21. März 1808 zu Salmünster gestorben, fiel das fuldische Lehen an die v. Köller als Mitbelehnte.

B) **Georg Ludwig**, Kommandant zu Hanau († 15. Nov. 1691), setzte den Stamm in seinem Sohne **Joh. Philipp** († 14. März 1738) fort. Dieser, fuldischer geh. Rath und Oberamtmann zu Uerzel, hatte einen Sohn **Joh. Georg** († 15. März 1775), der würzburgischer Generalfeldzeugmeister wurde, und dessen Sohn **Karl Philipp** († 2. Februar 1814) nur eine einzige Tochter Jeanette v. Lindenau hinterließ, von der die Güter dieses Zweiges auf die **romsthal=steinbacher** Linie kamen.

C) **Philipp Ehrenreich** hinterließ, nachdem sein Sohn Joh. Philipp als deutscher Ordensritter vor Neuhäusel geblieben, nur Töchter: Sibylle Christine v. Rodenhausen, Juliane Katharine Eleonore v. Nassau und Marie Christine v. Hausen. Diese brachten ein Drittheil der fuldischen Lehen zu Salmünster und Marborn durch fuldisches Lehnhofs=Urtheil vom J. 1709 an sich; obgleich dieses Urtheil 1716 durch den Reichshofrath bestätigt wurde, war der Prozeß 1802 noch nicht beendet, und die Erben jener Töchter verkauften die Güter an die v. Losberg, welche noch jetzt damit belehnt werden.

**Die Linie zu Sooden.** **Daniel**, der Sohn Johanns, mainzischer Kanzler, erwarb das Schloß Uttrichshausen, nördlich v. Brückenau, und erhielt durch seine Gattin, Katharine v. Mörle gen. Böhm, fuldische Lehen zu Niederkalbach und Uerzel, die sein Sohn **Friedrich** oder dessen Erben an Fulda verkauften. Mit diesem Friedrich erlosch die Linie im Jahr 1643.

Die Linie zu Romsthal=Steinbach. Der Stifter dieser Linie, Friedrich, starb 1639 als k. k. Oberst. Sein Sohn Johann (†1690), würzburgischer Rath und Amtmann zu Mainberg und Haßfurt, hatte 8 Söhne und 5 Töchter. Von den letztern starben Elisabeth als Aebtissin zu St. Anna in Würzburg, 1735, und Sophie, als Mutter der Ursulinerinnen zu Kitzingen. Außer Franz Ludwig hatten sämmtliche Söhne den geistlichen Stand ergriffen. Peter Philipp († 1729) war Domscholast zu Würzburg, Oberprobst zu Wächterswinkel und Neumünster, so wie würzburgischer Geh. Rath und Kammerpräsident; Konrad Wilhelm († 1739) fuldischer Probst zu St. Petersberg; Christoph Franz, geboren am 2ten Febr. 1673, wurde als Domdechant zu Würzburg und mainzischer und würzburgischer Rath, am 2. Okt. 1724 zum Fürstbischof von Würzburg erwählt, starb aber schon am 25. März 1729. Begeistert für die Wissenschaften, erneute er den alten Ruhm seines Geschlechtsnamens. Schon als Domherr förderte er einen Jahrhunderte hindurch unter Staub und Moder vergrabenen Schatz von alten Handschriften und andern Alterthümern zum Lichte des Tages. In Würzburg legte er den huttischen Garten zum öffentlichen Vergnügen an. In der Theuerung von 1725 sorgte er väterlich für die Milderung der Noth. Auch den Schnegang der Rechtspflege suchte er zu beleben. Aber die Würzburger wußten auch seinen Werth zu schätzen und stifteten seinem Gedächtnisse einen ewigen Jahrstag. Unter seine Verordnungen gehört unter andern eine von 1724, wodurch er den Quacksalbern und Operateurs bei hoher Strafe ihr „Mordgewerbe" untersagte. Auch dem Tuchhandel und der Vertilgung der Bettelei weihete er seine Bemühungen. Auf der Universität Würzburg errichtete er eigene Lehrstühle für Literaturgeschichte und ökonomische Wissenschaften. Aber sein früher Tod erstickte die meisten Entwürfe im Keime. Franz Ludwig, kaiserlicher und würzburgischer Geheimer Rath, hatte 14 Kinder; aber nur 4 Söhne und 3 Töchter überlebten ihn. Wilhelm Anton war Domherr zu Mainz und Würzburg und Kollegiatsherr zu St. Alban zu Mainz; Albert Philipp war Domherr zu Bamberg und Canonicus zu Kamburg; Franz Christoph, welcher am 6. März 1706 geboren war, wurde Domherr zu Speier, und am 14. Nov. zum Bischof von Speier erwählt. Die Kriegszeiten und die Kaiserwahl gaben ihm Gelegenheit, sich dem Hause Oesterreich gefällig zu zeigen. Kaiser Franz I. besuchte ihn oft und nach dessen Wahl hielt er an dem deshalb angestellten Feste das Hochamt. Hochgeschätzt vom kaiserlichen Hofe, verschaffte ihm derselbe 1761 den Kardinalshut; er kam jedoch nie nach Rom. Er wurde auch gefürsteter Probst zu Weissenburg. Seine Regierung war wohlthätig. Er erweiterte seine Residenz Bruchsal, vollendete den bischöflichen Palast, verbesserte das Seminar, stiftete ein Landkrankenhaus und schenkte zu demselben

30,000 fl. Zu einem Arbeitshause gab er 50,000 fl. Mit Baden errichtete er wegen der Grafschaft Eberstein einen Erbvertrag, und erkaufte die Herrschaften Neuhausen und Pfauhausen. Zeugniß für seine Kunstliebe giebt die Stiftung der schönen Gemäldesammlung, die unter dem Namen der huttischen bekannt, von seinen Erben im huttischen Hofe zu Würzburg aufgestellt wurde und erst 1829 an einen Privatmann nach Berlin verkauft worden ist. **Philipp Wilhelm** resignirte als Domherr zu Hildesheim und Speier und verheirathete sich mit päbstlicher Erlaubniß. Von seinen 9 Kindern war **Franz Ludwig** Domdechant zu Speier und Domherr zu Mainz, und als speierscher geh. Rath und Minister ein eifriger Beschützer der Künste und Wissenschaften und Mitglied vieler gelehrten Gesellschaften. **Joseph Karl** starb 1811 als Domprobst zu Bamberg und Geh. Rath. **Ferdinand** († 1794), k. k. Feldmarschalllieutenant und Kämmerer, ein ausgezeichneter Feldherr in den türkischen Feldzügen von 1787 — 1789. **Friedrich Karl** († 1811) setzte die Linie fort. Er war k. k. Kämmerer, speierischer Geh. Rath und Oberamtmann zu Kirrweiler, würzburgischer und bambergischer Hof- und Regierungsrath und Oberamtmann zu Herolzhofen, der als Botschafter der geistlichen Fürsten in Franken und am Rhein in den verhängnißvollen Kriegsjahren einen schweren Stand hatte. Sein einziger Sohn **Franz Christoph** vertrat die ehemalige Reichsritterschaft in Franken, Schwaben und am Rhein als Abgeordneter beim Kongresse zu Wien. Seine beiden

Söhne sind die einzigen noch lebenden Glieder der einst so zahlreichen Familie v. Hutten. Der gegenwärtige Grundbesitz dieser Linie besteht:

I. im Königreiche Baiern: 1) in dem huttischen Hofe zu Würzburg, 2) in dem Patrimonialgericht erster Klasse Steinbach nebst den dazu gehörenden Gütern zu Wiesenfeld, Massenbach, Rohrbach, Hofstetten und Binzfeld; 3) in dem Patrimonialgericht erster Klasse Walchenfeld und dem Hofe zu Reckartshausen und Gütern zu Neuses, Aschersdorf, Obersulzbach und Wienhausen; 4) in dem Patrimonialgericht erster Klasse Stöckach; 5) in den Lehen zu Uffenheim, Ippersheim, Geckenheim, Nenzenheim, Huttenheim und Reusch.

II. In Kurhessen: in dem huttischen Grunde (bestehend aus Romsthal, Eckardroth, Kerbersdorf und Wahlerts) als Patrimonialgericht und in Gütern zu Marjos, Neuengronau, Salmünster, Sooden, Weiperts, Seidenroth und Willenroth.

### Der fränkische Stamm. [41]

Ritter Konrad, fuldischer Marschall und Bruder des Stifters des stolzenbergischen Stammes, wurde der Stifter des fränkischen. Von der Pfandschaft an Stolzenberg, Salmünster und Sooden durch seine Neffen abgefunden, blieb er jedoch mit denselben hinsichtlich der Schlösser Hausen, Werberg und Saaleck in einer Gemeinschaft.

Konrad hatte die mainzische Amtmannschaft, über die Stadt und das Amt Orb, von dem ihm ein Theil verpfändet war; als er sich 1379 mit dem Erzbischofe wegen der als Amtmann erlittenen Schäden und aufgewendeten Kosten berechnete, blieb ihm dieser 1500 fl. schuldig, die zu der orber Pfandsumme geschlagen wurden. Zu derselben Zeit hatte er einen Theil des Zolles zu Aschaffenburg für 2400 fl. im Pfandbesitze. [42]) Damals war er bereits Hofmeister des Bischofs Gerhard v. Würzburg, [43]) der ihm 1381 Schloß, Stadt und Amt Arnstein, nördlich von Würzburg, für 12056 fl. verpfändete. [44]) Bei seinem nicht lange nachher erfolgten Tode beerbten ihn 3 Söhne, Hartmann (Hartmuth), Friedrich und Ludwig, der noch minderjährig war; eine Tochter erhielt Heinrich v. Haune zum Gatten.

Jene Söhne empfingen 1384 ihr fuldisches Burglehn zu Saaleck, bestehend in einem Haus auf der Burg, und in Gütern und Gefällen zu Hundsfeld, Obereschenbach und Brückenau. Vergeblich hatte Bischof Gerhard das thüngische Schloß Reusenberg belagert, die v. Thüngen, nur kühner geworden, griffen selbst Hanau und Isenburg an. Nachdem sie endlich als Landfriedensbrecher geächtet worden, nahm sich ihrer der Erzbischof Konrad von Mainz an, und vermittelte 1393 zu Wirtheim einen Vertrag, in dem sie Würzburg als Lehnherrn anerkannten, mehrere freie Güter zu Lehen machten und dem Stifte die Burg Soodenberg für 2000 fl. abtraten. Als sie dadurch der Acht enthoben waren, verweigerten sie jedoch die Ausführung des Vertrags, so daß der Bischof 1395 abermals zu den Waffen greifen und Soodenberg erobern mußte.

Er gab dieses hierauf seinen Getreuen Friedrich und Ludwig v. Hutten und Reinhard Vogt für 2000 fl. in Pfandschaft und zwar mit der Weisung, weitere 1000 fl. daran zu verbauen.⁴⁵) Im J. 1395 halfen jene Brüder Eberhard Schelm v. Bergen in einer Fehde gegen Frankfurt. Außer Arnstein hatten die v. Hutten auch das würzburgische Schloß Bodenlaube im Pfandbesitze.

Nachdem Friedrich mit Hinterlassung 2 unmündiger Söhne, Konrad und Bartholomäus, gestorben, kamen dessen Brüder und die Stolzenberger 1403 mit Würzburg Fulda und Henneberg in eine Fehde, in der Werberg belagert wurde. Da ich diese Fehde schon oben erzählt habe, beschränke ich mich auf diese Andeutung, und verweise eben so wegen des Erwerbs eines Antheils an der Steckelburg auf die Geschichte dieses Schlosses.

Hartmann und Ludwig trafen 1408 eine Theilung; Ludwig erhielt Arnstein und übergab dagegen seinem Bruder seinen Antheil von allen Renten, welche zu Hausen gehörten, versprach ihm jährlich 200 fl., sowie seiner Hausfrau Margarethe, wenn sie Wittwe würde, 100 fl., und übernahm die Bestellung von Steckelberg und Werberg; nur zu Bauten sollte Hartmann beitragen und wenn Feinde gegen diese Schlösser zögen, sie vertheidigen helfen. Hartmann starb kurz nachher ohne Söhne, ebenso Ludwig, nachdem er noch 1409 mit den Stolzenbergern übereingekommen war, 200 fl. an Werberg zu verbauen; des letzteren Sohn Hans war schon früher gestorben. Beider Erben waren Konrad und Bartho-

lomäus, von denen der erstere zu Arnstein wohnte.
Diese erwarben hierauf von Würzburg auch Trimberg,
jene bekannte ehemalige Dynastenburg an der Saale.
Dieser Erwerb geschah vor dem J. 1424, wo Konrad
bereits als dasiger Amtmann auftritt. Er verglich sich
in diesem Jahre mit Hans v. Hutten zu Stolzen-
berg und den v. Thüngen, wegen der Erbschaft seiner
ersten Hausfrau Katharine von Bibra und übertrug zur
Tilgung der von ihm zu zahlenden 2000 fl. jenem Johann sein Viertheil an Hausen, an den eigenen Leuten zu
Salmünster, sowie an den Gütern zu Alsberg, Willenroth,
Zündersbach, Salz, Sooden, Albstadt, Kahl, Somborn
und der im Joßgrunde. Das andere Viertheil besaß sein
Bruder Bartholomäus, der dieses gleichfalls wenige
Jahre später an Hans verkaufte. Auch wegen der
Hinterlassenschaft seiner zweiten Hausfrau Anna v. Thün-
gen war Konrad genöthigt, sich mit den obigen ab-
zufinden.

Von Fulda hatte Konrad ein Achttheil am Schlosse
Schildeck, unfern Brückenau erworben, und schloß 1425
mit den übrigen Besitzern einen Burgfrieden. In der
würzburgischen Stiftsfehde fochten beide Brüder auf der
Seite des Bischofs und Bartholomäus vertheidigte
Arnstein mit Hülfe der v. Thüngen so wacker gegen die
Sachsen, daß diese, obgleich sie die Stadt erobert, die
Belagerung des Schlosses wieder aufheben mußten.[46]

Als Konrad 1443 vom Grafen Wilhelm III. v.
Henneberg den Ersatz eines Pferdes forderte, welches ihm

dessen Vater, Graf Wilhelm II. genommen, sprachen die erwählten Schiedsrichter, daß er die Rechtmäßigkeit seiner Forderung erst auf Graf Wilhelms Grabe zu Veßra beschwören sollte⁴⁷). Werberg war jetzt nicht mehr in ihrem Besitze; auch veräußerte Bartholomäus sein Viertheil von Steckelberg, und schloß darauf in Gemeinschaft seines Bruders mit den übrigen Ganerben einen neuen Burg=frieden (S. 203).

Konrad, der um's J. 1452 starb, hatte einen Sohn, und Bartholomäus, welcher ihm wenige Jahre nachher folgte, zwei Söhne. Beide Brüder hatten sich getrennt, er=sterer saß zu Trimberg, letzterer zu Arnstein, und grün=deten zwei Linien.

Die Linie zu Arnstein. Bartholomäus Söhne waren Bartholomäus und Jobst, welche 1458 mit in die würzburgische Fehde wegen des Steckelbergs ver=wickelt wurden (S. 206). Der Abt von Fulda schuldete ihnen 1000 Goldfl. und gab ihnen 1474 die Erlaubniß, die wegen ihres Weines bekannte Burg Saaleck an sich zu lö=sen. Dieses geschah 1475 mit 2000 fl., welche Summe im nächsten Jahre um 450 fl. erhöht wurde. Im J. 1477 versetzte ihnen Fulda die Dörfer Hundsfeld und Morsau, nebst einem Gute zu Oberaschenbach, im Amte Saaleck, für 1700 fl. Nachdem Jobst kinderlos gestorben, folgte ihm auch Bartholomäus, von dessen Wittwe Amalie, geb. v. Steinau gen. Steinrück, im J. 1496 Saaleck mit 4350 fl. von Fulda wieder eingelöst wurde; die Rückgabe der Burg erfolgte jedoch erst 1497. Von des Bartholo=

mäus Söhnen wurden 3 geistlich; Hypolit, Domherr zu Würzburg und Eichstädt und Chorherr zu Neumünster; Wolf, Domherr zu Würzburg († 1531) und Adrian, Domherr zu Bamberg und Chorherr des St. Burghards=stifts zu Würzburg. Von den weltlichen Söhnen war Hans schon vor dem Vater gestorben und Agapetius wurde 1512 fuldischer Amtmann zu Saaleck und starb 1520 ohne Erben. Erasmus war der einzige, der Kinder hatte; er erwarb südlich von Baireuth das Schloß Michelfeld, wohin er seinen Wohnsitz von Arnstein, das wahrscheinlich eingelöst wurde, verlegte. Er starb 1541 und mit seinem Sohne Siegmund erlosch seine Nach=kommenschaft.

Die Linie zu Trimberg. Konrad, der Bruder von Bartholomäus, hatte einen Sohn Konrad, der auf Trimberg wohnte.

Als Kaiser Friedrich III. zu Ende des Jahrs 1452 nach Rom zu seiner Krönung und Vermählung zog, be=fand sich auch Konrad in seinem Gefolge, und wurde zu Rom am Sonntage den 11. März 1453 nebst vielen Anderen vom Kaiser zum Ritter geschlagen. Diese Feier=lichkeit fand mitten auf der Tiberbrücke unter dem Reichs=banner und der Fahne des heil. Georgs Statt [48]). In dem Treffen vom J. 1465 im Ebrachgrunde bei Sambach (zwischen Würzburg und Bamberg gelegen) focht Konrad an der Spitze der Würzburger [49]). Später trat' er in die Dienste des Abts von Fulda, der ihn 1472 gegen ein Darlehn von 600 fl. die Amtmannschaft zu Saaleck übertrug; nachdem er noch 2000 fl. gezahlt, erhielt er 1474 das Amt in Pfandschaft, die er jedoch schon 1475 seinem Vetter zu Arnstein abtrat. Er begab sich nun wieder in würzburgische Dienste. Außer seinen Rittertugenden scheint ihm zugleich eine hohe Gabe der Beredsamkeit eigen gewesen zu seyn. Dieses zeigte sich vorzüglich 1469. Bischof Rudolph v. Würzburg hatte dem s. g. heiligen Jüngling von St. Nikolaushausen, an der Tauber, gefangen nehmen und nach Würzburg führen lassen. Dieser junge Schwärmer hatte nämlich durch seine eben so phantastischen, als aufrührerischen Reden nicht allein aus Franken, sondern selbst aus Schwabenland, vom Rheine und aus Baiern das Volk zu vielen Tausenden herangezogen, und dadurch die Ruhe dieser Länder so sehr gefährdet, daß die Fürsten besorgt wurden. Als nun das Gerücht von seiner Gefangennehmung erscholl, rottete sich das Volk zusammen, und folgte ihm, an 16000 zählend, nach Würzburg, laut und stürmisch seine Freiheit begehrend. Schon hatte der bischöfliche Marschall fliehen müssen, als Konrad erschien und den wilden Haufen durch seine Rede besänftigte und zur Rückkehr bewog [50]). Hierauf wurde er würzburgischer Hofmeister und verwandelte 1481 den von seinem Vater geschehenen Versatz von Hausen ꝛc. in einen Erbkauf. Im J. 1485 verpfändete ihm Landgraf Wilhelm von Hessen ein Viertheil von Brückenau und Schildeck, das 1500 von seinem Sohne wieder abgelöst wurde. Nachdem er noch 1488 hessischer

Amtmann zu Schmalkalden geworden, starb er. Er hatte viele Turniere besucht, theils im Gefolge von Fürsten, theils auf eigene Kosten. Man findet ihn auf dem Turniere, welches 1469 bei der Vermählung des Grafen Wilhelm III. von Henneberg stattfand; im J. 1479 auf einem Turniere zu Würzburg; 1481 im Gefolge des Markgrafen Friedrich v. Brandenburg auf einem solchen zu Heidelberg; 1484 zu Stuttgart; 1485 mit Graf Eberhard von Würtemberg zu Onolzbach, 1486 zu Bamberg, 1487 zu Worms, wo er in die Gesellschaft des Bären aufgenommen wurde. Auch soll er das Bürgermeisteramt zu Eichstädt bekleidet haben. Seine Söhne Ludwig und Konrad stifteten zwei Linien.

Ludwig († 1517), würzburgischer Rath und Erbamtmann zu Trimberg, so wie Bürgermeister zu Eichstädt, begründete durch den Erwerb des Schlosses Vorderfrankenberg (bair. Landgerichtsbezirks Uffenheim) die frankenbergische Linie. Im J. 1503 erkaufte er mit seinen Schwägern Georg Truchseß und Peter v. Finsterloh das Schloß und Dorf Schernau, unfern Würzburg. Ludwig hatte sich über den gewöhnlichen Standpunkt seiner Genossen erhoben, selbst unter den Waffen vergaß er nie die Veredlung des Geistes. Seine in mannigfachen Geschäften gesammelten Erfahrungen hatte er noch durch bedeutende Reisen vermehrt; er hatte sogar eine Reise nach Palästina gemacht. Der innige Antheil, den er an jedem geistigen Aufschwunge nahm, machte ihn auch zu einem der thätigsten Unterstützer seines Vetters Ulrich v. Hut=

ten, der dagegen auch mit dem wärmsten Dankgefühle an ihm hing und ihm in seinen Schriften manches unvergängliche Denkmal gesetzt hat. Einer seiner Söhne war Hans. Nachdem dieser auf deutschen und italienischen Universitäten studirt und im kaiserlichen Heere einen Feldzug gegen Venedig mitgemacht, trat er in die Dienste des Herzogs Ulrich von Würtemberg, mit dem sein Vater in Verhältnissen stand, die so freundschaftlich waren, daß derselbe dem Herzoge sogar 10000 Dukaten unverzinslich lieh. Hans verehelichte sich in Würtemberg mit des Erbmarschalls v. Thum Tochter, Ursula. Schon vor dieser Verehelichung soll der Herzog mit derselben in einem zweideutigen Umgang gestanden und diesen selbst nach seiner Vermählung mit der Prinzessin Sabine v. Baiern fortgesetzt haben. Seine Neigung zu Ursula soll ihn selbst so weit geführt haben, daß er ihrem Gatten den Vorschlag zu einem gegenseitigen, freilich geheimen, Tausche gemacht. Aber Hans, gedrängt von seinem Vater, bat um seine Entlassung, um seine Gattin aus der gefährlichen Nähe des Herzogs zu entfernen. Obgleich der Herzog anfänglich sein Gesuch zurückwies, gab er doch endlich nach, und lud Hans noch zu einer Partie nach dem Beblinger Walde ein. Dieser Ausritt geschah am 8. Mai 1515. In der Nähe jenes Waldes entfernte der Tyrann seine Begleitung und nahm nur einen einzigen Reitknecht mit, der jedoch ebenfalls Halt machen mußte, als sie tiefer in den Wald kamen. Von dem, was im Walde geschehen, fehlen die näheren Nachrichten. Der Herzog ermordete Johann, löste deſſen Gürtel und knüpfte damit den mit Blut und Staub bedeckten Leichnam an einem Baume auf.

Verbergen ließ ſich die ſchreckliche That nicht und als er zurückkehrte, erzählte der Herzog ſelbſt ſeinen Leuten, was vorgefallen ſei. Er gab vor: „Johann habe ſich gröblich an ihm vergangen, und da er als wiſſender weſtphäliſcher Freiſchöpfe berechtigt geweſen, ihn dafür zu ſtrafen, ſo habe er dieſes gethan." Aber ſeine Recht=fertigungen fanden keinen Glauben; ganz Deutſchland be=ſchuldigte ihn als Mörder, und 18 Grafen, die in ſeinen Dienſten ſtanden, nahmen ihren Abſchied, ſeine Gemahlin entfloh, und der ganze fränkiſche Adel bot Ludwig ſeine Dienſte gegen den Mörder ſeines Sohnes an. Am kräf=tigſten erhob ſich Ulrich v. Hutten und donnerte in glü=henden Schriften gegen den herzoglichen Meuchelmörder und ſchadete ihm, wie Spittler ſagt, mehr, als es 20 ihn be=fehdende Ritter vermogt hätten. Es kam zwar ein Ver=gleich zu Stande, aber die fortgeſetzten Grauſamkeiten des Herzogs riefen endlich den ſchwäbiſchen Bund zu den Waffen, mit dem ſich die v. Hutten verbanden. So wurde derſelbe 1519 aus ſeinem Lande vertrieben.

Ludwig war bereits 1517 geſtorben. Nur noch zwei Söhne lebten von ihm: Ludwig, Amtmann zu Kiſſingen und Ulrich, Amtmann zu Uffenheim. Dieſe erkauften 1528 von Frowin v. Hutten zu Hauſen alle deſſen Güter, wodurch ſie zu dem Beſitze einer Hälfte der Güter des ſtolzenberger Stammes kamen (S. 274). Ul=

rich nahm nun seine Wohnung zu Hausen und starb am 27. Dez. 1531. Er hinterließ einen minderjährigen Sohn Konrad. Auch diese Besitzer hatten wegen des Joßgrundes heftigen Streit mit Hanau, und obgleich Ludwig und Konrad's Vormund seit 1538 über einen Verkauf der sämmtlichen stolzenbergischen Güter mit den hanauischen Vormündern unterhandelten, so brachen sie doch die Verhandlungen ab und verkauften dieselben 1540 an Mainz für die Summe von 26000 fl. Mit Konrad erlosch diese Linie im J. 1559.

Die Linie zu Birkenfeld. Konrad, Ludwigs des Erwerbers von Frankenberg Bruder, erwarb Birkenfeld und starb 1513. Sein Sohn Bernhard (geb. 1474, gest. 1539) war würzburgischer Amtmann zu Königshofen, erwarb Walchenfeld, unweit Königsfeld, welches er ausbaute, und hatte 3 Söhne: 1) Moriz (geb. 1503, gest. 1552) wurde als Domprobst 1539 zum Fürstbischof von Eichstädt erwählt. 2) Philipp, am kaiserlichen Hofe von Graf Heinrich v. Nassau erzogen, ging in seinem 25. Jahre mit den Schiffen, welche Bartholomäus Welzer von Augsburg ausgerüstet hatte, nach Westindien, um dort sein Glück zu suchen. Von Coro aus trat er mit Anderen 1535 eine Entdeckungsreise in das Innere von Amerika an, auf der sie drei Jahre ausblieben und unsägliche Beschwerden zu erdulden hatten, so daß von 400 nur 160 wieder zurückkehrten. Nachdem er 1539 nochmals einen 6monatlichen Zug gemacht hatte, wurde er Generalkapitain und trat, immer noch in der Hoffnung das Goldland zu finden,

1541 einen dritten Zug mit Bartholomäus Welzer d. j. an. Sein langes Ausbleiben bewog jedoch die Regierung zu St. Domingo, seine Stelle wieder zu besetzen. Sein Nachfolger Juan de Caravazal unternahm 1545 ebenfalls eine Entdeckungsreise. Als er auf dieser, etwa 100 Meilen von Coro, auf den längst verloren geglaubten Philipp stieß, brachten ihn sowohl Eifersucht als Goldgier zu dem Entschlusse, diesen und seine Begleiter zu ermorden. Dieses geschah in der Charwoche des Jahres 1546. Caravazal empfing zwar den verdienten Lohn durch Henkershand, aber das was Philipp besessen, war für seine Verwandten verloren [51]). 3) Wilhelm war Amtmann zu Windsberg, starb 1554, und hinterließ 2 Söhne, Bernhard und Georg Ludwig, welche 1578 das Halsgericht und den Zoll im Bezirke von Frankenberg zu Reichslehen empfingen [52]). Georg Ludwig, welcher in kurpfälzischen Diensten stand, erkaufte 1587 das Dorf Ermershausen, bei Birkenfeld, für 23,500 fl. [53]). Nur Bernhard († 1613) hatte Kinder, von denen Georg Friedrich († 1630) die Linie fortführte. Im 30jährigen Kriege kam Frankenberg, nachdem es 1632 von den Kaiserlichen erobert war, in den Besitz des Bischofs von Würzburg, der es erst 1655 an Veit Ludwig v. H. zurückgab; doch das Archiv blieb in würzburgischen Händen und auf die Regalien erhielten die Grafen von Schwarzenberg die Anwartschaft. Veit Ludwig's Sohn war Hans Ernst († 1699), mit dessen Enkel die Linie erlosch. Dieser Letzte war Philipp

Friedrich, brandenburg-ansbachischer Staatsminister und Kammerpräsident und starb am 12. Febr. 1783. Durch seinen letzten Willen von 20. Sept. 1782 bestimmte er das Rittergut Asbach nebst den Zehnten und Gefällen zu Ippesheim, Nenzenheim, Reusch und Birkenfeld und seine ganze fahrende Habe zur Errichtung eines Fräuleinstifts für den fränkischen Adel, insbesondere aber für das huttische und rüdtkollenbergische Geschlecht. Die Zahl der Stiftsdamen ist, außer der Aebtissin, auf 8 Fräulein evangelischen Glaubens festgesetzt, von denen jede jährlich 500 fl., die Aebtissin aber 1000 fl. erhält, nebst freier Wohnung. Mit diesem Stifte ist zugleich eine Pensionsanstalt für 16 Fräulein verbunden. Die Statuten dieses Stiftes wurden 1804 vom Kaiser Franz und später vom Könige von Baiern bestätigt. Die Bibliothek des Stiftes, wozu gleichfalls ein Fonds angewiesen ist, befindet sich im Stifte, das zu Nürnberg seinen Sitz hat. — Die einzige Schwester Ph. Friedrich's, Elisabeth, Gattin des brandenburg-ansbachischen Geh. Raths und Staatsministers Friedrich Karl Vogt v. Salzburg erhielt ungeachtet jener Stiftung dennoch eine reiche Allodialerbschaft, namentlich die Rittergüter Walchenfeld, Birkenfeld und Ermertshausen bei Hofheim, so wie Ebbesheim, Reusch, Nenzenheim und Gegenheim bei Frankenberg. Die Herrschaft Frankenberg zog der letzte Markgraf von Ansbach-Baireuth ein und die Reichsregalien gingen auf die Fürsten von Schwarzenberg über. Die letzte Linie des stolzenbergischen Stammes wurde zum größten Theil die Lehnserbin.

### Frowin's Stamm zu Steckelberg.

Frowin, Ritter, der Bruder Friedrichs, findet sich seit dem J. 1346 als hanauischer Amtmann zu Schwarzenfels; damals erkaufte er den großen Weiher zu Weichersbach und erwarb 1347 von dem Abte von Fulda die fuldischen Güter zu **Spichers** (Speicharts, unfern Brückenau), **Wizselas, Volkoldesperge** (Völkersberg bei Brückenau), **Tettenbach, Rottelscroc** (Rottelsau, Wüstung im Gericht Gronau), **Omerspach** (Wüstung im Gericht Gronau) und Neuengronau für 528 fl. auf Wiederkauf, so wie auf gleiche Weise für 134 Pfd. Hlr. die hanauischen Güter zu Elm. In Gemeinschaft mit seinem Bruder Friedrich besaß er auch von den Herren v. Trimberg das Gericht Schlüchtern in Pfand, welches jedoch nach Friedrichs Tode wieder von den Herren v. Trimberg eingelöst wurde. Er erbaute hierauf mit seiner Hausfrau Damburga an dem Thurme (oder wie es urkundlich heißt, an dem Wendelsteine), der Kirche zu Schlüchtern eine Kapelle und weihte dieselbe den Heiligen Bartholomäus und Andreas. Als der Bau vollendet war, begabten beide Gatten diese Kapelle am 21. Mai 1354 mit Gefällen zu Veitsteinbach und Sterbfritz (Sterphris) und kauften mit 100 Pfd. Hlr. für sie eine jährliche Rente von 10 Pfd. In der Kapelle, so bestimmten sie, sollte eine ewige Lampe brennen und täglich für ihr und ihrer Eltern Seelenheil Messen gelesen werden, und das Kloster Schlüchtern mußte sich zur Haltung dieses Gottesdienstes feierlich verpflichten. Noch in demselben Jahre starb seine Hausfrau und um deren ewiges Heil noch mehr zu sichern, schenkte er der Kapelle noch einen Weingarten zu Elm. Er verehelichte sich hierauf zum zweiten Male und nahm Lutkarde (Lucke) zur Gattin. Er hatte einen Antheil an Altengronau, und als Ulrich, Herr von Hanau, mit den übrigen Inhabern wegen des Besitzes dieses Schlosses in eine Fehde kam, focht er auf dessen Seite, und verkaufte, als 1358 dieser Streit verglichen wurde, demselben seinen Antheil.

Mit seinen Neffen traf er 1364 eine Todttheilung ihrer bisher gemeinschaftlichen Besitzungen. Die Güter, welche ihm hierdurch zufielen, waren folgende: Der Hof zu Vollmertz (Folmondes), die Vogtei über Güter zu Herolz (Heroldes), Gerode, **Dentz** und **Hesswinden**; Güter zu Sannerz (Sanderotes), **Brauwe**, Ober- und Mittelsinn, Ober- und **Nydertheyt**, **Wisenbach**, Rossbach (Rassebach), Steinau, Lindenberg, Rupboden (Rinpoten), Zeilofs (Cytolfes), Mottgers (Motkars), Oberkalbach (Oberkalba), **Essinberge**, Vollmerz (Frumoldes), Rorbach ꝛc.; ein Hof und ein Haus zu Schwarzenfels und das Burggut zu Orb; ferner die Zehnten zu **Heisselbrun, Sitenbrun** und **Rotelnauwe**.

Nachdem **Frowin** noch eine Burg zu Vollmerz erbaut und dieselbe 1375 Hanau zu Lehn aufgetragen hatte, starb er im Jahre 1377 in hohem Alter. Sein Grabmal in der Kirche zu Schlüchtern hat die Inschrift: **Anno Dni. MCCCLXXVII .... Martii obiit Frovignus miles de Hutten.** Er war bis zu seinem Ende Amtmann

(Vogt) zu Schwarzenfels gewesen. In einer Urkunde von 1347 werden 2 Söhne von ihm genannt, Ludwig und Friedrich, die aber, da man sie später nicht wiederfindet, schon vor dem Vater gestorben sein müssen. ⁵⁴) Von diesen hatte Ludwig 2 Söhne hinterlassen: Friedrich und Ludwig, die 1367 von Appel Küchenmeister zu Burgjoß, dessen ziegenhainische Lehngüter zu **Rotilsowe** und **Totinborn** (Ditenbrunn bei Oberfinn) erkauften und auf die nach ihres Großvaters Tode dessen Güter übergingen. Einer von ihnen hatte einen Sohn, Ulrich, der 1384 in den Bund gegen die Feinde des Klosters Schlüchtern trat. Dieser Ulrich war der erste Erwerber, wenn nicht sogar der Wiederhersteller des Schlosses Steckelberg. Daß wenigstens seine Vorfahren dasselbe noch nicht besessen, ist ziemlich gewiß.⁵⁵) Als er Steckelberg 1388 von Würzburg zu Lehn empfing, lag er zu gleicher Zeit wegen desselben mit Hanau in Streitigkeiten, welches, wahrscheinlich seiner alten Rechte gedenkend, den Burgberg in Anspruch nahm. Am 2ten Mai d. J. wurde zwischen beiden ein Waffenstillstand, der bis zu Pfingsten dauern sollte, beredet; Ulrich machte sich verbindlich, Steckelberg und Vollmerz innerhalb jener Zeit weder zu bauen, zu speisen, oder zu bessern, noch mit Geschützen oder andern Dingen zu versehen, sondern nur so viel Speise hinaufzuführen, als zu seiner Zehrung nothwendig sey; im Falle er aber wegen anderer Gewalt genöthigt würde, dagegen zu handeln, so gelobte er, Alles, was er vorgenommen, wieder abzulegen. Hanau versprach dagegen, ihn nicht zu be=

schädigen. Ueber die Haltung dieses Vertrags sollten der Abt Wilhelm v. Schlüchtern und der Ritter Eberhard Weise wachen. Nach Ablauf des Waffenstillstandes kam endlich durch die Vermittlung der beiderseitigen Freunde am 28. Juli der Sühnungsvertrag zu Stande. Ulrich gelobte hierin, daß er Hanau niemals vom Steckelberge aus beschädigen wolle; wenn er Forderung an dasselbe habe, wolle er freundlich darum bitten, und wenn dieses fruchtlos sey, vor den Mannen am hanauischen Hofe Recht nehmen. Erst wenn er dieses ein Vierteljahr vergeblich versucht habe, so möge er, willigte Hanau ein, sich vom Steckelberge behelfen. Ulrich versprach endlich Niemand auf das Schloß zu lassen, der nicht diesen Brief gelobt habe. Nur Mainz und Würzburg denen er eine Oeffnung am Schlosse verkauft, nahm er von dieser Bedingung aus. Sein Schweher Dietrich v. Bibra war als Zeuge bei dem Abschlusse dieses Vertrags gegenwärtig.

Ulrich hatte nur einen Sohn, Friedrich, welcher aber erst nach seinem Tode, der im Anfange des 15. Jahrhunderts erfolgte, genannt wird. Friedrich hinterließ zwei minderjährige Kinder, Ulrich und Margarethe. Die andern huttischen Stämme nahmen sich ihrer an, besetzten die Schlösser und verwalteten die Güter. Die darüber geschlossenen Verträge habe ich bereits oben in der Geschichte der Steckelburg mitgetheilt. Margarethe ehelichte Hans v. Hutten zu Altengronau, und als nun im Jahre 1423 Ulrich unverehelicht starb, also der Mannsstamm mit ihm erlosch, wurde Hans der Erbe.

## II. Der Hauptstamm zu Gronau.

Zu Ende des 13. Jahrhunderts lebte Ludwig v. Hutten mit mehreren Brüdern, deren Namen jedoch unbekannt sind. Ueber den Besitz eines Dorfes Rotenberg (bei Schlüchtern) waren sie mit Konrad v. Brandenstein in Streit gekommen und verglichen sich 1300 dadurch, daß sie dieses Dorf von demselben zu Lehen nahmen. Dieser Vergleich wurde zu Gronau (**Grunaha**) geschlossen, und es scheint deshalb, daß sie schon damals dort begütert gewesen. Im J. 1310 verkaufte dieser Ludwig in Gemeinschaft seiner Söhne **Friedrich** und **Ludwig** seinem Schwager, dem Ritter Joh. v. Fischborn, seinen Theil der Zehnten zu Hesselberg und Steinbach, seine Güter zu Mittelsinn, Aura und Ditlofsrod, so wie seinen ganzen Zehnten zu Mittelsinn. Der ältere Sohn **Friedrich**, welcher eine v. Schlüchtern zur Hausfrau hatte, verkaufte mit seinen Schwägern 1339 ein Gut zu Gundhelm für 100 Pf. Hlr. an Hanau. Im J. 1343 erkauften beide Brüder von den Küchenmeistern Güter zu Ahl, und erhielten 1351 von Hanau gegen 200 Pf. Hlr., auf die Bede zu Steinau 20 Pf. angewiesen. Später wurden sie in einen großen Streit wegen des Schlosses Gronau verwickelt. Ulrich Hr. v. Hanau, Ritter **Frowin** d. ä. v. Hutten und andere kamen mit Ludwig v. Thüngen, Heinrich Marschall v. Wolbach und Berthold v. Bibra 1358 in eine Fehde. Bischof Albrecht v. Würzburg berief die Parteien nach Werrnfeld am Maine und vermittelte am 19. Inni 1358 eine Sühne. Hierauf verkaufte am 10. Dezember d. J.

Frowin v. Hutten und dessen Hausfrau Lucke, Lutz v. Thüngen und dessen Hausfrau Jutta, Heinrich Marschall und dessen Hausfrau Elisabeth und Berthold v. Bibra und dessen Hausfrau Betze ihren Sechstheil des Schlosses Gronau, die Hälfte des Gerichts vor dem Schlosse, den Zehnten und eine halbe Mühle daselbst, eine Mühle zu Rotelsau, ihre Antheile an der Joß und an der breiten und schmalen Sinn, die Hälfte dreier Wälder, die Hälfte der Vogtleute im Grunde Gronau und die Centgrafen=Hafer daselbst für 800 fl. an Ulrich Hr. v. Hanau. Dieser versetzte hierauf 8 Tage später an Ludwig v. Hutten den Zehnten zu Burggronau für 500 fl. Hanau hatte hiernächst noch viele Erbansprüche zu beseitigen, deren Ursprung ich jedoch nicht anzugeben vermag. So kam es 1369 mit Hermann Markwart in Fehde und verglich sich mit demselben auf 250 fl. Im J. 1370 mußte es Götz Markwart und 1375 Fritz v. d. Thann jeden mit 200 fl. abfinden. Auch Ulrich v. Steckelberg hatte einen Antheil an Burggronau, welchen Hanau 1379 für 600 fl. ankaufte, und wegen des zwischen ihnen streitigen Patronatrechts der dasigen Kapelle sich mit demselben vereinbarte, daß sie ihr Recht der Entscheidung des Bischofs von Würzburg unterwerfen wollten.

Nachdem so der Besitz von Altengronau gesichert war, versetzte Ulrich Hr. v. Hanau wenige Wochen nach dem steckelbergischen Vergleiche das Schloß Burggronau an Ludwig v. Hutten und dessen Hausfrau Jutta, so wie an dessen verstorbenen Bruders Friedrich Sohn Ludwig, der schon seit 1376 in die Pfandschaft des Zehntens eingetreten war, für die Summe von 350 Pf. Hlr. Außerdem sollten sie 400 fl. binnen 4 Jahren am Schlosse verbauen, und die Pfandschaft erst nach ihrem Tode abgelöst werden können.

Ludwig, dessen Bruder schon 1358 nicht mehr lebte, hatte 1361 und 1374 Güter zu Breunges erkauft und erwarb 1374, wo er Amtmann zu Steinau war, ein hanauisches Weiberlehngut zu Sachsen. Sein Tod erfolgte erst nach 1384 und sein gleichnamiger Neffe wurde sein Erbe. Dieser war 1384 hanauischer Amtmann zu Schwarzenfels. Im J. 1391, wo er sich zuerst als Ritter findet, traf er auf die Zeit von 3 Jahren einen Tausch, indem er seinen Hof zu Burggronau an Else v. Schlüchtern und die Gebrüder Marschall gab und dafür Güter zu Motgers und Kunhecken erhielt. Seine Güter zu Neuseß verkaufte er 1392 für 480 Gfl. dem Kapitel zu Aschaffenburg [56]). Nachdem er 400 fl. an der Burg zu Gronau verbaut hatte, machte er sich 1394 verbindlich, noch weitere 300 fl. an dieselbe zu verwenden; Hanau behielt sich vor, die Hälfte der Pfandschaft einlösen zu können. Ludwig erneuerte hierauf die beiden Gräben der Burg.

Ludwig hatte einen Theil der steckelbergischen Güter im Pfandbesitze und empfing 1402 für den minderjährigen Ulrich dessen Lehen. Sämmtliche huttische Stämme nahmen sich Ulrich's an und kamen 1407 überein, so lange derselbe minderjährig sey, den Steckelberg zu besetzen und, wenn Ulrich die Jahre seiner Mündigkeit erreicht, habe, ihn zu bewegen, das Schloß in 4 Theile zu scheiden und zu einem Ganerbenschloß für die 4 Stämme des Geschlechtes zu machen.

Ludwig starb, nachdem er noch 1416 mit dem Kloster Schlüchtern einen Gütertausch getroffen, und die übrigen Stämme seine steckelberger Pfandschaft von ihm abgelöst hatten, wie es scheint, im J. 1418. Seine Hausfrau war Mechtilde Hoelin, durch welche die Hälfte der Pfandschaft des Gerichts Herolz auf ihn gekommen war, die erst 1430 von seinen Söhnen eingelöst wurde. Diese Söhne waren: Hans, Ludwig, Ulrich und Friedrich. ⁵⁷)

Die beiden ersteren befehdeten 1403 in Gemeinschaft mit den v. Thüngen, v. Bibra und fünf anderen den Grafen Hermann v. Henneberg, bis sie Kaiser Ruprecht am 28. Juny 1403 schied; sie mußten sich verbindlich machen, dem Grafen binnen Jahresfrist mit 40 Gleven 20 Meilen Weges zu dienen und zwar 14 Tage lang auf des Grafen Kosten und ihren Schaden. ⁵⁸) Im J. 1409 findet man Ludwig im kaiserlichen Gefolge zu Heidelberg. ⁵⁹)

Hans ehelichte Ulrich's v. Hutten Schwester Margarethe und wurde dadurch nach dessen um's J. 1423 erfolgtem Tode, der Erbe des steckelberger Stammes. Das Schloß Steckelberg wurde nun ein gemeinschaftliches Schloß der drei Hauptstämme; während jedoch die fränkische und stolzenbergische Linie jede ein Viertel erhielt, bekam Hans die Hälfte, welche er mit seinen Brüdern theilte. In der

Geschichte des Steckelbergs habe ich bereits ausführlicher davon geredet (S. 201).

Hans und sein gleichnamiger Vetter zu Hausen kamen 1428 mit Hans Schelm v. Bergen in eine Fehde. Die Brüder Hans und Fritz erneuerten 1434 mit Hanau für ihren Theil den Pfandvertrag über Gronau; die Pfandsumme wurde auf 200 fl. und 175 Pf. Hlr. bestimmt und 250 fl. zu Bauten am Schlosse, am Zwinger und Graben angewiesen. Die beiden anderen Brüder erkauften in demselben Jahre den sparwasserischen Burgsitz zu Brückenau. Hierauf starben Hans und Ulrich, letzterer kinderlos, ersterer aber mit Hinterlassung von 3 Söhnen, Eitel, Lorenz und Ulrich, welche schon 1437 in Gemeinschaft ihrer Oheime mehrere Verträge mit dem Kloster Schlüchtern schlossen und 1438 ihren bickenbachischen Lehnzehnten zu Schwarzenfels und Weichersbach und Güter zu Elm ihrem Schwager Mangold v. Eberstein verschrieben. Auch empfing Ludwig in demselben Jahre ein hanauisches Burglehen zu Gronau und als Aeltester die Stammlehen. Kurz nachher erfolgte sein Tod; auch sein Bruder Friedrich und sein Neffe Eitel starben in derselben Zeit, und zwar alle ohne Söhne. Bereits 1444 empfingen Lorenz und Ulrich sämmtliche Lehen.

Lorenz, der 1438 mit den v. Thüngen in Fehde lag, verkaufte mit seinem Bruder Ulrich 1440 seine Güter zu Kleßberg bei Uerzel an die v. Mörle und einen Hof zu Sachsen, bei Steinau, an das Kloster Schlüchtern, auch hatte er eine Fehde, welche er in Verbindung mit den Grafen v. Rieneck und v. Hanau gegen Stephan v. Griesheim führte, und die 1441 gesühnt wurde. Nachdem beide Brüder 1444 mit dem Kloster Schlüchtern wegen Schulden mehrere Verträge geschlossen, versetzten sie demselben 1446 mit würzburgischem Lehnkonsens ihre Antheile an den Zehnten zu Mittelsinn und Hesselborn für 650 fl.

Damals lagen Burghard v. Kolmatsch, Hans v. d. Thann und die Gebrüder Georg und Bosso v. Buchenau mit Rörich und Walter v. Buchenau in Fehde. Als nun die beiden Brüder v. Hutten und Dietrich v. Mörle die letztern unterstützten, wurden sie dadurch mit in die Fehde verwickelt, indem jene ihnen 1448 ihre Absagebriefe sandten. Zu Ende d. J. wurde Lorenz hanauischer Amtmann zu Schwarzenfels und über die hanauischen Pfandtheile zu Brückenau und Schildeck. Auch beerbte er seinen Bruder Ulrich, dessen Tod um diese Zeit erfolgte.

Im J. 1452 versetzte Lorenz sein Gut zu Herolz und erhielt von Fulda einen Burgsitz zu Sooden nebst mehreren anderen Gütern; auch erkaufte er ansehnliche Güter von den v. Marborn, den Finken u. a., und erwarb 1457 von der Probstei Neuenberg bei Fulda für 220 fl. deren Güter zu Vollmerz, Sannerz und Weiperts.

Im J. 1453 gaben die Ganerben v. Steckelberg der bisherigen ganerbschaftlichen Verfassung eine weitere Ausdehnung, und nahmen hierauf noch 32 neue Ganerben auf. Aber sowohl Hanau, als Würzburg fühlten sich hierdurch verletzt, und Bischof Johann, der auch noch auf andere Weise gekränkt worden, griff zu den Waffen und eroberte am 24. März 1458 die Steckelburg. Erst im folgenden Jahre gab er die Burg wieder zurück (S. 203 bis 206).

Mit dem Grafen Philipp v. Hanau war Lorenz bereits 1458 geschieden worden. Hiernach sollte Lorenz den von Fritz Winold ohne lehnsherrliche Bewilligung erkauften Hof zu Weichersbach von Hanau zu Lehen empfangen, Hanau und das Gericht Schwarzenfels nicht an der breiten First (dem Waldrücken zwischen Steckelberg und Schwarzenfels) beeinträchtigen, die „gericke, graben und landgewerde" unbeschädigt lassen, Hanau an seinem Kuhgeld in den Gerichten nicht hindern ꝛc.; Neuengronau und Motgers sollten nach Schwarzenfels zu Gericht gehen. Der Spruch über Irrungen wegen Steckelberg's und Burggronau's wurde noch aufgeschoben.

Lorenz war fuldischer Rath und löste als solcher 1465 mit Bewilligung des Abts Reinhard v. Fulda das Gericht Herolz von Philipp v. Eberstein an sich.

Gewöhnlich führt ein langer Pfandbesitz zu einer Verwirrung der Verhältnisse der verpfändeten Güter, und um den daraus unausbleiblich folgenden Streitigkeiten zu entgehen, ist das einzige Mittel, die Pfandschaft entweder in einen Erbkauf oder in Lehn zu verwandeln. Dieses mochte auch Graf Philipp v. Hanau hinsichtlich Gronau's einsehen, und er trat deshalb mit Lorenz und seinen

Söhnen in Unterhandlungen. In Folge derselben wurde 1478 ein Vertrag geschlossen, durch den Lorenz die Burg Gronau, die Bäche Gronau und Westerna und eine Mühle, die ihm zur Hälfte eigenthümlich gehörte, zu Mannlehn empfing und dagegen auf die Pfandsumme, auf einige Höfe zu Gronau, auf seinen Burgsitz zu Schwarzenfels und den großen Weiher zu Weichersbach verzichtete.

Lorenzen's Söhne waren Ludwig, Friedrich und Ulrich, von denen die beiden erstern früher unter den Fahnen des siegreichen Friedrich von der Pfalz standen, und Ludwig in der Schlacht bei Pfeddersheim 1460, und Friedrich im Belagerungsheere von Wachenheim 1471 mitfochten [60]). Dieser letztere ehelichte 1473 Magdalene, die Tochter Ludwigs v. Hutten zu Stolzenberg. Mit diesen Söhnen traf Lorenz eine Theilung seiner Güter, in welcher Gronau an Ludwig und Ulrich fiel.

Neidhard v. Thüngen, Werners Sohn, hatte Forderungen an Lorenz und wurde dessen Feind. Er beabsichtigte deshalb die Burg Gronau durch einen Handstreich zu gewinnen. In der Nacht auf den 10. Novbr. 1480 erschien er vor der Burg, aber sein Unternehmen scheiterte an der Wachsamkeit der Wächter und er verlor die Sturmleitern und anderes Steigzeug. Nun griff er aber das Dorf an, plünderte dasselbe und nahm die Heerden mit fort. Es war dieses ohne Fehdebrief geschehen und vergeblich forderten ihn Ludwig und Ulrich zum Ersatze oder zum rechtlichen Austrage auf. Es entstand ein

Schriftenwechsel, bis beide Brüder 1481 am 9. Januar beim Grafen v. Hanau klagten, und dessen Hülfe und Schutz als seine Untersassen in Anspruch nahmen. Der Ausgang dieser Sache ist nicht bekannt.

Im J. 1482 traf Lorenz eine neue Theilung seiner Güter. Er trennte sie in vier Theile, von denen er einen, nämlich Schloß, Dorf und Gericht Vollmerz mit Ober= und Niederramholz für sich behielt, und denselben auf den Fall seines Todes für Ulrich bestimmte. Ulrich's Viertel bestand in dem Burgsitz in der Vorburg zu Schwar= zenfels und allen Gütern im Gerichte Schwarzenfels; Friedrich erhielt Altengronau und Ludwig scheint Steckelberg bekommen zu haben.

Ulrich trat hierauf 1483 in die Dienste des Grafen Philipp v. Hanau mit einer jährlichen Besoldung von 14 fl. Im Jahr 1486 verkaufte Lorenz seine Güter zu Fischborn für 100 fl., so wie seinen Hof zu Sachsen für 340 fl.

Als Landgraf Wilhelm d. M. von Hessen Truppen sammelte, um sie zu dem Heere des Königs Maximilian zu führen, trat Ulrich in hessische Dienste und machte 1490 den ungarischen Feldzug mit, in welchem er sich bei der Erstürmung von Stuhlweissenburg auszeichnete. Auch focht er in verschiedenen Kriegen Maximilians, na= mentlich in dessen Türkenkriegen.

Zu Ende des J. 1491 belegte Graf Philipp v. Hanau seine Unterthanen mit einer Steuer (Schlaggeld), und forderte diese auch von den huttischen Hörigen (Carmen

Leuten) im Gerichte Schwarzenfels. Dieses betrachteten aber die v. Hutten als eine Beeinträchtigung, und die Brüder Ludwig und Friedrich führten deshalb wenige Tage vor dem Schlusse des Jahres beim Grafen Beschwerde. Dieser erwiderte ihnen jedoch, daß er allerdings ein geringes Geld auf seine Landschaft ausgesetzt habe, er glaube aber nicht, daß er verpflichtet sei, ihnen darüber Rechenschaft zu geben. Nicht minder scharf antworteten hierauf die v. Hutten (3. Jan. 1492), daß es sie nicht kümmere, ob er viel oder wenig setze, sie könnten nur nicht dulden, daß die Ihrigen mit bezahlen sollten; sie bäten ihn um die nähere Bezeichnung der Abgabe und erböten sich die Sache zu einem Austrage zu stellen. Als hierauf die v. Hutten die Zahlung mit einem Verbot belegten, ließ der Graf ihren Schultheißen fangen, nach Schwarzenfels führen und zu Gelübden nöthigen. Dringend baten sie, ihren Knecht ledig zu lassen und die Sache gütlich auszugleichen (19. Febr.); aber der Graf meinte er könne in seinem Gerichte thun, was er wolle, und mit ihrem Knecht habe er nicht unbillig verfahren; dennoch sey er willig, den Streit zur Entscheidung des Markgrafen v. Brandenburg zu stellen (20. Febr.). Die v. Hutten verlangten aber, daß er vorerst sein Beginnen einstellen sollte, denn er habe schon oft, schrieben sie, an ihnen Gewalt geübt und dann sich zwar zu Recht erboten, aber jene nicht eingestellt; er möge erst seine Neuerungen abthun und ihre Klagen erledigen, dann seyen sie zum Austrage der Sache bereit (3. April). Aber hartnäckig be=

harrte der Graf auf der Erhebung der Steuer; man kam zwar vor dem Landgrafen Wilhelm zu Marburg zu Verhandlungen, aber diese zerschlugen sich wieder, ohne einen Erfolg gehabt zu haben, so daß die v. Hutten nun zum letzten Mittel, zum Schwerte griffen. Nachdem sie sich unter hessischen und brandenburgischen Schutz begeben und für eine zahlreiche Genossenschaft Sorge getragen hatten, verkündeten die 3 Brüder v. Hutten, denn ihr Vater hatte sich wegen seines Alters in Ruhe gesetzt, am 24. Oktober 1492 dem Grafen Philipp die Fehde. Beinahe der ganze hessische Adel nahm für die v. Hutten an derselben Theil. Bis zu Ende des Jahres empfing der Graf von mehr den 50 Rittern Fehdebriefe, denen am 25. Jan. 1493 noch 22 meist aus Franken folgten. Sogar der Graf Otto von Waldeck trat gegen Hanau auf und sein Fehdebrief gelangte am 9. Dezbr. in Philipps Hände.

Die beiden anderen huttischen Stämme nahmen dagegen keinen, wenigstens keinen offenen, Theil an der Fehde und um Steckelberg nicht in Gefahr zu bringen, ersuchten jene Brüder ihren Lehnsherrn, den Bischof v. Würzburg, den Grafen v. Hanau zu bewegen, dieses Schloß für neutral zu erklären (27. Oktbr.). Dieses geschah auch von dem Grafen unter der Bedingung, daß die v. Hutten ihm daraus nicht schadeten und das Büchsenschießen, um dadurch Wahrzeichen zu geben, unterlassen würden.

Als Haupthaltpunkte blieben hiernach den v. Hutten nur noch ihre Burgen zu Vollmerz und Gronau, wogegen

Hanau sie gleichsam mit einer Kette von Burgen und festen Plätzen umschlossen hielt, aus denen die v. Hutten eben so wohl beobachtet, als beunruhigt werden konnten. Namentlich waren dieses Schwarzenfels, Brandenstein, Schlüchtern, Steinau und Orb, welches letztere Hanau von Mainz im Pfandbesitze hatte.

Ungeachtet der mächtigen Hülfe, welche die v. Hutten hatten, und die der Graf nicht ohne Schrecken täglich wachsen sah, eröffnete sich die Fehde für die v. Hutten mit nichts weniger als glücklichem Erfolge. Gleich nach ihrer Verkündigung eroberte Hanau die Burgen zu Vollmerz und Gronau.

Die Hanauer befehligte Johann v. Nordeck zur Rabenau, wenn auch ein naher Verwandter des stolzenberger Stammes, dennoch ein persönlicher Feind der v. Hutten. Er war bisher Amtmann zu Schwarzenfels gewesen und hatte beim Beginne der Fehde das Amt Steinau erhalten. Auch Asmus Döring, hessischer Amtmann zu Nidda, leistete dem Grafen ersprießliche Dienste. Als er zu Orb gewesen, schrieb er dem Grafen, daß er zwar die Stadt wohl bewacht gefunden, nicht aber so auch die Burg, und er halte dafür, daß man deren Wache auf ein Vierteljahr bestelle. Zugleich machte er einen Vorschlag, für den Fall, daß die Fehde noch länger anhalten würde. Man sollte in der Niederlandschaft, welche von der Fehde nicht leide, Fußknechte bestellen und vorerst zur Unterhaltung in die Dörfer legen, bis sie nach dem Rathe Johanns v. Nordeck in die Flecken verlegt werden könnten, welche den v. Hutten gewesen, namentlich nach Altengronau und Vollmerz. Im Nothfalle könnte man diese leicht aus Schlüchtern, Steinau und Orb verstärken. Auf diese Weise würde man 100 Mann und mehr stets zur Verfügung haben und den v. Hutten die Fehde bald müde machen können.

Der Graf Johann v. Nassau zu Vianden und Dietz schrieb an den Grafen Philipp, aus Siegen am 19. Jan. 1493, daß in der vergangenen Nacht um 3 Uhr der Graf Otto v. Waldeck mit 13 Pferden aus Korbach gezogen und auf Fritzlar geritten, obgleich er auf den nächsten Montag (21. Jan.) zu dem Leichenbegängnisse der Gemahlin des Grafen Philipp v. Waldeck zu Korbach eingeladen sey.

Unterm 27. Febr. meldete Johann v. Nordeck nach Hanau, daß ihm Heinz v. Habel geschrieben habe, der Steckelberg stehe ledig, er habe deßhalb Etliche beauftragt, nachzuforschen; dieses sey vergangene Nacht geschehen, und sie seyen so nahe gewesen, daß sie das Reden in der Burg gehört und die Sprechenden als Hessen erkannt hätten. Er halte nicht dafür, daß man diese jede Nacht ein- und auslasse, denn er glaube, daß sich auch Feinde dort aufhielten.

In diese Zeit gehört ein Brief Ulrichs v. Hutten an einen Vertrauten zu Schlüchtern, den man später daselbst bei dem Abbruche eines Schornsteins in einer Spalte versteckt fand. Ulrich nennt diesen seinen lieben Gevattern, und erinnert ihn daran, daß er (Ulrich) für ihn zum Landgrafen Wilhelm d. M. geritten, als dieser vom Kaiser zurückgekehrt sey, und ihm das Landsknechtsamt zu Gudensberg verschafft habe, und sagt dann weiter, er möge darum auch das mit dem Feuer ausrichten und dieses an 3 — 4 Orten anlegen, „damit ihr von Schlüchtern einen Platz gewinnt, darauf ihr euern Stand habt." Die Häuser, welche er anzünden soll, werden von Ulrich genau bezeichnet und auch das alte Haus des Vertrauten gehörte zu denselben. Dann stellt Ulrich eine Menge Fragen: Wie viele Reiter zu Steinau, Schlüchtern und Schwarzenfels lägen? Wie stark sie gewesen, als er (Ulrich) vor Schlüchtern gerannt? Ob die Reiter zu Steinau auch nach Schlüchtern kämen? Wo die zum Ried=hof, zu Schlüchtern, Kressenbach, Breitenbach und Ahlers=bach ihr Vieh hintrieben? Von welcher Seite Schlüch=tern am leichtesten zu stürmen sei und ob die Wallgräben geeist würden? Noch viele andere Fragen, die weniger charakteristisch sind, zeigen, daß Ulrich die feindlichen Orte häufig umschwärmte.

Am 25. April meldete Heinz v. Habel nach Hanau, man sage sich, der alte v. Hutten sei todt, aber seine Söhne hielten es ganz geheim. Dieses Gerücht war je=doch unbegründet.

Ritter Friedrich v. Dorfelden, einer der angesehensten hanauischen Beamten, schrieb um dieselbe Zeit seinem Herrn, daß ihm Philipp v. Eberstein aus Schwarzenfels berichtet, daß dort alles Geschoß von Büchsen, Bolzen, Pulver und Blet ausgegangen und sämmtliche Büchsen

(Geschütze) zersprungen seyen; und daß derselbe um baldige neue Versorgung anhalte. Am 4. Mai schrieb Johann v. Nordeck: auf den Vorwurf der v. Hutten, daß er sie gebrannt habe, müsse er entgegnen, daß dieses nicht ohne Ursache geschehen sey, denn 2 Knechte von Lorenz v. Hutten hätten seinem verstorbenen Vater einen armen Mann und fünf Pferde genommen, nach Steckelberg geführt und dort verkauft. Dieses sey ohne Fehde geschehen, und deshalb habe auch er zugegriffen, bis sie Philipp v. Herda gesühnt habe. Sie wollten ihn durch ihre giftigen Zungen verunglimpfen, um ihre eigene Missethat zu bedecken. Man sage, der zu Marjoß gefangene Mann sei durch Friedrich v. Hutten (Amtmann zu Trimberg) nach Trimberg gebracht, dort in einem Keller in ein Faß geschlagen und nach 8 Tagen mit verbundenen Augen durch Friedrich nach Burghaune geführt worden.

Diese Entgegnung Johann's scheint durch eine Rechtfertigungsschrift der v. Hutten veranlaßt worden zu sein, in welcher diese sagen: Sie hätten lange Zeit mit Hanau in Frieden gelebt, bis Johann v. Nordeck Amtmann zu Schwarzenfels geworden sei. Obgleich sie diesem viel Gutes erzeigt hätten, so habe er sie dennoch mannichfach bedrängt, und ihre Bitten, seine Neuerungen einzustellen, seyen unbeachtet geblieben. Da auch der Graf ihre Vorstellungen nicht berücksichtigen wollen, hätten sie sich unter Hessens und Brandenburgs Schutz begeben, aber ihre Knechte u. a. seyen geschlagen, gefangen, in die Thürme geworfen und geschatzt und ihre Güter verderbt worden.

Da nun auch ein rechtlicher Austrag mißlungen, seyen sie zur Fehde genöthigt gewesen.

Am 1. Juni schrieb Johann v. Nordeck: Die Feinde seyen, 12 an der Zahl, nach Zelle (an der schmalen Sinn, über Schwarzenfels) gekommen und hätten die Kühe geraubt, aber die Männer des Gerichts seyen gefolgt, und hätten ihnen zwischen Zelle und Heubach die Beute wieder abgejagt; auch die von Schlüchtern wären den Räubern gefolgt, hätten aber die Spur wieder verloren. Durch die Bothschaft zu Haune habe er erfahren, daß die Feinde, etwa 80 Pferde stark, einen Hinterhalt bei Weihers gehabt. Ein Freund aus Hessen schreibe ihm, daß man dort Alles erfahre, was der Graf zu Hanau vornehme; so mögte es auch wohl hier im Oberland seyn; um die Feinde irre zu machen, habe er sich mit dem Amtmann zu Schwarzenfels, Georg v. Eberstein, benommen, und zu diesem Zwecke zu Schlüchtern für 1000 Pferde Stallung bestellen lassen.

Nachdem man sich gegenseitig großen Schaden zugefügt und Dörfer, Höfe und Fluren zerstört und verwüstet worden waren — unter anderm lag Ulrich's Hof in der Burg Schwarzenfels in Asche — gelangte man endlich zu dem Wunsche, den traurigen Streit auszugleichen. Es kam abermals vor Landgraf Wilhelm zu Marburg zu Verhandlungen, und nachdem mehrere Tage gehalten, wurden der Burggraf von Friedberg, Ritter Emmerich v. Karben, und der hessische Marschall, Ritter Konrad v. Mansbach zu Schiedsrichtern bestellt, welche am 17. Juli 1493 zu

Brückenau den Endspruch ertheilten. Während die Ursache der Fehde, das hanauische Besteuerungsrecht der huttischen Hörigen im Gerichte Schwarzenfels, nicht die mindeste Erwähnung darin findet, werden dagegen eine Menge anderer Streitfragen aufgeführt und entschieden. Die wichtigern will ich mittheilen.

Die Schäferei zu Altengronau wird den v. Hutten zugesprochen und Hanau untersagt, eine solche zu Neuengronau zu errichten; die v. Hutten sollen bei ihrer Schenkgerechtigkeit zu Altengronau bleiben und das Recht haben, zu Neuengronau während der Kirchweihe zu schenken; die zu Weiperts sollen ihr Gadem und ihre Gademsstätte, so wie die Benutzung des Kirchhofs zu Sterbfritz behalten; die zu Marjoß sollen ohne Erlaubniß der v. Hutten keinen Gebrauch in der Wüstung Gerode haben, da die Vogtei über diese Wüstung hanauisches Lehen der v. Hutten sey, so sollten zwar die Rodungen der huttischen Hörigen diesen bleiben und sie ohne Hinderung auch ferner auf den huttischen Boden zu roden befugt seyn, auf hanauischem Boden aber, sollten sie nur nach eingeholter Erlaubniß des Amtmanns zu Schwarzenfels roden; wer in den Wüstungen Welings, Breunges und Ramholz roden wolle, solle das mit dem Willen der v. Hutten thun; die v. Hutten oder ihre Hörigen möchten die Wüstungen im Gericht Schwarzenfels roden, so aber diese Rode mit Leuten besetzt würden, sollten diese nach Schwarzenfels dienen und zu Gericht gehen; zur Befestigung und Bauung von Schwarzenfels sollten auch die huttischen Hörigen frohnden; Hanau sollte die v. Hutten an ihrem Burgsitze zu Schwarzenfels nicht hindern ꝛc. Wegen des sich gegenseitig zugefügten Schadens wurden die Parteien an Hessen und Pfalz gewiesen, um sich von diesen scheiden zu lassen. Hiermit sollte die Fehde gesühnt und alle Schatzungen niedergeschlagen seyn und alle Gefangenen auf eine alte Urfehde entlassen werden. Auch der alte Lorenz wurde in die Sühne mit aufgenommen.

Die vorstehenden Nachrichten über diese Fehde, von der uns keine Chronik erzählt, habe ich vorzüglich deshalb in ihrer Abgerissenheit aufgeführt, weil es nur Bruchstücke sind, und ich so treuer erzählen konnte, als es in einer, diese Bruchstücke zu einem Ganzen verschmelzenden Erzählung, wodurch das Charakteristische derselben verwischt worden wäre, hätte geschehen können. Wir sehen hier über einen an sich nicht bedeutenden Streit, der bei einiger Billigkeit leicht hätte beseitigt werden können, eine verwüstende Fehde entstehen. Man liefert nicht entscheidende Treffen im offenen Felde, in denen Tapferkeit und Muth sich auszeichnen können, man lauert vielmehr listig hinter schützenden Mauern oder im sichern Hinterhalte auf den schwächern Feind, um durch Beute und Gefangene sich zu bereichern; man fällt über die schutzlosen Hörigen des Feindes her, denn sie sind feindliches Eigenthum, plündert ihre Hütten und brennt sie nieder, zerstört ihre Saaten, treibt ihre Heerden fort und schleppt sie auch noch selbst, diese Unglücklichen, als Gefangene in die Thürme der festen Orte. Und um das Alles zu können, hält man aller Orten Spione und Verräther, die schnell, oft unbegreiflich schnell verkünden, wenn eine Gefahr droht oder eine Gelegenheit sich bietet, dem Feinde zu schaden. Es gab weniger Todte, als Brandstätten, und mehr geraubte Kühe und Pferde, als geschlagene Wunden.

Man glaube nicht daß ich übertreibe, die eben erzählte und jede andere Fehde liefern hierzu die Beweise in Menge. Aber auch Zeitgenossen will ich reden lassen, um wohl Manchen von der schwärmerischen Verehrung einer Zeit, wo die Gewalt des Stärkern die höchste Richterin war, zu heilen, und gerechter gegen seine Mitwelt zu machen. So sagt Pirkheimer (de bello helvetico) beim J. 1499: Aber die Edlen dieser Zeit waren damals nur kühn, wenn sie Straßenraub vollführen oder wegelagern konnten, nicht aber wenn ein gewaffneter Feind ihnen gegenüberstand. Sie trieben dieses von ihren Vätern geerbte Gewerbe nach Kräften fort, und glaubten ihre Tapferkeit und ihren Adel nicht wenig dadurch zu bekunden, wenn sie den Dieben gleich vom Raube und Elende Anderer lebten." Und um ein Bild von dem oft so romantisch geschilderten Burgleben zu geben, mag jener Berühmte des huttischen Geschlechts sprechen, der die erzählte Fehde, freilich nur als dreijähriger Knabe, durchlebte. Ulrich v. Hutten schreibt in einem Briefe (v. J. 1518) an jenen Pirkheimer: „Sollte ich mich etwa auf meiner ritterlichen Burg einsperren? Kein Leben ist mühseliger und unruhiger, als das auf unsern Burgen. Wir sehen auf die Aecker, Wälder und Berge, welche uns ernähren. Die

Bauern, welche unsere Fluren, Weinberge, Wiesen und Wälder bebauen, sind äußerst arm. Was wir von ihnen erhalten, ist sehr wenig, und dieses Wenige muß unter drükkenden Sorgen errungen werden. Wir müssen uns stets dem Schutze eines mächtigen Fürsten unterwerfen, und selbst dann stehen wir in Gefahr, wenn wir die Burg nur auf kurze Zeit verlassen, einem von denen in die Hände zu fallen, die mit unserm Schirmherrn in Fehde leben. Um solchen Unfällen zu entgehen, müssen wir mit großen Kosten viele Pferde und ein zahlreiches Gefolge halten. Wir dürfen uns nicht zwei Ackerlängen von unserer Burg entfernen, ohne vom Kopfe bis zu den Füßen bewaffnet zu seyn; so müssen wir das nächste Dorf besuchen, so auf die Jagd und zum Fischfange gehen. Kein Tag vergeht, ohne daß zwischen unsern und den Bauern unserer Nachbarn Streitigkeiten entstehen. Da sollen wir nun schlichten. Geben wir zu viel nach, so schaden wir den Unserigen, oder bestehen wir zu hartnäckig auf unserm Rechte, so ziehen wir uns Fehden zu. Und diese Nachbarn sind nicht etwa Fremde, es sind vielmehr unsere Verwandt, unsere Brüder. Dieses ist die Muße und das Vergnügen, die wir auf dem Lande genießen. Selbst unsere Burgen sind nicht zum Vergnügen, sondern zur Sicherheit gebaut und zur Befestigung mit Wällen und Gräben umgeben; sie sind deshalb auch eng und den größten Theil ihres Raumes nehmen Rüstkammern und Viehställe ein. Eine dunkele Kammer ist mit Geschützen, mit Pech und Schwefel und anderen zum Kriege nothwendigen Dingen gefüllt.

Täglich sieht man Ritter kommen und gehen und unter
diesen finden sich oft Räuber, Mörder und Diebe, denen
durch jene die Burg offen steht, oder die uns unbekannt
sind oder sich uns aufdrängen. Unaufhörlich hört man
das Blöcken der Schaafe, das Bellen der Hunde und das
Brüllen des Rindviehs, man hört die kreischenden Stim=
men der in den Feldern und Weingärten arbeitenden
Menschen, das Gerassel der Wagen und auf unserer Burg,
die in der Nähe großer Wälder liegt, auch das Heulen
der Wölfe. Jeder Tag hat seine Sorgen und Mühen.
Es müssen die Fruchtfelder bestellt, die Weingärten besorgt,
die Wiesen gereinigt, es müssen Bäume gepflanzt werden.
Da heißt es dann gepflügt und gedüngt, gemäht und
gedroschen ꝛc.

Ich kehre nun wieder zur Geschichte zurück.

Lorenz starb im J. 1498 in seinem 87. Lebensjahre,
nach dem Zeugniß seines Enkels ein Mann voll Bieder=
sinn und ausgezeichnet durch Mäßigkeit. Außer den schon
genannten 3 Söhnen hatte er auch 3 Töchter, Katharine,
Elisabeth und Margarethe, verehelicht an Rabe v. Herda,
Eberhard v. Ebersberg, genannt v. Weihers und Philipp
Hoelin.

Ulrich hatte mit seinem Gütertheile zugleich Strei=
tigkeiten mit dem Kloster Schlüchtern ererbt, welche 1496
ausgeglichen wurden; er überließ dem Kloster die Wälder
Steckelsheim, Rodenberg, das Elmer= und Röhrichsholz
nebst einigen anderen Gütern, wogegen dieses seinen Ge=
rechtsamen zu Weiperts, Veitsteinbach, Herolz, Vollmerz

(Folmütz), Hesselwinden, Ober= und Niederramholz und Sannerz entsagte. Wenige Jahre später erhob sich jedoch ein neuer Streit und Ulrich und seine Brüder klagten 1499 bei der Kanzlei zu Würzburg gegen das Kloster Schlüchtern wegen Nichthaltung des Gottesdienstes in der von ihrem Ahn Frowin 1354 gestifteten Kapelle. Doch das Kloster wußte zu beweisen, daß die Stiftung nie in das Leben getreten sey, und daß es die dafür angewiesenen Güter nie erhalten habe [61]; da nun die v. Hutten nicht angeben konnten, wo jene Kapelle gestanden hatte, so wurden sie 1504 abgewiesen.

Im J. 1500 erhielt Ulrich das Gericht Herolz von dem Abte v. Fulda, welches erst 1546 wieder abgelöst wurde. Friedrich verkaufte 1502 seinen Hof zu Schlüch=tern an das dasige Kloster.

Als im J. 1503 Pfalzgraf Ruprecht den Grafen Wilhelm v. Henneberg ersuchte, etwa 200 Reiter für ihn zu werben, forderte dieser Ulrich auf, mit so vielen rei=sigen Pferden, als er aufbringen könnte, nach Schleusingen zu kommen und eine Bestellung anzunehmen. Da Ulrich hessischer Diener war, wendete er sich deshalb an Land=graf Wilhelm und bat, ihn seiner Pflichten zu entlassen, denn „er sey ein armer Gesell, der das wohl mitnehmen müsse". Aber der Landgraf schrieb ihm, daß er in keine fremde Dienste gehen, sondern zu ihm kommen solle.

Nachdem Ludwig ohne Kinder gestorben, unternahm Ulrich mehrere Bauten an dem Schlosse Steckelberg, um es vor dem drohenden Verfalle zu bewahren, denn die früher so zahlreichen Ganerben hatten sich zurückgezogen. Ulrich starb um's J. 1520 und stiftete durch seine Söhne die Linie zu Steckelberg, während sein Bruder Ludwig, der ihm bald im Tode folgte, die Linie zu Gronau fortsetzte.

Die Linie zu Steckelberg. Ulrich, den sein Sohn in den Versen:

Ar ich nicht Schlachten allein verherrlichen ihn, den Erzeuger,
Schlachten, würdig, daß stets ehrend der Griffel sie nenn',
Ziel der Städte begehrten ihn auch zum Lauf der Geschäfte,
Mächtigen Fürsten sogar dienet sein rathender Mund.
(Mohnikes Uebersetzung).

besingt, war ein strenger und ernster, ja selbst rauher Mann, wie ihn die stete Führung der Waffen gewöhnlich bildet. Mit seiner Hausfrau Ottilie, einer Tochter Hermann's v. Eberstein, hatte er 4 Söhne erzeugt: Ulrich, Frowin, Lorenz und Hans, und einige Töchter, von denen eine, wie es scheint, Georg v. Schaumburg zum Gatten erhielt.

Der älteste jener Söhne, Ulrich, war es, der seinen und somit auch seines Geschlechtes Namen mit unvergänglichen Zügen auf die Tafeln der Geschichte schrieb. Sein Leben und Wirken hat so viele Bearbeiter gefunden, daß ich mich, um so mehr, da ich nichts Neues hinzuzufügen vermag, wohl auf eine gedrängte Skizze desselben beschränken darf. Er wurde am 22., nach anderen am 20. April 1488 auf der Steckelburg geboren; seine Eltern bestimmten ihn für den geistlichen Stand und gaben ihn in seinem 11. Jahre in's Stift Fulda, wo er den ersten

Grund zu seiner wissenschaftlichen Bildung legte. Als er aber zum Jüngling heranreifte und sich sein hoher Geist zu entfalten begann, wurden ihm die Klostermauern zu enge und er entfloh 1504 nach Erfurt, wo er mit mehreren Dichtern und Gelehrten eine enge Verbindung schloß. Doch schon im folgenden Jahre zwang ihn eine Seuche, die Stadt zu verlassen und er wanderte nach Köln, von wo er 1506 dem aufgeklärten Ragius, als dieser von dort vertrieben wurde, nach Frankfurt an der Oder folgte, und daselbst der Einweihung der neuen Universität beiwohnte. Hier lebte er 3 Jahre, unterstützt von dem edlen Ritter Eitelwolf v. Stein und wurde Magister der freien Künste. Damals wüthete in Europa eine Seuche, welche erst, nachdem sie ihren pestartigen Charakter verloren hatte, das Schimpfliche erhielt, welches ihr jetzt anklebt. Auch Ulrich blieb nicht frei davon und siechend wanderte er, getrieben von seinem unruhigen Geiste, nach dem nördlichsten Deutschland, litt auf der Ostsee Schiffbruch und gelangte unter schrecklichen Beschwerden nach Greifswald. Aber der freundliche Empfang entsprach nicht dem Abschiede; gekränkt und verfolgt griff er am Ende d. J. 1509 wieder zum Wanderstabe und kam mißhandelt und aller Habe beraubt nach Rostock. Von hier wandte er sich am Ende des J. 1510 nach Wittenberg, wo er sein Werk über die Verskunst schrieb, und ging 1511 nach Pavia, um durch das Studium der Rechte seinen unerbittlich zürnenden Vater zu versöhnen. Nachdem er durch die Eroberung und Plünderung Pavia's wieder Alles verloren, wanderte er nach Bologna, wo ihn 1513 gänzlicher Mangel nöthigte, kaiserliche Kriegsdienste zu nehmen, welche er 1514 wieder verließ, um nach Deutschland zurückzukehren. Im Bade Ems empfing er die Nachricht von der Ermordung seines Vetters Johann v. H. durch den Herzog Ulrich v. Würtemberg; mit allem Feuer seiner Beredsamkeit trat Ulrich nun gegen den fürstlichen Mörder auf. Auch an dem Streite gegen Hogstraten und die andern Dunkelmänner nahm er für den edlen Reuchlin auf das wärmste Partei. Im J. 1515 zog er nochmals seines Rechtsstudiums wegen nach Rom und Bologna, kehrte aber bald über Venedig nach Deutschland zurück, wo er im August 1517 von dem hochherzigen Maximilian zum Ritter geschlagen, und mit dem, von der schönen Tochter Peutingers gewundenen poetischen Lorbeer gekrönt wurde. In Italien hatte er das Leben der Geistlichkeit in seiner tiefsten Versunkenheit kennen gelernt und trat nun durch die Herausgabe des Laurentius Valla: **de falso credita et ementita donatione Constantini**, welche er dem damaligen Pabste Leo widmete, offen gegen dieselbe in die Schranken. Im J. 1518 begab er sich in die Dienste des Erzbischofs Albrecht von Mainz, den er 1518 auf den Reichstag nach Augsburg begleitete, wo er in glühender Rede die deutschen Fürsten zu einem Feldzuge gegen die Türken anfeuerte, zugleich aber auch gegen den Pabst auf das heftigste losdonnerte; in diesen Diensten machte er mehrere Reisen, unter andern auch nach Paris. Nachdem er des Hofdienstes überdrüssig geworden, zog er mit dem Heere des schwäbischen Bundes 1519 gegen seinen Familienfeind, den Herzog Ulrich, und lernte hier Franz v. Sickingen kennen, mit dem er nun einen engen Freundschaftsbund schloß. Nach beendetem Kriege ging er wieder nach Mainz und von da auf die Steckelburg, wo er eine Druckerei anlegte. Immer kühner und kräftiger erhob er sich nun gegen Rom, wo er bald Furcht erweckte und man sich bemühte seinen bisherigen Gönner, den Erzbischof Albrecht von Mainz, ihm abtrünnig zu machen. Dieses gelang auch. Nun aber trat Ulrich offen mit Luther in Verbindung, und begann seine Schriften, in denen er sich bisher nur der lateinischen Sprache bedient hatte, in deutscher Sprache zu schreiben. Sein Wirken betrachtete man jedoch in Rom für so gefährlich, daß man seine Auslieferung verlangte. Da nahm ihn der edle Sickingen in seine schirmende Burg, und als sich auch gegen diesen letzten deutschen Ritter der Sturm erhob, floh er, gebeugt von seiner Krankheit, nach der Schweiz. Aber allenthalben verfolgt, fand er auch dort keine Ruhe; er floh von Ort zu Ort, bis endlich auf der Insel Uffnau im züricher See der Tod sich seiner erbarmte und ihn am 31. Aug. 1523 von allen Leiden befreite. Die Nachricht von seinem Hinscheiden setzte alle Freunde der Wahrheit und des Lichts in tiefe Trauer und selbst seine Feinde verstummten über seinem Grabe. Jene setzten ihm ein Denkmal mit der Inschrift:

Hic eques auratus jacet, oratorque disertus,
Huttenus vates, carmine et ense potens.

Küttner sagt von Ulrich v. H.: „Seine noch übrigen Schriften in Prosa und Versen verrathen durchaus den freien Mann, den kühnen Denker. Sie sind geschrieben mit eisernem Griffel, unüberwindlich stark im Ausdruck, kühn, heldenmüthig, voll Hohn und Trotz, ein Abbild seines großen Herzens und seiner großen Seele. Männlich und feuervoll ist seine Sprache, kurz in Worten und von vielsagender Bedeutung, sie reißt hin und erschüttert. Nichts, was er schrieb, läßt ohne Schauer und Bewunderung sich lesen; nichts, was in unsern Tagen Kühnes und Wahres gesagt wird, hat die Glut seines ungestümen Feuers." [62] Und Lotichius sang von seinem Tode:

„Huttens Schatten erscheine! Du Asche des strafenden
Dichters,
Welche mitten im See ein kleines Eiland verbirgt;
Geist o sei mir gegrüßt! Vollendet sind deine Qualen.
Süße Ruhe sei dein, die Erde drücke dich nicht!
Veilchen bringen wir dir, und Thränen der Urne des Helden.
Glücklich, daß du vollendet, glücklich, tapferer Ritter,
Denn nun siehst du nicht mehr die Schmach des sinkenden
Landes,
Dessen Rächer du warst — ein besser Vaterland ward dir!
Stets wird wachsen dein Ruhm, die Enkel werden dich
segnen!
Sei auf immer gegrüßt — leb' wohl auf ewig, Geliebter."
(Uebers. v. Schubart.)

Frowin, Lorenz, der 1525 das Schloß Würzburg gegen die aufrührerischen Bauern vertheidigen half [63], und Hans kamen mit Hanau über den Besitz verschiedener

Wälder und Ländereien an der hanauisch=fuldischen Grenze in Streit, der nicht allein Plünderungen, sondern auch blutige Händel zur Folge hatte, bis 1529 Schiedsrichter die gegenseitigen Beschwerden ausglichen.

Im Monat Oktober 1535 begegnete Frowin, welcher damals Amtmann zu Brückenau war, der Unfall, daß er in einem Walde niedergeworfen und fortgeführt wurde. Einige Wochen war man über sein Schicksal völlig un=gewiß, und seine Brüder und Schwäger setzten deshalb Alles in Bewegung. Endlich ergab sich, daß ein Reisiger, Kaspar Diefenbach, gen. v. d. Lahn, ihn festhalte. Die=ser behauptete, Frowin habe ihn verläumdet und er ihn gefangen genommen, um ihn zu einem Widerrufe zu zwingen. Hektor v. Mörle, gen. Böhm, und Wilhelm v. Grumbach vermittelten die Sache dahin, daß Frowin und die Sei=nigen eine Urfehde ausstellen, und eine ähnliche Versiche=rung auch bei Henneberg, Fulda und Hessen auswirken sollten; sobald dieses geschehen, sollte Frowin seine Frei=heit erhalten. Von Fulda und Henneberg erfolgte diese erbetene Versicherung sogleich; nur Landgraf Philipp nahm Anstand, weil Diefenbach zu Marburg im Gefängnisse gelegen und sich noch nicht verurfehdet hatte. Erst nach=dem dieses geschehn, ertheilte auch Landgraf Philipp am 14. April 1536 die verlangte Versicherung.

Lorenz starb 1542 auf der Heimkehr aus Ungarn und sein Sohn Peter nach dem Jahre 1549 in kaiser=lichen Kriegsdiensten.

Hans, anfänglich fuldischer Amtmann zu Saaleck (1528 —1537), dann würzburgischer Amtmann zu Trimberg, starb ums J. 1552 ohne Leibeserben, und nur Frowin, der damals auch schon todt war, setzte in seinen 4 Söhnen den Stamm noch einmal fort. Von diesen war Wolf Dietrich Domdechant zu Würzburg und starb, nachdem er resignirt, als Domherr zu Eichstädt am 16. Nov. 1575; Mangold starb 1558 unverehelicht im kaiserlichen Dienste [64]; auch Christoph starb unverehelicht und der letzte der weltlichen Brüder war Ulrich Lorenz, den man 1549 als Amtmann zu Orb und später als Amtmann zu Mainberg findet. Auch er kam mit dem Kloster Schlüchtern in Streit und belegte dessen Zehnten zu Ramholz mit Beschlag. Auf die Beschwerde des Klosters rechtfertigte er sich (1560) bei dem Grafen v. Hanau, das Kloster habe die von seinen Vorfahren geschehenen Stiftungen aufgehoben, die über dem Begräbnisse seiner Vorfahren aufgehängten Wappen, zur Verkleinerung und hohen Schmach des huttischen Namens und Schildes, herabgeworfen, der Abt vernachlässige die Kirche zu Ramholz, habe den Einwohnern zu Weiperts und Sannerz eine Vorhute in der Mark Ahlersbach entzogen, und endlich bei seines Bruders Christoph's Beerdigung, seine Bitte um 4 Knaben zum Singen abgeschlagen. Diese Sache kam zum Entscheid des Bischofs von Würzburg und verzog sich durch mehrere Jahre. Mit Fulda schlossen sie 1561 wegen Herolz, Weiperts und Sannerz einen Vergleich. Auch Ulrich Lorenz hatte, obgleich verehelicht, keine Kinder, und die Güter der Steckelberger Linie gingen nach seinem Tode auf die gronauer Linie über.

Die Linie zu Gronau. Eitel Sebastian, dem sein Vater Friedrich schon bei seinen Lebzeiten alle Güter übergeben hatte, erbaute unter Altengronau eine neue Burg, das neue Haus genannt, welche er 1527 unter hessischen Schutz stellte und zu diesem Zwecke dem Landgrafen die Hälfte des Waldes Leimbach lehnbar machte. Er hatte 3 Söhne, Wolf, Sebastian und Alexander, welche sich am 6. Okt. 1544 zu Steinau mit Hanau wegen Streitigkeiten, die über Gronau entstanden waren, verglichen; die durch diesen Vergleich niedergesetzten Schiedsrichter gaben am 10. Okt. 1548 ihren Spruch; unter vielem Andern wurde darin festgesetzt, daß die v. Hutten das Recht haben sollten, auf der Sinn und Joß Holz zu flößen und daß ihre Hörigen im Gerichte Schwarzenfels von den hanauischen Steuern frei sein sollten. Durch die Brüder Alexander († 25. Nov. 1576) und Sebastian († 5. Mai 1577) entstanden wiederum 2 Abtheilungen.

Alexander, welcher zu Altengronau einen Burgsitz erbaute, war zweimal verehelicht gewesen und hatte durch seine erste Hausfrau Barba, von deren Vater, Reinhard von Gelnhausen, einen Theil der fuldischen Lehngüter, welche nicht unbedeutend waren, ererbt. Diese Güter gingen auf Alexander's Sohn, Florian, als Erben seiner Mutter über, der sie zur Deckung seiner Schulden seinem Stiefbruder Wolf Ludwig, dem Sohne Alexander's aus zweiter Ehe, für 8000 fl. verkaufte. Diesem Ver=

kaufe aber widersprach Wilhelm von Boyneburg, der eine Enkelin Reinhard's v. Gelnhausen zur Hausfrau hatte und ein Näherrecht in Anspruch nahm. Nach langen Unterhandlungen stand endlich Wolf Ludwig vom Kaufe ab, und der v. Boyneburg trat durch Vertrag vom 22. November 1592 an seine Stelle. Wolf Ludwig starb 1610 als pfälzischer Rath und Vogt zu Germersheim ohne Kinder. Florian verkaufte 1616 seine Güter zu Aura im Sinngrunde an Konrad v. Breidenbach, und starb am 30. Juni 1627. Er hatte zwar 10 Kinder erzeugt, unter denen 4 Söhne waren, aber diese Söhne starben sämmtlich ohne Leibeserben, und zwar der letzte, Adam, mit dem sich diese Linie schloß, wenige Monate nach seines Vaters Tode, am 4. Sept. 1627.

Sebastian, Alexander's Bruder (S. 331), hatte 3 Söhne, von denen Georg Friedrich zu Altengronau, Ciriax Eitel zu Sannerz und Joh. Philipp zu Ramholz wohnten. Söhne hinterließ nur Ciriax Eitel [65], der sich 1615 mit Hanau wegen des Waldes Großenschlinglof verglich, und zwar erreichte von dreien derselben nur Philipp Daniel (geb. 1630, † 1687), die männlichen Jahre. Seine Jugend fiel in die Zeiten des 30jährigen Krieges. Die durch das nahe Schlüchtern führende Hauptstraße veranlaßte häufige Kriegszüge durch diese Gegend, welche dadurch ringsum verödet wurde. Auch die huttischen Güter waren meistens verwüstet worden und Philipp Daniel wußte kein anderes Mittel, sie wieder herzustellen, als eins derselben zu verkaufen. Er verkaufte am 21. März 1642 Ramholz und Vollmerz, welche sein verstorbener Bruder Johann Gottfried gehabt hatte, an Kasimir Karl von Landas, Major und Kommandant von Hanau, den Gemahl seiner Schwester Maria Magdalene, für 1200 fl. baar und das der Letzteren noch schuldende Heirathsgeld von 5535 fl. Zugleich ließ er seinem Schwager und dessen Bruder die Anwartschaft auf das Lehn dieser Güter ertheilen, und versetzte dem Ersteren i. J. 1645 auch noch den Steckelberg für 1000 fl. Philipp Daniel fühlte nur zu bald, daß er bei jenem Verkaufe übervortheilt worden sey, und er begann denselben zu bereuen. Die Verhältnisse seiner Güter hatten sich noch verschlimmert, Schuldner drängten von verschiedenen Seiten und die Noth wuchs mit jedem Tage. Er entschloß sich deshalb zu neuen Verkäufen und bot der Landgräfin Amalie Elisabeth v. Hessen Altengronau an, dessen Schloß schon seit dem vorigen Jahrhunderte, wenn nicht noch von der hanauischen Fehde her, in Trümmern lag. Am 8. Juli 1648 kam zu Kassel der Kaufvertrag zu Stande. Diesem zufolge verkaufte er mit seiner noch unverehelichten Schwester Anna Rosina das Dorf und das wüste Schloß Altengronau mit seinem Antheil an Ober- und Untersinn für 28,500 fl.

Jetzt, im Besitze eines ansehnlichen Kapitals, löste er nicht nur den Steckelberg wieder ein, sondern widerrief auch den seinem Schwager gethanen Verkauf, weil er damals noch minderjährig gewesen. Er klagte bei der Reichsritterschaft; auf ein günstiges Urtheil, das 1651 erfolgte, appellirten aber die Gegner, und erst nach 40 Jahren blieb der Prozeß liegen.

Da K. K. v. Landas ohne Kinder starb, gingen die Güter auf dessen Bruder, den kurpfälzischen Marschall Joh. Friedrich über. Auch hatte er ein Viertheil der Güter seinem Vater, dem kurpfälzischen Kirchenraths=Präsidenten Karl v. L. eingegeben, und als derselbe von Heidelberg flüchtig wurde, hielt er sich etliche Jahre in Ramholz auf. Von Johann Friedrich v. Landas kamen jene Güter als Heirathsgut auf seine Tochter Amalie und deren Gatten Maximilian Freiherr v. Degenfeld, dessen Sohn Christoph Martin in den Grafenstand erhoben wurde. Nach Ph. Daniel's v. Hutten Tode verglich sich endlich dessen Sohn Johann Hartmann, (geboren 1654 d. 8. Okt.) mit den Freiherren von Degenfeld wegen des Prozesses über Ramholz und Vollmerz, der seit längerer Zeit liegen geblieben war, und verzichtete am 23. Mai 1698 gegen 6000 fl. und 50 Dukaten auf alle Ansprüche. Sowohl Fulda als Hanau belehnten hierauf die Grafen v. Degenfeld, welche sich noch heute im Besitze dieser Ortschaften befinden. Joh. Hartmann hatte ihnen auch den Versatz des Steckelbergs für 500 fl. versprochen, wenn Würzburg die lehnsherrliche Einwilligung ertheile; dieses jedoch unterblieb.

Am Morgen des 14. Januars 1704 starb Johann Hartmann zu Sannerz, seinem Wohnsitze, als der letzte seines Stammes.

Kurz vor Joh. Hartmanns Tode, im Dez. 1703, verlangte der Abt v. Fulda von ihm seine Briefe über Sannerz, um sie abschreiben zu lassen; da er dieses aber verweigerte, erschienen zwei fuldische Räthe mit einem Haufen des fuldischen Ausschusses, und während sie eine Nachhut stehen ließen, umstellten sie mit 56 Mann das Haus Sannerz, und drangen, die Protestationen Joh. Hartmann's nicht achtend, hinein, und suchten, bis sie die 3 von J. H. versiegelten Kisten fanden, welche das Familien-Archiv enthielten. Diese nahmen sie mit der Versicherung, daß nur das Nöthige abgeschrieben und das Ganze binnen 6 Wochen wieder zurückgestellt werden sollte, mit nach Fulda. Diese Zurücklieferung erfolgte erst nach J. H. Tode, wo sie aber auch nochmals suchten, und das Gefundene ebenfalls mit fortnahmen.

Gleich nach J. Hartmann's Tode hatte Fulda Sannerz als heimgefallenes Lehen militairisch besetzen lassen, obgleich nur einige Bauernhöfe daselbst von Fulda zu Lehn gingen und auch dieses seiner Natur nach Weiberlehn war, und auf Joh. Hartmanns noch lebende Schwester vererben mußten. Diese, Anne Louise, verehel. Gremp zu Freudenstein, erhob zwar Ansprüche, aber nicht als Lehns-, sondern als Allodialerbin. Sie habe den ihr versprochenen Aussatz von 2500 fl. noch nicht erhalten, ihre Eltern hätten die Güter gebessert, sogar durch Ankäufe; endlich gehöre ihr die Erndte von der Winter- und die Aussaat von der Sommerfrucht. Doch ihre drückende Armuth und der Blödsinn ihres Gatten erleich=

terten ihre Befriedigung, und man nöthigte sie gleichsam für die geringe Summe von 2504 fl. auf alle ihre Ansprüche zu verzichten. Die Urkunde hierüber ist vom 19. April 1704. Später aber, nachdem sie unterrichtet worden, bereute sie es, und vermachte ihrem Gatten in ihrem 1718 aufgestellten Testamente auch ihre Ansprüche auf eine größere Abfindungssumme.

Die Lehngüter der v. Hutten zu Gronau bestanden im 17. Jahrhundert in folgenden:

1) **fuldische Lehen**: ein Burgsitz zu Sooden und Güter zu Herolz, Vollmerz, Sannerz, Weiperts, Speicharts und Schmergenau;

2) **hanauische Lehen**: Schloß und Gericht Vollmerz, das Schloß Altengronau, Burgsitz zu Schwarzenfels und Güter und Rechte zu Weichertsbach, Gerode, Breunges, Heßwinden, Ober- und Niederramholz, Sachsen, Auerbach, Romsthal, Fischborn, Marjoß, Oberkalbach, Steinbach. Ferner ihre Hörigen im Gerichte Schwarzenfels, ausgenommen „die Königsleute, welche man die freien Leute nennt," so wie alle die schlüchterischen Hörigen (Schluchterslude), welche in's Fuldische zogen; davon sollten sie nachfolgende Vögte sein, und sie von der Grafschaft Hanau zu Lehn tragen;

3) **würzburgisches Lehen**: die Steckelburg;

4) **hessische (ehemals ziegenhainische) Lehen**: die Vogtei zu Rorbach, Willings und Mersbach und Güter zu Neuengronau und Breunges;

5) **brandenburgisches Lehen:** Güter um Altengronau.

6) **erbachisches Lehen** (wenigstens im 15. Jahrhundert): Güter zu **Spachbrucken, Balchhusen, Quadelnbach** und **Staffeln.**

Wappen. 1) Der **stolzenberger Stamm:** im rothen Felde zwei schräglinke, goldene Balken, und als Helmzierde einen rechtsgekehrten, rothgekleideten bärtigen Rumpf, mit einer rothen, sich rechts beugenden ungarischen Mütze bedeckt, die unten einen breiten silbernen Ueberschlag, und an der Spitze kleine gekrümmte Hahnenfedern hat; an der Bekleidung des Rumpfes ist ein spitzer, vorn getheilter Kragen. 2) Der **fränkische Stamm:** Dasselbe Feld und die gleiche Helmzierde, der Rumpf ist aber links gekehrt und die ganze Mütze mit rothen Hahnenfedern besteckt. 3) Der **gronauer Stamm:** ebenfalls dasselbe Feld, auf dem Helme aber zwei Flügel, roth und silbern, belegt mit den Schrägbalken des Feldes, jedoch so, daß die im rothen Flügel silbern, die im silbern Flügel roth sind.

## Huttische Nebenstämme.

Neben den im Vorhergehenden aufgeführten Stämmen des huttischen Geschlechtes, finden sich noch zwei andere, die wahrscheinlich außer der Ehe gepflogener Liebe ihren Ursprung zu verdanken haben.[66] Ihre völlig geschiedene Stellung zu dem huttischen Geschlechte nöthigt zu einer solchen Annahme; denn obgleich sie Namen und Wappen mit demselben gemein und ihre Ansitze gleich jenen im Kinzigthale hatten, so findet man doch nie, daß sie je an Familienverträgen des Hauptgeschlechts oder an Verfügungen desselben über die Stammgüter einigen Antheil genommen.

Erster Nebenstamm. Heinrich (Henne) ist der erste, welcher sich von diesem findet. Er und Gobel v. Breunges waren 1335 in die Gefangenschaft des Grafen Johann v. Ziegenhain gefallen und mußten sich mit 400 Pfd. Hlr. lösen und Burgmannen zu Nidda werden. Im Jahre 1342 bewitthumte er seine Hausfrau Gele. Wie es scheint, hatte er einen gleichnamigen Sohn, der sich seit 1385 findet und Güter zu Niederzelle besaß. Er befehdete 1390 Frankfurt und wurde 1394 Feind des Erzbischofs von Mainz und der Herren von Eppenstein. Im J. 1402 findet man ihn an Kaiser Ruprechts Hofe zu Heidelberg, wo er am 14. August von diesem, mit mehreren Zehnten in der Nähe von Gelnhausen, unter andern zu Rodenbergen und Ober= und Niedergründau, belehnt wurde und am folgenden Tage die Erlaubniß erhielt, einen Theil derselben, wegen Armuth und großer Noth, für 155 fl. zu verpfänden. Er lebte 1420 nicht mehr. Sein Sohn hieß ebenfalls Henne. Dieser erhielt 1447 ein Achtel an den Salzquellen zu Sooden und hinterließ 1459 zwei Söhne: Friedrich, der 1469 Ganerbe zu Steckelberg war, und Georg. Mit dem Letztern starb im Jahre 1500 dieser Stamm in männlicher Linie aus. Georg hatte nur eine Tochter, Magdalene, verheirathet an Heinrich Küchen=

meister, auf welche seine fuldischen und hanauischen Lehen übergingen. Da auch diese ohne Söhne waren, so wurden nach ihrem Tode ihre drei Töchter Anne, Amalie und Margarethe belehnt. Durch die Verehelichung einer dieser Töchter an Gerlach v. Breidenbach, gen. v. Breidenstein und durch die Beerbung der beiden andern Schwestern, welche kinderlos starben, kamen die Güter an diese althessische Familie. Nach Joh. Konrad's v. B. 1653 erfolgtem Tode, erhielt die Güter seine Tochter Sibille Gertrud verehelichte v. Fechenbach; von denen v. Fechenbach kamen sie an die v. Buseck und endlich im Anfange des vorigen Jahrhunderts an die Familie Schleifras.

Güterbesitz. 1) Fuldische Lehen: ein Burghof und eine Mühle zu Salmünster, ein Burgsitz zu Stolzenberg, Güter zu Sooden und Fischborn, zu Schwickartshausen und Bubenhausen (beide zwischen Ortenberg und Nidda), sowie zu Hüfen; ferner Antheil am Zolle, Zehnten und Gerichte (das am Vormittage des St. Andreastages gehalten wurde) zu Schwickartshausen. 2) Hanauische Lehen: Güter zu Niederzelle (zwischen Schlüchtern und Steinau), die Höfe Hundsrück (bei Steinau) und **Tremersberg** (wahrscheinlich der jetzige Dresenberg bei Schlüchtern), und Güter zu Salmünster und Kühnrod.

Zweiter Nebenstamm. Zu diesem zähle ich die v. Hutten genannt Lutz (Lotz, Lusse, Loyser ꝛc.). Von diesen findet sich zuerst 1344 Johann, Edelknecht, und dann Hermann, Willehard und Wortwin Gebrüder, deren

Schwester, Margarethe, Dietrich Küchenmeister zum Gatten hatte, welcher ihnen 1352 sein Burggut zu Schwarzenfels versetzte. Wortwin wurde schon 1350 Lehnmann des Klosters Schlüchtern, indem er gegen 40 Pfd. Hlr. demselben sein väterliches Allodium zu Reinhartz zu Lehn auftrug. Auch verkaufte er in d. J. Güter zu Rode. Er wurde zuletzt Ritter und lebte noch 1361. Seine Söhne scheinen Johann und Hermann gewesen zu sein, welche 1364 mit Gütern zu Reinhartz Seelenmessen im Kloster zu Schlüchtern stifteten. Johann lebte 1377 nicht mehr und seine Wittwe Adelheid und sein Bruder sorgten durch Schenkung eines Gefälles zu Gundhelm an das Kloster Schlüchtern für das Heil seiner Seele. Seit 1375 findet sich der Edelknecht Wortwin; ein Anderer gleiches Namens sühnte sich 1404 nach einer Fehde mit Hanau, und erhielt durch seine Hausfrau, Else, die Tochter Heinrich Pfeffersacks, ein Ganerbentheil zu Uertzel. Im J. 1409 lebte er nicht mehr und mit ihm scheint sein Stamm erloschen zu sein. Seine Wittwe ehelichte später Oswald v. Rodenhausen.

## Anmerkungen.

Benutzt sind die Archive zu Kassel, Fulda und Hanau, von denen das letzte die reichste Ausbeute gewährt hat.

Im Allgemeinen beziehe ich mich ferner auf die nachstehenden gedruckten Werke: Schannat Clientela Fuldensis; Gründliche Untersuchung der Frage: ob mit den Herren v. Hanau die v. Carben in Vergleichung zu stellen seyen; Beurkundete Darstellung und rechtliche Ausführung der dem — Curhaus Hessen — zustehenden Ansprüche — auf die Landeshoheit und das Eigenthum — des Joßgrunds. Hanau 1803.

Eine Abhandlung über die v. Hutten in der Encyklopädie v. Ersch und Gruber, welche theilweise von mir verfaßt worden, ist darum noch so unvollständig und mangelhaft, weil ich das Regierungs-Archiv zu Hanau erst später besuchen konnte.

1) Einen nach dem Gedächtnisse gezeichneten, und deshalb auch sehr fehlerhaften Grundriß der Steckelburg s. in Münch's Aletheia B. 5. — 2) Eine solche Pfeilspitze erhielt ich durch die Güte des Herrn Pfarrers Kreuter zu Ramholz. Sie ist stark und schwer und mit solcher Kraft gegen einen harten Gegenstand geschleudert worden, daß ihre Spitze sich umgebogen. — 3) Wenck Ukbch. I. 288. Der Name Steckelberg bezeichnet nichts anderes, als einen steilen Berg; denn noch jetzt heißt steil in der Volkssprache steckel, stickel. Die verschiedenen Schreibarten sind folgende: 1170 Steachelberc, 1200 Stechillenberg, 1211 Stekkelinberch, 1274 Stekkelenberg, 1280 Stechelberg, 1320 Stecklinberg ꝛc. — 4) Gudenus cod. dipl. I. 100. — 5) Gudenus sylloge 575. Joann. Spicileg. tabul. 448. Schannat Cod. Probat. Histor. Fuld. 192. — 6) Sammlung vermischter Nachr. zur sächs. Gesch. XI. 119. et Gudenus cod. dipl. V. 358. — 7) Das Datum ist Lugduni II. Id. Junii anno Pontif. nostri secundo. — 8) Leukfeld antiquitat. Poeldens. 71. u. Wenck Ukbch. II. 114. — 9) Marburger Beitr. St. III. 166. Grüßners diplomat. Beitr. St. II. 157. Gudenus cod. dipl. V. 756. — 10) Schannat Cod. Probat. Dioec. et Hierarch. Fuld. 283. — 11) Schannat Dioec. et Hierarch. Fuld. 137. et Cod. Probat. p. 304. — 12) Wenck II. Ukbch. 207. — 13) Schannat Buch. vet. 388. — 14) Würdtwein subsid. dipl. VI. 210. — 15) das. 270. Konrad wird zwar noch 1255 als mainz. Erzpriester genannt (Würdtwein Dioec. Mogunt. I. 9.); diese Jahreszahl kann aber nicht richtig seyn. — 16) Nach den Original-Urk. im Reggs-Archive zu Hanau. Von dem Urtheile von 1276 findet sich ein nicht ganz vollständiger Abdruck in der Deduktion: Gründliche Untersuchung der Frage: Ob mit den Herren v. Hanau die v. Carben in Vergleichung zu stellen

seyen. Sect. I. p. 5. Auch Mader in s. Nachrichten v. d. Burg Friedberg I. 55. führt diese Urkunde an. Von der Urkunde von 1290 findet sich ein Auszug in Lang Reg. Rer. Boicar. IV. 471. — 17) Worauf sich die bickenbachischen Ansprüche gründeten, ist mir nicht bekannt. — 18) Fries ap. Ludwig Scriptor. Würzburg. 818 u. 847. — 19) Schon 1335 waren Weingärten hier. Abt Heinrich v. Fulda bekennt nämlich: quod petiam terre infra Stolzinberg et capellam in Sodin sitam ubi magr. Joh. de Salchmunster quedam vineta habuit, dem Ritter Friedrich v. Hutten für 30 Pf. Hell. „ad construendum ibidem vineas angewiesen habe. Dicasterii Fuld. p. 993 Handschrift auf der Bibliothek zu Fulda. — 20) Schon 1335 hatte Sooden eine Kapelle. S. die vorige Anmerkung. — 21) Sämmtliche bis jetzt erschienene Karten geben ein unrichtiges Bild von diesem Thale, indem sie die Dörfer des huttischen Grundes namentlich zu weit nördlich legen; so liegt das entferntfeste derselben, Kerbersdorf, auf der humbertischen Karte von Kurhessen 2 St. von Salmünster, und auf der ersten Ausgabe dieser Karte sogar ½ St. von der Salza entfernt, während es doch nur 1¼ St. von Salmünster und unmittelbar an der Salza liegt. — 22) Man hat vermuthet, daß Wahlerts das frühere Hiefen und unter Wallrod das jetzige Willenroth zu suchen sey, sich aber darin geirrt. Das jetzige Wahlerts ist das frühere Wallrod und erscheint zu gleicher Zeit mit Willenroth; Hiefen konnte aber um so weniger Wahlerts seyn, da es am linken Salzaufer lag, denn 1485 bezeichnet es eine Urk. als zwischen Romsthal und Sooden gelegen. — 23) Schannat Tradit. Fuldens. p. 220. Wenck II. S. 499 Anmerk. u. verwechselt das hier vorkommende Salzaha, mit Salz im Gericht Freiensteinau, welches gleichfalls an der Salza liegt. — 24) Schannat Buchonia vetus 389. Schannat Cod. Probat. Histor. Fuldens. p. 11. Die Zerstörung war kurz vorher geschehen, denn der König sagt „diebus nostris exstitit maliciose destructum." — 25) Schannat Buchonia vetus 384. — 26) Schannat Cod. Probat. Client. Fuld. p. 287. — 27) Um einen Ueberblick der Verhältnisse der Preise zu geben, habe ich aus den Bauregistern nachstehende Notizen gezogen. Bei dem Baue im J. 1512 erhielt ein Holzfäller täglich nicht volle 2 Alb., 5 Zimmerleute wöchentlich 1 fl. 21 Alb, desgleichen 2 Zimmerknechte 11 Alb.. 4 Schock Dielen kosteten 9 fl.,

1 Mlt. gebackenes Brod = 1 fl., 1 Fuder fuldisches Bier = 5 fl., 2 Ochsen u. 3 Kühe = 21 fl. ꝛc. — Im J. 1519: 5 Schock Dielen = 12 fl. 5 Alb.; 2 Ochsen, 2 Kühe und 1 Stier = 20 fl. 85 Pf. Blei = 4 fl., 2 Fuder und 2 Ohm Wein = 24 fl. — Im J. 1527: 1 Stier und 1 Kuh = 5 fl., 1 Fuder Wein und 1 Fuder Bier = 10 fl., 1 Mlt. Korn = 1 fl. ꝛc. — 28) Schannat Tradit. Fuld. p. 266. — 29) Wenck Urkch. II. 207. — 30) S. Bernhard Antiquit. Wetterav. 266 und Fichard's Entstehung von Frankfurt. 22. Außer diesen erhielt ich hierüber Nachrichten durch Herrn Stadtbibliothekar Dr. Böhmer zu Frankfurt. — 31) Würdtwein subsid. dipl. VI. 272. — 32) Chronic. Schwarzbg. ap. Schöttgen. I. 224. Fries ap. Ludwig Scriptor. Würzburgens. 677. — 33) Schultes dipl. Geschichte d. G. Henneberg I. S. 347. Schannat Cod. Prob. Histor. Fuld. 284—287. Vollständiger im Copiar. Fuld. B. XIV. 1143—1159. im fuldischen Landesarchiv. — 34) Lersner Frankft. Chr. 388. — 35) Spangenbergs hennebg. Chron. 153 und die Zeugenverhöre in der oben genannten Deduktion über den Joßgrund. — 36) Götz's v. Berlichingen Lebensbeschreibung. Nürnbg. 1773. S. 99. — 37) Joann. Res. Mogunt. I. 820. — 38) Da schwerlich jeder meiner Leser kennt, was man unter den Worten: Gefangene auf eine alte Urfehde entlassen versteht, so halte ich mich verbunden, darüber eine Erklärung zu geben. Eine Urfehde ist das Versprechen eine erlittene Niederlage oder Gefangenschaft nicht rächen zu wollen; wenn aber Gefangene auf eine alte Urfehde entlassen wurden, so schworen diese nicht etwa eine Urfehde, sondern es wurde angenommen, daß sie dieses schon früher gethan; es war also eine einfache Entlassung. — 39) Lauze's hess. Chron. Handschr. auf der kurhess. Landesbibliothek und Akten im Regierungs-Archive zu Kassel. — Daß der Landgraf eine kaiserliche Erlaubniß, die Landfriedensbrecher zu verfolgen, gehabt, und daß Mainz gebeten worden, diese nicht zu schützen, wie Lauze erzählt, ist unwahrscheinlich, weil beides nicht nöthig war. Auch erwähnen die Akten davon nichts. — 40) M. s. Münchs Franz v. Sickingen I. Während derselbe S. 267 die Bekriegung der sickingischen Freunde der Franzens v. Sickingen vorausgehen läßt, wie es auch der Fall war, läßt er S. 317 jenes erst nach Franzens Falle geschehen. 41) Ich gebe die Geschichte dieses Stammes gedrängter, weil

mir hier die Nachrichten nicht in der Fülle zu Gebote stehen, als dieses bei den anderen Stämmen der Fall ist. Ohnedem liegen auch die Sitze des fränkischen Stammes außer den mir gesteckten Grenzen. — 42) Würdtwein nova subsid. dipl. IX 259. 43) Fries ap. Ludwig Script. Würzbg. 660. — 44) Chronic. Schwarzbg. ap. Schoettgen I. 209. — 45) Fries ap. Ludwig. 666 u. 669. — 46) Daſ. 780. — 47) Schultes dipl. Geschichte v. Henneberg II. 245. — 48) Würdtwein subsid. dipl. XII. p. 34. Fries. 806. — 49) Spangenbergs hennebg. Chr. 234. — 50) Fries 854. — 51) Meusel hist. lit. Magazin I. 51—116. — 52) Ludwig Erläuterg. der goldn. Bulle II. 1098. — 53) Schultes histor. stat. Beschreibg. d. Grafschaft Henneberg I. 694. — 54) Ueber die verwandtschaftlichen Verhältnisse dieses Stammes herrscht viel Dunkel. Daß Frowin der Stammvater war, dafür sprechen folgende Gründe: 1) Die Güter, zu deren Besitze er 1347 und durch die Todttheilung von 1364 gelangte, finden sich später in dem Besitze des letzten der steckelberger Linie wieder; 2) die gronauer Linie tritt als seine Nachfolgerin hinsichtlich der von ihm 1354 gestifteten Kapelle auf; 3) die Todttheilung mit seinen Neffen wäre gewiß nicht geschehen, wenn er ohne Kinder gewesen, und 4) der stolzenberger Stamm wurde nicht sein Erbe. Diese Gründe scheinen mir die zu überwiegen, welche man entgegensetzen kann; daß er nämlich außer den Söhnen, welche 1347 erscheinen, nie wieder von Söhnen oder Erben spricht, welches namentlich bei der Belehnung mit Vollmerz im J. 1375 der Fall ist, während er bei Verfügungen über Güter die Genehmigung seiner Brüder oder Neffen einholt. — 55) Alle Nachrichten nennen den Lehnbrief von 1388, den ich leider nur in einem dürftigen Auszuge zu sehen bekommen, als den ersten. Nach Spangenbg. hennebg. Chr. S. 145 müßten sie zwar schon 1351 im Besitze des St. gewesen seyn; als damals Henneberg das fuldische Schloß Werberg belagert, hätten nämlich die v. Hutten zu Steckelberg, welche Ganerben daselbst gewesen, einen sehr geübten Armbrustschützen hingeschickt. Aber die steckelberger Linie hatte nie Antheil an Werberg. — 56) Gudenus cod. dipl. II. 352. — 57) Ueber die Richtigkeit dieser Angabe herrscht jedoch einiger Zweifel. — 58) Schultes dipl. Gesch. v. Henneberg. Ukbch. I. 508. — 59) Gudenus cod. dipl. II. 621. — 60) Kremers Geschichte des Kurfürsten Friedrich v. d. Pfalz 201 u. 241. — 61) Es ist dieses die 1354 gestiftete Kapelle und wie das Kloster beweisen konnte, daß die Stiftung nie ausgeführt worden, ist mir unbegreiflich, denn die oben mitgetheilten Nachrichten über diese Kapelle sind schlagende Beweise für die Ausführung der Stiftung. Ich müßte mich sehr täuschen, wenn jene Kapelle nicht dieselbe sey, welche noch gegenwärtig unter dem Namen der huttischen Kapelle in Schlüchtern vorhanden ist; ihr Styl spricht ganz dafür. (Eine Ansicht dieser Kapelle gab vor einigen Jahren Wagner Deines zu Hanau heraus). — 62) Was ich noch zu Ulrich v. Hutten zu bemerken gefunden, will ich hier niederlegen.

Alle Biographen Ulrich's sagen, daß er auf die väterlichen Güter zum Besten seiner Brüder verzichtet habe. Ich muß dagegen einer bestimmten Verzichtleistung widersprechen, von der sich auch nirgends in den Familienpapieren eine Spur findet. Ulrich wurde dem geistlichen Stande bestimmt, und darin lag eine sich schon von selbst verstehende Verzichtleistung, denn die geistlichen Söhne hatten kein Erbrecht. Später hätte er zwar auf seinen Güter-Antheil Anspruch machen können, sein unstätes und zugleich eheloses Leben mochten ihn aber davon zurückhalten.

Als Franz v. Sickingen 1518 seine Fehde gegen Hessen erhob, war auch Ulrichs Name ohne sein Wissen in den Fehdebrief gekommen. Sein Schwager R. Georg v. Schaumburg zu Lauernburg wendete sich deshalb an die Landgräfin Anne, und brachte es dahin, daß er dieser Sache entledigt wurde.

Daß Ulrich auch auf seine Brüder mächtig einwirkte, diese aber nicht seinen Muth hatten, zeigt der nachstehende Brief seines Bruders Frowin vom 29. Nov. 1520, den Ulrich zu Ebernburg erhielt, wo man ihn nach deren Eroberung fand:

Fr. lieber Herre vnd Bruder, Ewr schreiben mir gethan, hab Ich alles Inhalts vernommen vnd als Jr anzigt, das Jr mir In mejn anligender not sachen nit wist zu hilffen, ist nit gut off mejner syten, vnd wer vil besser gewesen, man het mejns rades erstlich gefolgt, dan mir nye lieb was mich in die buntniß als Jr wist zu geben, diewejl euch aber die sach allen so

wol gevil, hab ich das spil angefangen, got weiß, wj ich es
außfüre, dan ich hab mir nit gering last vff geladen, doch wer
ich nit verbunden, wolt ich es mit Eren wol außfüren; aber
gescheen Ding sein nit zu wenden. So weiß ich euch von mej=
ner sach sunderlich nichs zu schreiben, dan ich selbs nit waiß
wj sj sthett, bin aber willes In kurtz, So schirst es meyner
gelegenheit nach statt haben wil, mich selbs bj euch zu fügen und
die vnd andre sach halb mit euch red vnnd handlung haben vnd
In mitler zeit flis haben, wj ir mir geschrieben, das hab ich
vch vffs kurtzt In antwort nit bergen wollen, den euch als
mejn lieben bruder mit bruderlicher trew zu begegnen bin ich
gefloßen, vnd ist mir uwer anligendt nit lieb, damit befel ich
vch got zu gesondtheit mit vil guter nacht, des glichen lorentz
mejn Bruder auch. Dat. vft Donerstag nach katharinen Im
XX. Jar.
Froeben vom hutten.

Dem hochgelarten vnd Ernuesten Ulrich vom Hutten zu
steckelberg mejn fr. lieber Bruder zu Eygner handt.

(Aus dem Original im Archiv der kurfürstl. Regierung der Provinz
Niederhessen zu Kassel.)

63) Fries 902. — 64) Lotichius dichtetete eine Elegie auf
Mangolds Tod. S. P. Lotichii secundi poemata omnia. Am-
staelaedami 1754. I. p. 295. — 65) So findet sich auch 1492
ein huttischer Bastard: „Hans der halbe von Hutten." — 66) Unter Cyriax Eitel begann ein langjähriger Streit über die
Kirche zu Ramholz, den ich an einem anderen Orte zu erzählen
gedenke. In einem Briefe über diese Sache giebt C. Eitel
sein religiöses Glaubensbekenntniß: „Er halte dafür, daß die
rechte wahre Religion noch nicht auf der Welt sey und daß
wenn diese käme, alle Menschen sie annehmen müßten; darauf
wolle er mit den Seinigen warten."

## VIII.

## Stauffenberg.

(Mit einer Ansicht.)

---

Wohl bleibt der Wanderer im Thale bei dieser Trümmer An-
blick stehn,
Denn durch die grünen Bäume blicken die grauen Mauern
mal'risch schön;
Doch oben schwindet das Vergnügen, was er im tiefen Thal
gefühlt,
Es wandelt sich in stille Trauer, die seines Herzens Wärme
kühlt.
Denn ach! mit strohbedeckten Hütten lehnt sich ein Städtchen
arm und klein,
Hoch an des Berges dürren Felsen und an der Trümmer
alt Gestein,
Und blickt, in düst'res Schwarz gekleidet, in die vergangne
Zeit zurück,
Wo in der Burg noch Leben weilte und ihm geblüht ein
froh'res Glück.

## 8.

## Stauffenberg.

An der von Gießen nach Marburg führenden Straße, 2 Stunden von ersterer und 4 Stunden von letzterer Stadt, erhebt sich in dem durch den Einfluß der Lumda in die Lahn gebildeten Winkel, nahe der kurhessischen Grenze, ein hoher Basaltberg, auf dem das großherzoglich hessische Städtchen Stauffenberg mit den Trümmern zweier Burgen liegt.

Die schönste Ansicht von Stauffenberg genießt man unstreitig am Lahnufer, beim Dorfe Kirchberg. An dem hohen westlichen Abhange des Berges ziehen sich zwischen dem Grüne der Obstbäume die ärmlichen Hütten des Städtchens hin und schmiegen sich traulich an die bis zum Gipfel des Berges hinaufreichenden Trümmer. Das Bild ist so malerisch, daß man gern und mit Vergnügen bei dem Betrachten desselben verweilt. Aber wie die Ferne stets alles schöner malt, als die kältere Nähe, so verschwindet

Stauffenberg.

auch hier das freundliche Bild des Thales, wenn man auf der am Berge hinaufführenden Straße zu dem Städtchen gelangt, dessen ärmliches und schmutziges Aeußere damit in den grellsten Widerstreit tritt.

Während die Unterburg sich nahe über dem Städtchen erhebt, nehmen die Trümmer der Oberburg den Gipfel des Berges ein. Zwei neben einander auf der Südseite liegende Thore, von denen das eine jetzt verschüttet ist, führten zur Unterburg. Diese bildet ein längliches Viereck von 2 Stockwerken Höhe und ist noch bis zum Dachstuhle erhalten; nur die Giebelwände sind herabgestürzt. Mehrere Pforten führen in das Innere dieses Gebäudes und zu den noch festen Kellergewölben. An seiner hintern östlichen Ecke hat dasselbe einen gleich hohen Thurm, der gegenwärtig, wo die Umgebung der Ruine zu einem Garten eingerichtet ist, von dem Besitzer als Gartenhaus benutzt wird.

Nordöstlich über der Unterburg liegt die Kirche, und über dieser die Oberburg. Von der Unterburg, die von starken Ringmauern umschlossen wird, ziehen sich gleichfalls Mauern, theils in die Breite als Widerlagsmauern, theils in die Länge am Abhange hinan, bis zur Kirche und der Oberburg. Diese bestand ehemals aus einem vierecten Hauptgebäude mit 4 Erkerthürmchen. Eine hohe nach der Stadtseite laufende Mauer umgab den Schloßhof, dessen beide Vorderecken durch zwei Thürme geschützt wurden; rechts stand ein, wie es scheint, mit dem Gebäude gleich hoher Thurm mit Zinnen, links ein kleinerer mit einem spitzen Kegeldache.¹) Dieses ist zwar aus den gegenwärtigen Trümmern nicht mehr zu erkennen, denn diese sind zu sehr zerfallen und zerrissen und der Boden ist von wildem Dorngestrüppe überzogen. Nur die Reste des Hauptgebäudes, nämlich Mauern mit zwei Reihen Fensteröffnungen, sind noch vorhanden.

Die Aussicht von der Höhe lohnt hinlänglich für die Mühe des Steigens. Nördlich blicken aus den Lahnbergen die Frauenburg und die Marburg hervor, südlich öffnet sich das schöne Lahnthal und die blühende Wetterau; man sieht Giessens Thürme, die Trümmer der Gleiburg, der Fetzburg, der Badenburg, den alten Sitz des deutschen Ordens zu Schiffenberg ɾc.

Die Entstehung der **Stauffenburg (Stouphinberch, Stoypenberg etc.)** ist unbekannt. Ob sie ihren Namen von einer angeblich altdeutschen Gottheit Stuffo erhalten, wie man vermuthet hat, lasse ich um so mehr dahin gestellt seyn, da erst noch erwiesen werden muß, daß eine solche vorhanden gewesen ist. Man findet die Burg zuerst im Anfang des 13. Jahrhunderts, und seitdem stets in dem Besitze der Grafen von Ziegenhain, welche sie von der Abtei Fulda zu Lehn trugen. Das Städtchen, welches durch die Burg entstand, findet sich dagegen erst im 14. Jahrhunderte.

Friedrich (1186 — 1229), der Sohn des Landgrafen Ludwig des Eisernen von Thüringen, war anfänglich Probst zu Fritzlar gewesen, und hatte dann den geistlichen Stand verlassen und sich mit Lutgarde, einer Erbtochter der Grafen von Ziegenhain, vermählt. Hierdurch war er zu einem nicht unbedeutenden Theile der ziegenhainischen Besitzungen, und namentlich zu einem Antheile an der Stauffenburg gelangt. Als nun nach seinem Tode zwischen Thüringen und Ziegenhain wegen seiner Erbschaft 1233 sich verglichen wurde, leistete Landgraf Konrad unter andern auch auf die Stauffenburg Verzicht.[2]) Später wird die Burg öfters in den Familienstreiten und Gütertheilungen der Grafen von Ziegenhain genannt; so entsagte Graf Ludwig 1258 seinen Forderungen, welche er wegen der Stauffenburg an seinen Vetter, den Grafen Gottfried, gemacht.[3]) — Als später Graf Gottfried mit dem Landgrafen Heinrich I. v. Hessen, dessen Tochter Mechtilde er zur Gattin hatte, zerfiel, und sie sich, nachdem Heinrich die ziegenhainische Burg Gemünden an der Straße zerstört, im Jahre 1283 aussöhnten, setzte Gottfried auf den Fall, daß er ohne Kinder sterben würde, seiner Gemahlin Ziegenhain, Treisa und Stauffenberg zum Witthum ein.[4])

In dem Theilungsstreite des Landgrafen Heinrich I. von Hessen mit seinen Söhnen spielt auch die Stauffenburg eine Rolle. Nachdem Kaiser Adolph Ende Juni 1296 den Landgrafen mit seinem Erstgebornen ausgesöhnt, sammelte er ein Heer, um den zweiten Sohn Otto zum Gehorsam zu bringen, der mit seinem Schwager, dem Grafen Gottfried von Ziegenhain verbunden, der väterlichen Gewalt den hartnäckigsten Trotz entgegensetzte. In der Mitte des August 1296 erschien der Kaiser mit den Erzbischöfen Gerhard von Mainz und Siefried von Köln, dem Herzoge Rudolph von Baiern, dem Abte Heinrich von Fulda und vielen Andern vor der Stauffenburg und umschloß dieselbe. Ob die Burg erobert wurde, ist nicht bekannt; die Belagerung hatte wenigstens zur Folge, daß Otto gefügiger wurde und ein Vergleich mit seinem Vater zu Stande kommen konnte. [5]

Als hiernächst Elisabeth, die Tochter des Grafen Ludwig v. Ziegenhain an Philipp IV., Herrn v. Falkenstein und Münzenberg, verehlicht wurde, erhielt sie als Aussteuer die Hälfte des Schlosses Stauffenberg verschrieben, welche Mechtilde, des Grafen Gottfried v. Ziegenhain Wittwe, im Jahr 1305 mit 350 Mark Pfennigen an sich kaufte.

Im J. 1324 bestellte Graf Johann von Ziegenhain den Grafen Johann v. Solms zu seinem Burgmann zu Stauffenberg [6]. Als im J. 1344 den Landgrafen Heinrich II. ein Krieg mit Mainz bedrohte, schloß er mit dem Grafen Johann v. Ziegenhain ein Bündniß, worin dieser ihm unter andern auch die Oeffnung des Schlosses Stauffenberg versprach; dagegen machte sich der Landgraf verbindlich, dem Grafen bei dem Baue einer Burg auf dem Gerstenberge, über Allendorf an der Lumde, behülflich zu seyn. Des genannten Grafen Johann Sohn, Graf Gottfried, verpfändete hierauf im J. 1359 die Burg mit ihren beiden Thälern [7] an die Ritter Heinrich von Rolshausen und Vollprecht Schabe für 3500 kl. fl., welche Verpfändung 1380 erneuert wurde. Dieses Verhältniß blieb bis zum Anfang des 15. Jahrhunderts, denn erst 1409 fand die Ablösung statt. In diesem Jahre versetzte Graf Johann v. Ziegenhain mit Bewilligung seiner Brüder Schloß und Stadt an den Erzbischof Johann v. Mainz für 5115 fl. Nachdem dieser 1419 gestorben, verpfändete sein Nachfolger, Erzbischof Konrad, einen Theil von Stauffenberg an Henne Weise v. Feuerbach für die Summe von 1000 fl., welchen Graf Johann 1426 wieder einlöste, und 1440 für 950 fl. an Ebert v. Rodenhausen eingab. In dem Besitze des andern Theils blieb Mainz bis zum J. 1447. Die Ablösung geschah durch Landgraf Ludwig II. mit 4115 fl. Doch nahm der Landgraf diesen Theil nicht in Selbstbesitz, sondern überließ ihn dem Grafen Johann v. Ziegenhain Amtsweise auf die Zeit seines Lebens. Durch Graf Johann's 1450 erfolgten Tod erlosch das alte Haus der Grafen von Ziegenhain, und die Besitzungen desselben fielen an Hessen. Im J. 1453 findet sich Thammo v. Weitershausen im Pfandbesitze der Stauffenburg; er versetzte damals eine Behausung und einen Burgsitz vor der Burg an Henne Mönch v. Buseck. Auch die v. Trümbach erwarben später ein dasiges Burglehn. Landgraf Heinrich III. gab die Amtmannschaft über Stauffenberg seinem Rath Johann Hauck auf Lebenszeit; als Landgraf Wilhelm dieses 1490 bestätigte, bestimmte er zugleich, daß wenn Hauck sterbe, seine Wittwe das Amt noch 3 Jahre behalten sollte. Nach Hauck's Tode wurde im J. 1497 Stauffenberg für 2000 Goldgulden an Sittich d. j. v. Berlepsch verschrieben, an dessen Stelle im Jahre

1507 für die gleiche Summe die Gebrüder Friedrich und Hans v. Rolshausen traten. Als diese starben, ging die Pfandschaft auf des erstern Söhne, Friedrich, Wilhelm und Hans über, die 1528 den Pfandschilling mit 500 fl. erhöhten. Hans beerbte seine Brüder Friedrich und Wilhelm, und machte 1551 dem Landgrafen Philipp nochmals ein Darlehn von 500 fl., so daß nun die Pfandsumme 2000 Gfl. und 1000 fl. betrug. Nachdem auch er gestorben, wurden im J. 1564 beide Summen seiner Wittwe Edelinde zurückgezahlt, und Stauffenberg kam nun wieder in den unmittelbaren Besitz der Landgrafen, die es von jetzt an mit Amtleuten besetzten.

Die Schicksale der Stauffenburg im 30jährigen Kriege sind mir nicht näher bekannt. Ihre Lage, durch welche sie die wichtige Frankfurter Straße beherrschte, war jedoch so wichtig, daß man wenigstens auf einen öfteren Wechsel ihrer Besitzer schließen muß. Dieser Krieg, oder vielmehr der mit demselben zusammenhängende zwischen den beiden hessischen Fürstenhäusern, stürzte auch sie in Trümmer; man sprengte sie durch eine Mine in die Luft; nur die untere Burg blieb stehen, bis auch sie, der Gewalt der Zeit weichend, endlich zerfiel.

Was das Alter der noch jetzt in ihren Trümmern erhaltenen Gebäude betrifft, so geben mehrere Inschriften darüber Aufschluß. Am Stadtthore erblickt man auf einem Schilde einen Helm, dessen oberer Theil einen Ziegenkopf zeigt; zwischen den Hörnern liegt das Wappenzeichen der von Rolshausen (zwei ins Kreuz gelegte Schauffeln) und am Halse des Helms hängt ein Stern. Unter demselben befinden sich die Wappenschilder der Familien Schabe und Rau. Diesen schließt sich die zum Theil abgekürzte Inschrift an: Inceptum fieri MCCCCI. per fridericum rolshausen. Der Ziegenkopf und Stern sind die ziegenhainischen Wappenbilder, und Friedrich v. Rolshausen besorgte als Pfandinhaber den Bau. Auch an der Unterburg nahmen die von Rolshausen Bauten vor; an einem Kellerhalse liest man: IƦOV (1405) Fredericus de Rolshus., sowie an der Mauer: MCCCCXXII. Holczapel vnde Freder. de Rolshusen machten am nach . . . . Das noch gegenwärtig stehende Gebäude der Unterburg entstand jedoch erst in der Mitte des 16. Jahrhunderts, und zwar durch die damaligen Pfandbesitzer v. Rolshausen, wie dieses die auf einer über dem Eingange angebrachten Platte befindliche Jahrzahl zeigt: anno domini millesimo quingentesimo Xꞌꝛº (1551). Die Gebäude sind hiernach sehr verschiedenen Alters.

### Anmerkungen.

1) S. die Ansichten bei Dilich und Merian. Beide sind aber nicht treu, denn das Bild ist zu sehr zusammengedrückt, und namentlich ist der Berg nicht allein höher, sondern liegt auch entfernter von der Lahn. — 2) Wenck II. Ukbch. S. 150. — 3) Das. S. 185. — 4) Das. III. S. 150. — 5) S. hierüber meine Abhandl. in der Zeitschr. des Vereins für hess. Geschichte und Landeskunde, I. S. 33 ꝛc. — 6) Wenck III. Ukbch. S. 189. — 7) Es heißt: „mit den zwei Dalen, beide alt vnd newe, die darvnder sein gelegen." Was unter dem zweiten Thale verstanden wird, ob sich dieses etwa auf die Unterburg bezieht, weiß ich nicht.

## IX. X.

### Die Burgen
# Eisenbach und Wartenberg.
(Mit einer Ansicht und einer Stammtafel.)

———

Während die eine, versunken in Trümmer,
Kaum noch die Spuren des Daseyns uns zeigt,
Schaue die and're! die, herrlich noch immer,
Stolz zu den eilenden Wolken entsteigt.

Könnten die alternden Wände verkünden,
Was sie erfahren und was sie gesehn,
Würden wir Blüthen der Freude wohl finden,
Aber auch viele gar blutige Weh'n.

Fern bleibt der Krieg nun, der einst sie erschüttert,
Still vom Geschosse die bebende Luft;
Denn ach die Schwerter sind alle zersplittert,
Alle die Ritter gezogen zur Gruft.

Und gleich dem Mann aus entlegenen Landen,
Steht sie, ein Fremdling im lebenden Kreis;
Denn nicht der Gegenwart blühende Banden
Heben belebend den sinkenden Greis.

## 9.

## Eisenbach.

Wenn man von Lauterbach aus gegen Süden in dem felsigen Thale der Lauter hin wandert, gelangt man auf einer eben so schönen als bequemen Straße nach etwa einer Stunde am Fuße des Hügels an, auf dem das Schloß Eisenbach liegt. Der Burgberg, der aus Basaltfelsen besteht, ist zwar nicht hoch, doch ziemlich steil, und nur gegen Westen verflacht er sich. Die Abhänge sind meist mit Bäumen und Sträuchern bepflanzt, deren frisches Grün bei dem Anblicke der Burg den angenehmsten Eindruck hervorbringt. Um den Fuß des Burgbergs zieht sich ein enges Wiesenthal, das rings von dem nahen Hochwalde umschlungen wird.

Das Ganze der Burg muß man in zwei Theile scheiden, in die eigentliche Burg und in die Vorburg oder die Oekonomiegebäude, letztere bilden um die Burg gegen Süden und Westen einen weiten Kreis, wodurch ein sehr geräumiger Vorhof entsteht.

Ich führe den Leser zu dem äußersten Thore, welches die Vorburg verschließt. Es liegt gegen Südwesten und befindet sich unter einem alten Gebäude, und dem Anscheine nach, führte ehemals eine Zugbrücke zu demselben; die vorspringende Ringmauer und ein Rondel dienten ihm als äußere Deckung. Rechts und links reihen sich an das Thorhaus die Oekonomiegebäude, von denen die zur Rechten einer neuern Zeit, die zur Linken dem 16. Jahrhunderte angehören. Das von den letztern zunächst an das Thor stoßende Gebäude hat auf einer Steinplatte in 2 Schildern das riedeselische und malsburgische Wappen, und um den Rand die Wappen von 6 verwandten Geschlechtern. Das diesem folgende Gebäude hat gleichfalls die beiden obigen Wappen, über denen der 2. Vers des 59. Psalms: Errette ꝛc. steht, eine Inschrift darunter giebt die Geschichte dieses Hauses: **Nach H. Chri. Gebvrt im 1559 iar hat mein lieber iuncker selger dis haus gebaut, das den dinstag nach michaelis einvil. Bracht manchen leut vnd etlichen ein kurtz zil. des LXI. iar hab ichs mit got witer avfgericht wies man hie vor avgen dennoch sicht, nv befel ichs got in seine hend der wol al mein betrübnüs schicken zvm seligen end.** Hiernach wurden beide Gebäude von Hermann Riedesel und seiner Gattin Margaretha v. d. Malsburg erbaut.

Ein drittes Gebäude, welches das zuletzt erwähnte zum Theil bedeckt, zieht sich gegen Norden und schließt sich an die Burgkirche, ein nicht großes Gebäude aus dem

17. Jahrhundert. Mit ihrer Nordseite stößt die Kirche an den innern Burggraben.

Wir stehen jetzt vor der eigentlichen Burg. Diese bildet ein großes längliches Viereck, und besteht aus 2 Haupttheilen, welche gegen einander über, nach Osten und Westen, liegen, und nördlich durch eine Mauer, südlich durch das Thorgebäude verbunden werden. Dicht um die Burg lauft ein Graben, der auf der Südseite, wo die Brücke sich befindet, vorzüglich breit und tief ist. Diese Brücke war sicher ehemals zum Aufziehen eingerichtet. Ueber dem Eingange erhebt sich ein gewöhnliches Thorgebäude mit der ehemaligen Wohnung des Thorwarts. Auf einer über dem Thore aufgehenkten Tafel ist ein großes Schild angebracht, auf dem man ein Stück Haut und die Jahreszahl 1678 erblickt. Man erzählt hiervon, daß in dem genannten Jahre, etwa ¾ Stunden von Eisenbach nach Stockhausen hin, der letzte Bär erlegt, und dessen Kopf und Klauen hier zum Gedächtnisse aufgehenkt worden seyen; jenes Stück Haut sey der letzte Rest davon.

Durch das Thor sind wir in den innern ziemlich geräumigen Hof gelangt, und ich wende mich zuerst nach der östlichen Seite desselben. Diese wird durch ein großes vierecktes Gebäude gebildet, das meiner Ansicht nach das älteste der Burg ist. Vor etwa 60 Jahren erhielt dasselbe ein neues Schieferdach; auch die Seite nach dem Hofe hin und der Treppenthurm gehören einer neuern Zeit an; über dem Eingange des letztern befindet sich das ried=

eselische und boyneburgische Wappen; dieser Thurm wurde demnach in der letzten Hälfte des 16. Jahrhunderts erbaut. Die erste Gründung dieses Gebäudes setze ich in die Zeit der v. Eisenbach. Sein ganzes Aeußere, die an ihm sichtbaren Grabsteine, welche sonderbarer Weise in schiefer Richtung an der Mitte der äußeren Wand hinlaufen, dann die Spuren von Zinnen und die noch theilweise erhaltenen Eckthürmchen, alles zugleich Zeugnisse vielfacher Veränderungen, liefern den Beweis für meine Ansicht. Dieses Gebäude ist nicht mehr bewohnbar und wird zum Fruchtspeicher benutzt, selbst der ehemalige Rittersaal, dessen Wände noch im Anfang dieses Jahrhunderts reich mit Wappen geziert waren, bietet gegenwärtig nur noch kahle Mauern dar.

An dieses Gebäude knüpft sich südlich ein hohes aus großen Quadern aufgeführtes fünfeckiges Thurmgebäude, das sich neben dem Thorhause erhebt und in den Burggraben vorspringt. Nach der Brücke hin hat es auf einer großen Steinplatte das riedeselische und röhrenfurtische Wappen, und wurde hiernach von Hermann, dem ersten Erbmarschall des riedeselischen Geschlechts, erbaut. Das Dach dieses Gebäudes ist erst vor wenigen Jahren erneuert worden.

Das andere gegen Westen liegende Hauptgebäude bildet die zweite Längenseite der Burg. Zu diesem Gebäude, welches jünger als jenes ist, führt ein viereckter Treppenthurm mit einer schönen Wendeltreppe, bis in das fünfte Stockwerk. Die Zimmer sind meist geräumig, aber leer, und an seine frühern Bewohner erinnern nur noch die zahlreichen Bildnisse derselben, welche die Wände schmücken. Vorzüglich zeichnet sich im vierten Stockwerke der s. g. große Saal aus, an dessen innerer Wand sich ein grotesker Schrank mit vielen Holzschnitzereien und den Wappen der Riedesel und der von der Malsburg befindet. Er scheint zugleich ein Betsaal gewesen zu seyn, wie ein nach Außen vorspringender Erker mit Grabbogen, in dem ein Altar steht, vermuthen läßt. Ueber der Thür des Saales befindet sich die Inschrift: **Anno MDXXC. (1580) Haben Johann u. Volprecht Riedesel zu Eysenbach Gebrüdere dieses vralte Haus zu erneuern angefangen u. diesen Schnecken (den Treppenthurm) vfgeführt. Anno XXCI. (1581) das obere Haus u. Dachbau gänzlich abgeleget u. wider vfgeführet auch also von Jahren zv Jahren renoviret. Gott gebe Gedeihen.**

An dieses Gebäude schließt sich südlich ein in neuern Zeiten aus Sandsteinquadern aufgeführtes Gebäude, das, sich an das Vorhaus lehnend, mit seiner Façade in dem Burggraben steht und gleichsam das Gegenstück zu dem erwähnten fünfeckigen Thurme abgiebt.

Auf der Nord= und Westseite der Burg lehnen sich an deren äußere Mauern noch mehrere andere Gebäude, welche erst in späteren Zeiten zu ökonomischen Zwecken erbaut worden sind.

Dicht um die Burg herum läuft die Ringmauer mit Rondelen und Schießscharten und zwischen dieser und der

Burg der Burggraben (Zwinger) hin. Jene Mauer umschließt zum Theil auch die Vorburg, so weit deren Gebäude nicht selbst zur Mauer dienen. Den Fuß des Burgberges scheint noch ein zweiter Graben umgeben zu haben, den ein kleiner Bach (wahrscheinlich Eisenbach genannt), bewässerte, der unfern im Gebirge entspringt und zwischen Eisenbach und Blitzenrode in den von Engelrode herabkommenden Bach fällt.

Von mehreren Teichen, welche im Thale lagen, ist nur noch einer übrig, wogegen die andern ausgetrocknet worden sind. Neben diesem liegt eine kleine Kapelle mit einigen gothischen Fenster-Zierrathen. Doch nur ihre Formen erinnern noch an ihren Zweck, denn jetzt dient sie zu einem Waschhause.

Um Wasser auf die Burg zu bringen, ist eine eigene Wasserleitung angelegt. Durch den vorüberfließenden Bach wird nämlich ein Rad in Bewegung gesetzt, welches ein gutes Quellwasser in Röhren hinauftreibt.

Die Aussicht ist beschränkt. Nur aus den obern Fenstern des Schlosses sieht man über die nördlichen Hügel hinaus den Kirchthurm von Maar und weiter das Schloß Herzberg; nordwestlich erblickt man Wallenrod und westlich Hopfmannsfeld und Dirlamen. Alle andere Seiten werden durch dicht bewaldete Berggipfel begrenzt. Doch um so freundlicher ist der Blick in das enge, sich um den Burgberg windende Wiesenthal und auf das felsige Bett des im Sommer freilich sehr wasserarmen Baches.

Was man für eine Stech- und Rennbahn angesehen,

## 10.

## Wartenberg.

Kaum ¼ St. von Angersbach und ⅘ St. von Lauterbach erhebt sich mitten im Lauterthale ein nicht hoher Hügel, den nur ein niederer Felsrücken mit den andern Bergen verknüpft. Auf dem Gipfel dieses Hügels liegt die geräumige Trümmerstätte des ehemaligen Schlosses Wartenberg. Nur noch wenige Mauerreste erheben sich aus dem Schutte, aus denen man einigermaßen die Lage der Gebäude vermuthen kann. Da wo östlich sich ein hoher Schutthaufen erhebt und sich die Oeffnung eines Gewölbes zeigt, scheint das eigentliche Schloßgebäude und da, wo der Schutt die ansehnlichste Höhe erreicht, der Thurm gestanden zu haben. Das Burgthor lag nach jenem Felsrücken hin, und noch vor wenigen Jahren waren die 6′ hohen Reste der Thorpfeiler vorhanden. Die Weitläuftigkeit der Gebäude ergiebt sich aus den rings am Abhange hinlaufenden, jetzt zwar nur noch in einzelnen Resten sichtbaren Widerlagsmauern. Auch die Befestigungswerke waren nicht unbedeutend; außer einem tiefen Graben, der noch jetzt erhalten, bemerkt man auf der Nord=, Ost= und Südseite noch einen zweiten, der den

Fuß des Burgberges umzieht, und zum Theil von der Lauter durchflossen wird.

Die Aussicht ist kaum bemerkenswerth. Man sieht nur das Wiesenthal der Lauter hinauf und hinab, und die Dörfer Angersbach und Salzschlirf, zwischen denen Wartenberg beinahe in gerader Linie liegt.

## Geschichte der Besitzer der Burgen Eisenbach und Wartenberg.

### Die v. Angersbach.

Da wo der Oberlahngau gegen Südosten seine Breite verengernd an der Grenze des westlichen Grabfeldes endete, wurde die äußerste Spitze desselben durch die Cent Lauterbach (**Luterenbach**) gebildet. Schon in ihren frühesten Zeiten hatte die durch Bonifazius gestiftete Abtei Fulda diese Cent erworben, und gab später, wo der Hauptort Lauterbach städtische Rechte erwarb, die Vogtei über die Cent und die Stadt den Grafen v. Ziegenhain zu Lehen. An der östlichen Grenze der Cent, da wo diese sich an Buchonien schloß, liegt das Dorf Angersbach, welches schon im J. 812 vorhanden war. In diesem Dorfe findet sich im **XII.** Jahrhundert ein Edel=, wahrscheinlich Dynastengeschlecht gleiches Namens angesessen. Bereits 1114 wird uns Friedrich v. Angersbach genannt, als derselbe der fuldischen Kirche Güter in **Sterrenrode** schenkte [1]), einem jetzt nicht mehr vorhandenen Dorfe, das früher zur Cent Lauterbach gehörte, und von dem eine Hälfte sich später im Besitze der v. Eisenbach findet. Achtzig Jahre vergehen, ehe der Name der v. Angersbach sich wieder findet. In den J. 1193 und 1197 lernen wir Dietrich v. Angersbach in verschiedenen Urkunden als Zeugen kennen ²). Mit diesem verschwindet der Name der v. Angersbach auf immer ³), und an ihrer Stelle tritt ein Geschlecht auf, v. Wartenberg, das nicht allein in Angersbach und dessen Umgegend begütert erscheint, sondern selbst seine Burg in der Gemarkung des Dorfes Angersbach hatte. Hieraus schöpfe ich die Vermuthung, daß die v. Wartenberg eine unmittelbare Fortsetzung der v. Angersbach seyen; zur Bestärkung derselben kommt noch hinzu, daß die Namen Friedrich und Dietrich sich auch bei den v. Wartenberg wiederfinden. Den letztern Namen lernen wir zuerst 1232 kennen. Später trennte sich dieses Geschlecht in zwei Stämme, von denen der eine sich fortwährend v. Wartenberg, der andere aber nunmehr v. Eisenbach nannte. Für diesen Ursprung der letztern spricht wenigstens eine hohe Wahrscheinlichkeit. Zu gleicher Zeit mit den v. Eisenbach findet sich jedoch noch ein anderes Geschlecht, welches denselben Namen führte, und ehe ich weiter fortfahren kann, muß ich erst dessen Geschichte erzählen.

## Die älteren von Eisenbach.

Dieser ältere Stamm, dessen verwandschaftliche Verhältnisse zu dem wartenbergischen Geschlechte nirgends klar hervortreten, wird zuerst 1217 bekannt. Konrad

v. E. findet sich am 15. Aug. d. J. zu Fulda, als dort Kaiser Friedrich eine Urkunde ausstellte.⁴) Im J. 1236 findet sich **Kumph** (al. Krumph) v. E. Nach diesem, dessen Name gleichsam Geschlechtsname wurde, finden sich drei Brüder, wahrscheinlich dessen Söhne: **Siefried Kumpf, Tragebodo** ⁵) und **Eckhard**. Die letzteren waren Geistliche, Tragebodo mainzischer Domherr und Probst des Kollegialstifts Mockstadt in der Wetterau, (1272 — 1281), Eckhard Probst auf dem Neuenberge bei Fulda (1263 — 1272⁶). Siefried war, als Erzbischof Siefried von Mainz 1247 die Verwesung der Abtei Fulda übernommen, in dessen Dienste getreten; hierfür und für die darin erlittenen Verluste war ihm dieser 30 Mk. S. schuldig geblieben, und hatte ihm dafür Güter zu Reichlos (**Richolfes**) und Rixfeld (**Rockisfeilt**), am Vogelsberge verschrieben; diese Güter schenkte er 1272 dem Kloster Blankenau. Seine Söhne Siefried und Dietrich, genannt Kumpf, nahmen an dieser Veräußerung Theil. Um diese Zeit lag die Ritterschaft des Stifts Fulda in blutiger und zerstörender Fehde mit dem Abte; auch die v. Eisenbach gehörten zu des Abtes Feinden. Als nun Abt Berthold II. mit eiserner Strenge die Waffen erhob, war Eisenbach mit unter den Schlössern, welche durch ihn in Trümmer sanken; Lauterbach wurde dagegen von ihm stärker befestigt (vor 1271).⁷)

**Siefried Kumpf II.** gab 1280 dem Kloster Blankenau Güter zu Dirlamen, mit der Bestimmung, daß er und seine Gattin dafür in der Klosterkirche beigesetzt und ihnen Seelenmessen gelesen würden. Später verkaufte Siefried einen großen Theil seiner Güter, namentlich die Gerichte Engelrod und Holzmannsfeld (später Hopfmannsfeld genannt) und, wie es scheint, auch seinen Antheil an Eisenbach, an Gerlach, Hrn. v. Breuberg. Dietrich, der hierzu seine Einwilligung nicht gegeben, kam darüber mit Gerlach in Streit, dessen Ausgleichung sie endlich dem Spruche von 4 Schiedsrichtern unterwarfen. Diese hielten 1287 zu Ulrichstein eine Zusammenkunft und vereinten sie dahin, daß Dietrich seine Ansprüche gegen 12 Mark Silber fallen lassen sollte; dieses that auch Dietrich, doch behielt er sich seinen Antheil am Schlosse Eisenbach ausdrücklich vor. Dieses lag damals noch in Trümmern.[8]

Siefried setzte seine Güterveräußerungen fort, wozu ihn die Aussicht auf den Ausgang seines Stammes verleiten mogte, denn sein Sohn Dietrich, welcher 1280 noch lebte, war gestorben, und auch seinen zwar verheiratheten aber kinderlosen Bruder hatte er bereits zur Gruft begleitet. So gab er 1296 mit seiner Gattin Adelheid deren Leibgeding, bestehend in einer Mühle zu Stockhausen und Gütern zu Schadges, und 1309 seine Güter zu Rixfeld dem Kloster Blankenau. Er starb kurz nach dem Jahre 1309 als der letzte männliche Sprosse seines Geschlechts, an dessen Stelle nun die v. Eisenbach aus dem wartenbergischen Hause traten.

Als Wappen führten die ältern v. Eisenbach eine Burg mit zwei Thürmen.

### Die von Wartenberg. ⁹)

Schon oben habe ich die Vermuthung aufgestellt, daß die v. Wartenberg Nachkommen der v. Angersbach seyen. Friedrich ist der erste v. Wartenberg, den ich gefunden, und er oder sein Vater mag die Warten= burg erbaut haben, denn deren Entstehung veranlaßte wahrscheinlich den Namenswechsel. Man findet ihn 1232, 1236 und 1240 in fuldischen Urkunden. ¹⁰) Im Jahre 1249 war er mit seinem Sohne Friedrich, der hierbei als Geistlicher (clericus) bezeichnet wird, zu Amöne= burg. ¹¹) Um dieselbe Zeit lebte Heinrich v. W. Im J. 1253 versprach er dem Grafen Berthold von Ziegen= hain seine Hülfe gegen alle dessen Feinde und nahm nur Guntram Schenk zu Schweinsberg, dessen Erben und Nachfolger (suos successores et heredes) aus. Er öffnete in dessen Folge dem Grafen seinen Theil ei= nes Schlosses, dessen Namen nicht genannt wird („par- tem castri mei"), das aber sicher Wartenberg war. Im Falle durch ihn dem Grafen oder dessen Angehörigen Schaden zugefügt werde, sollten Schiedsrichter darüber sprechen, würde er aber seinem Gelübde untreu werden, sollte die Hälfte seiner Dörfer **Marahe** (Maar), **Episrot** und **Capelle** dem Grafen verfallen seyn. Unter den Zeugen der hierüber ausgestellten Urkunde findet sich auch ein **Henricus miles de Eysinbach**. In welches ver=

wandschaftliche Band dieser zu den v. Eisenbach oder den
v. Wartenberg zu setzen sey, weiß ich nicht. — Hein=
rich v. W. war entweder ein Sohn oder Bruder des
oben erwähnten Friedrich's v. W.; letzteres ist mir
deshalb am wahrscheinlichsten, weil er nur über seinen
Theil des Schlosses verfügt, also noch Ganerben hatte.
Aber warum nimmt er nicht auch diese von den Feinden
des Grafen aus, gegen welche er demselben beistehen
wollte, und thut dieses nur in Bezug auf den hessischen
Erbschenken und dessen Nachfolger? Warum gedenkt er
nicht der Einwilligung seiner Ganerben zu der Oeffnung
des Schlosses, welche doch nothwendig war? Ich kann
mir dieses nicht anders erklären, als daß sowohl er, als
der Graf mit seinen Ganerben im Streite lag und Gunt=
ram in sehr nahen verwandschaftlichen, wohl auch selbst
ganerbschaftlichen Verbindungen mit ihm stand.

Gleichwie die v. Eisenbach, so wurden auch die
v. Wartenberg mit in die fuldischen Händel verwickelt.
Namentlich lernen wir den oben erwähnten Ort **Capella**
als einen der Waffenplätze des Grafen Gottfried v. Ziegen=
hain kennen, von welchem aus er Fulda bekriegte. Als nun
Abt Berthold zur Bekämpfung seiner Feinde auszog, und
unter andern auch Eisenbach zerstörte, hatte nicht allein
**Capella** sondern auch Wartenberg gleiches Schicksal.[12]
Während Eisenbach sich jedoch bald wieder aus seinem
Schutte erhob, blieb Wartenberg in seinen Trümmern
liegen und zerfiel mehr und mehr, bis auf die wenigen
Reste, welche jetzt noch davon übrig sind.

Im J. 1291 lebte Theoderich v. W. Dieser hatte zwei Söhne, welche zwei Stämme gründeten: Friedrich nannte sich ferner v. Wartenberg, und Tragebodo nahm den Namen v. Eisenbach an [18]). Theoderich hatte von den Grafen von Ziegenhain die Vogtei über die Cent Lauterbach zu Lehen, und diese wahrscheinlich nicht erst erworben, sondern von seinen Vorfahren ererbt. Die Vogtei wurde nun unter die beiden Stämme getheilt; auch mochte ein gleiches mit den andern Gütern geschehen. Friedrich und Tragebodo finden sich — obgleich nie als Brüder bezeichnet — 1296 und 1299 [14]). Ersterer lebte noch 1328, und verkaufte damals dem Kloster Blankenau Güter zu Angersbach für 100 Pf. Hlr. Bei dieser Gelegenheit werden sein Sohn Heinrich und dessen Hausfrau Jutta genannt. Heinrich focht 1324 im fuldischen Dienste gegen die Würzburger in der Schlacht bei Effolderbach, und verkaufte später, 1336, in Gemeinschaft mit seinem Sohne Friedrich, seine Hälfte der Vogtei Lauterbach an Fulda. Dieser Verkauf geschah gegen den Willen nicht allein der Grafen v. Ziegenhain, sondern auch der v. Eisenbach, und beide legten deshalb feierlichen Widerspruch dagegen ein.

Mit Friedrich erlosch nach dem Jahre 1353 der Stamm der v. Wartenberg [15]), und die Güter desselben gingen auf die v. Eisenbach über. Diese bestanden, soweit sich dieselben aus spätern Nachrichten ergeben, und sie ziegenhainische Lehen waren, (denn die andern Lehengüter, sowie die Allodien, sind mir nicht bekannt) aus nachverzeichneten Stücken [16]):

Dem Burgberg der Wartenburg, ansehnlichen Gütern zu Angersbach, Lauterbach, Landenhausen, Salzschlirf und Mues, sowie den nicht mehr vorhandenen Dörfern Wachenhausen, Sternrode, Strud, Herbrachts und Durnsachsen; der Hälfte der ausgegangenen Dörfer Dietzels und Rudolphs; endlich den ehemaligen Dörfern Hermanns, Heines, Einzigerod und Diemerod.

Das Wappen der v. Wartenberg zeigte einen Schild mit einem von der obern rechten Seite nach der untern linken laufenden Balken. In dem Wappen Heinrichs v. W. (1253) ist derselbe verziert, in denen der beiden Friedriche (1328 u. 1353) dagegen das übrige Feld des Schildes mit Würfeln bestreuet. Dann ist auch in dem Wappen des letztern der Balken schlangenförmig gewunden.

### Der wartenbergische Stamm der v. Eisenbach.

Trabodo oder Tragebodo, der Sohn Dietrich's v. Wartenberg, findet sich seit dem J. 1289 mit dem Namen v. Eisenbach [17]. Zu seiner Zeit erlosch das ältere Geschlecht der v. Eisenbach, und er wurde nicht allein der Fortpflanzer des Namens, sondern auch, wenigstens zum Theil, der Erbe von dessen Gütern. In welchem verwandtschaftlichen Verhältnisse er zu den v. Eisenbach gestanden, läßt sich nicht sagen, daß ihn aber ein nahes Band an diese knüpfte, geht aus zwei Urkunden von 1296 und 1299 hervor, in denen Siefried v. E. ihn und seinen Bruder

Friedrich v. Wartenberg seine Blutsfreunde (consanguinei) nennt. Die eisenbachischen Güter, in deren Besitze sich Trabodo findet, sind namentlich die Gerichte Hopfmannsfeld und Engelrod, sowie die Burg Eisenbach. Obgleich nirgends ausdrücklich gesagt wird, daß er diese ererbt, muß man dieses doch aus seiner Verwandtschaft schließen, und wird noch in dieser Annahme bestärkt, durch verschiedene spätere Urkunden welche einen Streit wegen Engelrod und Hopfmannsfeld betreffen, den ich weiter unten erzählen werde.

Zu dem Besitze von Eisenbach muß Trabodo jedoch schon vor dem Erlöschen der v. Eisenbach gelangt seyn; dieses bezeuget der Wechsel seines Namens. Aus diesem Wechsel geht aber auch hervor, daß sich die Burg Eisenbach 1289 bereits wieder aus ihren Trümmern erhoben hatte, denn Trabodo's neuer Name deutet auf einen Ansitz, den er zu Eisenbach gewonnen; da nun Eisenbach, wie wir oben gesehen haben, 1287 noch wüst lag, so muß der Wiederaufbau im J. 1288 geschehen seyn. Trabodo würde sich gewiß nicht nach einem Orte genannt haben, der noch in Trümmern lag.

Nachdem Trabodo 1305 zu Fulda sich noch für den Landgrafen Heinrich I. von Hessen verbürgt, als derselbe durch den Kaiser Albrecht mit dem Herzoge Albrecht von Braunschweig verglichen wurde, findet er sich nicht wieder, und war bereits 1312 gestorben. Mit seiner Hausfrau Mechtilde hatte er 3 Söhne: Johann I., Trabodo II. und Heinrich erzeugt. Diese gaben 1312 ihrer Tochter und Schwester **Adelheid**, welche an Wigand v. Bimbach verehelicht war, das Dorf Risbach und den Risberg bei Stockhausen.

Schon oben habe ich erzählt, wie **Siefried v. E.** seine Gerichte zu Engelrod und Hopfmannsfeld 1287 an Gerlach, Hrn. v. Breuberg, verkauft, und wie **Dietrich v. E.** dem anfänglich widersprochen, endlich sich verglichen hatte. Dietrich's Antheil war auf **Trabodo** übergegangen, und dieser hatte durch Ansprüche auf die siefriedische Hälfte den Streit erneuert und war darüber mit Gerlach's Sohne Eberhard, Hrn. v. Breuberg, in Fehde gekommen. Mit aller jener Zeit eigenthümlichen Erbitterung war sie geführt worden; zweimal hatten die v. **Eisenbach** die beiden streitigen Gerichte durch Raub und Brand verwüstet, und als die breubergischen Amtleute das Gericht hegten, die v. Eisenbach sie überfallen, und zwei Freunde des v. Breuberg mit fortgeführt. Vergeblich hatte man Tage gepflogen zu Wickstadt (3 St. v. Friedberg) und **Auione** (? Ohmen); erst nach zweimaliger Sühne hatte man endlich Ruhe gefunden. Die letzte Sühne zu halten gelobten am 29. Nov. 1313 auch Trabodo's Söhne. Hiernach sollte ein Austrägalgericht entscheiden, zu dessen Obmann der fuldische Abt Eberhard erwählt wurde. Aber Eberhard starb darüber, und erst sein Nachfolger, Heinrich **VI.**, ertheilte 1320 eine Entscheidung: Eberhard v. B. sollte das von **Siefried** Erkaufte behalten, den v. E. aber der Antheil **Dietrich's v. E.** am Gerichte Hopfmannsfeld und an der Mühle zu **Elsuelt** bleiben; dagegen sollten

dieselben 4 Pfd. Pfennige auf ihr Vorwerk zu Brauer=
schwend (Bruwertswende) anweisen und vom Hrn.
v. Breuberg zu Lehn nehmen. Das Gericht Hopf=
mannsfeld sollten beide Theile mit einem gemeinschaftlichen
Amtmann besetzen, und die Einkünfte jeder Theil zur
Hälfte beziehen. Wie von Alters her sollten auch jetzt
die v. E. vom Nachmittage des Abends St. Margarethen=
tags (vigilia St. Margarethis — 12. Juli) bis an den
Mittag des Walztages (d. divisionis Apostolor. — 15.
Juli) allein richten im Dorfe Fischborn (jetzt Frischborn);
am Nachmittage des Walztages aber gemeinschaftlich mit
dem Hrn. v. Breuberg. Wer diese Scheidung brechen
würde, sollte treulos, ehrlos und meineidig seyn [18]).
Und so blieb es bis mit Eberhard's Tode das breu=
bergische Geschlecht erlosch. Durch dessen eine Tochter
Lutgarde kam ein Theil der Herrschaft Breuberg auf deren
Gatten, Gottfried VI. v. Eppenstein, welcher 1333 das
Gericht Engelrod für 300 Pfd. Hlr. an die v. Eisen=
bach verpfändete; nach Gottfried's Tode verwandelte 1351
seine Wittwe in Gemeinschaft mit ihren Söhnen diesen Versatz
in einen Erbkauf; die Kaufsumme, welche die v. Eisen=
bach zahlten, betrug 960 Pfd. Hlr. [19]).

Johann I. war Pfarrer zu Lauterbach und vertrauter
Rath des Abtes Heinrich VI. von Fulda, der ihn bald
**dilectus in Christo** — bald **secretus noster dilectus** — ferner **clericus noster specialis — clericus
magister** ꝛc. nennt. Diese günstige Stellung erleichterte
ihm sein Bemühen für das Aufkommen seiner Familie.

Nachdem ihm der Abt bereits am 2. April 1322 das Pfennig-Vorwerk vor Lauterbach und 1 Hufe zu Dunrod für 60 Mark köln. Denare verschrieben, gab er ihm am 10 Dezbr. gegen eine Zahlung von 100 Mark auch das Amt Lauterbach ein, welches von nun an, mit weniger Unterbrechung, beinahe ein Jahrhundert bei seiner Familie blieb, und bestellte 1323 Trabodo auf 3 Jahre zum Amtmann der fuldischen Feste Hausen, südlich von Ober=aula. Wie es scheint, wurde ihm Hausen später als Pfandschaft eingegeben, denn seine Erben befanden sich noch 1336 in dessen Besitze.

Um die Zeit jener Bestellung erhob sich zwischen Fulda und Würzburg eine Fehde; vergeblich war eine 1323 zu Westheim geschlossene Sühne; der Kampf begann von Neuem, und im J. 1324 kam es in der Wetterau bei Effolderbach (an der Nidder zwischen Ortenberg und Staden) zum Treffen. Aus den großen Entschädigungs=summen, welche der Abt seiner Ritterschaft zahlen mußte, läßt sich wohl der Schluß ziehen, daß die Fuldaer in diesem Treffen geschlagen wurden. Zufolge der noch vor=handenen Urkunden, wurden 25 Personen der fuldischen Ritterschaft mit mehr als 1800 Pfd. Hlr. für die bei Ef=folderbach erlittenen Verluste entschädigt. Auch Johann und Trabodo gehörten hierzu, und beider Schaden wurde zu 380 Pfd. Hlr. festgestellt. Im J. 1325 er=kauften sie mit ihrem Bruder Heinrich von Ludwig v. Romrod dessen Antheil der Zehnten zu Windhausen und Helpershain, nördlich unter Ulrichstein gelegen, für 300

Pfd. Hlr., und erhielten 1327 die fuldischen Aemter Lauterbach und Wegefurt in Versatz. Der Pfandschilling betrug, mit dem schon früher auf Lauterbach geliehenen Gelde, 600 Pfd. Hlr., zu denen 1329 noch 100 Pfd. kamen, welche sie am Schlosse zu Lauterbach verbauen sollten. Immer mit Geld und Waffen und kampfgerüsteten Armen versehen, immer bereit dem Abte damit zu helfen, mußten sie diesem stets unentbehrlicher werden. Schon 1331 liehen Trabodo und Heinrich dem Abte wiederum 250 Pfd. Hlr., eine gleiche Summe zahlte Simon v. Homberg; dafür erhielten sie das Schloß Wildeck nebst dem See „zume Sulmsse" und einer Rente zu Vach.

Heinrich war geheimer Rath des Landgrafen Heinrich II. von Hessen und 1332 dessen Amtmann zu Allendorf an der Werra. Im J. 1333 focht er als Führer hessischer Truppen in der Fehde gegen die v. Trefurt [20] und erhielt 1334 vom Landgrafen 600 Mk. Silber auf die Bede zu Allendorf verschrieben, deren Tilgung sich bis um's J. 1397 verzog.

In der 1331 entstandenen Empörung der Stadt Fulda gegen den Abt und in der Fehde gegen den Grafen von Ziegenhain, welcher die Bürger unterstützte, standen die v. Eisenbach auf der Seite des Abtes. Wahrscheinlich fand Trabodo in diesem Streite seinen Tod, wenigstens starb er während desselben. Seinen Brüdern und seinem noch jungen Sohne Rabe verschrieb der Abt für die in jenem Kriege gehabten Kosten und Schäden, so wie für Sold 450 Pfund Hlr. auf Vach. Auch erhielten sie 1334

180 Pfd. Hlr. auf Fulda verschrieben und stifteten 1335 in der Pfarrkirche zu Lauterbach einen dem Johannes dem Täufer geweihten Altar, mit dessen Patronatrecht sie vom Stifte Fulda belehnt wurden. Nicht allein von ihnen, auch von andern, wurde dieser Altar reichlich ausgestattet. Er lag vor dem Chore in der Mitte der Kirche.

Ungeachtet aller dieser freundschaftlichen Beziehungen zu Fulda trat doch ein Ereigniß störend dazwischen. Ihre Ganerben v. Wartenberg verkauften ihren Theil an der Vogtei zu Lauterbach dem Abte v. Fulda. Zu der Gültigkeit dieses Kaufes gehörte sowohl die Einwilligung der v. Eisenbach, als die des Grafen v. Ziegenhain als Lehnsherrn. Beide waren aber nicht darum gefragt worden, und legten deshalb 1336 am Gerichte zum Paradiese [21] zu Fulda feierlichen Widerspruch ein, und wie es scheint, nicht ohne Erfolg, denn später findet man sie im Besitze der ganzen Vogtei.

Im J. 1337 versetzte Landgraf Heinrich von Hessen die auf einer Insel der Ohm, unfern Grünberg, gelegene Burg Merlau; mit dieser hatten sie auch die landgräflichen Gerichte Felda und Bobenhausen, westlich von Eisenbach und ihre Gerichte Engelrod und Lauterbach begrenzend, im Pfandbesitze. Die Pfandsumme betrug 2830 Pfd. Hlr. und 400 Mk. Silber, wovon sie 200 Pfd. Hlr. zu Bauten am Schlosse Merlau verwenden sollten. Die Wüstungen Petershain und Volkartshain erhielten sie zu hessischen Erbburglehen. Im nächsten Jahre erwarben sie wiederum ansehnliche Güter: die Narburg, wahrscheinlich schon damals in Trümmern, mit den Gerichten Freiensteinau und Moos, am östlichen Abhange des Vogelsbergs, für 1100 Pfd. Hlr., so wie das Gericht Schlechtenwegen mit mehreren Dörfern, nördlich von der Narburg, das Gericht zu Herbstein nebst Gütern und hörigen Leuten daselbst, letztere Peterlein genannt, Güter zu Oberndorf, Grebenhain, Rudings, Gudelbes und Steinfurt, nebst 2 Fischereien und 1 Salzsoode zu Salzschlirf für 900 Pfd. Hlr. Dieses Alles verkaufte ihnen Werner v. Schlitz, genannt v. Blankenwald, der Elisabeth, die Tochter Trabodos v. Eisenbach zur Gattin hatte, und hierbei die v. Eisenbach zugleich zu seinen Erben einsetzte. Erstere waren pfälzisches, letztere zum größten Theile fuldisches Lehen. Das Gericht Schlechtenwegen hatten die schlitzischen Linien v. Görtz und v. Heisenstein ehemals an Mechtilde v. Lisberg verkauft, von der es an Werner's v. Blankenwald Eltern weiter versetzt worden war; deshalb versprachen die v. Eisenbach dem Simon v. Schlitz, genannt v. Görtz, im Falle Werner kinderlos sterbe, ihm die Ablösung seines Viertheils am Gericht mit 80 Pfd. Hlr. gestatten zu wollen. Nachdem die v. Eisenbach Lauterbach und Wegefurt dreizehn Jahre im Pfandbesitze gehabt, zahlte ihnen der Abt v. Fulda 1900 Pfd. Hlr. und löste sie dadurch 1340 wieder ein. Diese Ablösung veranlaßte 1341 eine Vernehmung der Burgmannen, Schöpfen, Bürger und Landleute der Stadt und der Cent Lauterbach, um die gegenseitigen Rechte festzustellen; denn außer der Vogtei hatten die v. Eisenbach auch Güter in der Stadt im erblichen Besitze. Bei dieser Gelegenheit wurden mancherlei Klagen über Beeinträchtigungen und Gewaltthätigkeiten vorgebracht, welche die v. Eisenbach sich theils gegen die Stadt, theils gegen Einzelne erlaubt, namentlich hatten die v. Eisenbach Bürgergut erworben und wollten es nun als Burggut, welches die Freiheit von den bürgerlichen Lasten und Pflichten hatte, betrachtet wissen.

Heinrich und Johann v. Eisenbach, von denen der letztere sein geistliches Amt schon früher niedergelegt und sich in seine Familie zurückgezogen hatte, hatten sich durch mancherlei Dienste dem Landgrafen Heinrich II. verpflichtet. Zur Anerkennung derselben belehnte derselbe 1343 den Ritter Heinrich mit dem hessischen Erbmarschallamte unter der Bestimmung, daß stets der älteste Sohn des Erbmarschalls dasselbe erben und ungetheilt besitzen sollte. Johann hatte inzwischen auch das Schloß Ulrichstein, das seit dem vorigen Jahrhundert in Trümmern gelegen, wieder aufgebaut. Dieses mit dem Gerichte Bobenhausen und der Wüstung Waldolphshain erhielten sie bei jener Gelegenheit zugleich zu Lehn. [22])

Hinsichtlich des ihnen 1337 eingegebenen Merlau's, wiederholten sie 1342 das Versprechen, daß sie den Wiederkauf durch den Landgrafen nicht hindern wollten; dieses erneuerten sie auch 1344, und stellten dem Landgrafen anheim, ob er sie mit den Dörfern Feldkrücken, Langenwasser und Seibertsrode, und den Wüstungen Volkartshain, Wolfeldshain und Seligenstadt (jetzt Selgenhof), welche alle um Ulrichstein herumgelegen, begnadigen wolle, dann sollten die Artikel in anderen Briefen, nach denen die Gerichte Bobenhausen und Felda zum Ulrichstein gehörten, aufgehoben seyn. [23]) Heinrich baute den Ulrichstein aus und versah denselben mit Mauern und Gräben; auch legte er am Fuße des Burgbergs eine Stadt an. Der Landgraf vermochte hierauf seinen Schwager, den Kaiser Ludwig, zu einer Begnadigung für seinen Marschall und dieser ertheilte 1347 der Feste Ulrichstein städtische Rechte. [24])

Heinrich's Tod erfolgte wenig später; es ist möglich, daß er in dem damals zwischen Hessen und Mainz stattfindenden Kriege geblieben. [25]) Auch Trabodo's Sohn, Rabe lebte damals nicht mehr.

Heinrich hatte 4 Söhne: Johann (Henne) II., Trabodo III. Ritter, Heinrich II. und Rörich I., von denen Johann Erbmarschall wurde und Trabodo bereits um's J. 1353 starb. Für die Hülfe, die Johann in Gemeinschaft mit dem Ritter Volprecht v. Dernbach dem Landgrafen in jener mainzischen Fehde geleistet und für den Bau, den beide zu Kirchhain gethan, war ihnen derselbe 6306 Pfd. Hlr. schuldig geworden, wofür er ihnen 1348 Homberg an der Ohm und Neustadt einsetzte. Wie es scheint, besaßen sie diese Orte, wenigstens den erstern, bis um's J. 1360.

Im J. 1350 erkaufte Johann II. von seinem Schwager Ludwig v. Romrod das Gericht Hopfgarten, zwischen Alsfeld und Lauterbach), und die Vogteien zu dem Engelmas, dem Hauswurz und Spurkelniß im Fuldischen, so wie seine Hälfte des Dorfes Darkelnrode für 300 Pfd. Hlr. auf Wiederkauf. In Gemeinschaft mit seinen Brüdern und seinem Oheim Johann I. kam er hierauf wegen Engelrod mit Lutgarde v. Eppenstein in Unterhandlungen, in deren Folge diese 1351 ihnen dieses Gericht für 950 Pfd. Hlr. erblich verkaufte.[26] Zwei Jahre später erwarben sie als fuldische Pfandschaft Güter zu Lauterbach, Wallenrode, Maar ꝛc., wofür sie 550 Schill. Turnosse zahlten und die Besoldung der Wächter, Thürmer und Thorwarte zu Lauterbach übernahmen.

Seit ihnen Landgraf Heinrich II. die Burg Merlau versetzt, waren beinahe 17 Jahre verflossen; jetzt kündigte jener die Pfandschaft und löste sie am 20. Januar 1354 ein. Außer Merlau gehörte in diese Pfandschaft noch das Gericht Felda, das Vorwerk und das Haus zu Altenburg (bei Alsfeld), nebst dem dasigen Rottland und den Mühlen; dann alle landgräflichen (hörigen) Leute, „die da Westirschellen seyn und heißen"; endlich die Glauburg, über Niederaula, halb, und die Gerichte Niederaula und Breitenbach, an der Fulda und unterm Herzberg; die Ablösungssumme betrug 5701 Pfd. Hlr., welche ihnen auf Alsfeld angewiesen wurden. Die v. Eisenbach hatten demnach bisher nicht weniger als 6 Burgen in ihrem Besitze gehabt.

Johann I. starb nach dem J. 1356.

Das Stift Hersfeld hatte in den Gerichten Engelrod

und Hopfmannsfeld (Holzmannsfeld) noch bedeutende Güter, welche es nicht verlehnt. Diese gab es 1358 den v. Eisenbach für 400 Schill. Turnosse und 100 Pfd. Hlr. auf Wiederkauf; auch wies ihnen der Landgraf wegen einer Schuld von 200 Schill. Turnosse jährlich 20 Pfd. Hlr. auf den Zoll zu Grünberg an, welche erst 1397 abgelöst wurden. Im J. 1359 verkaufte Johann seine hersfeldischen Lehngüter zu Hildigerode an die v. Benhausen, und erneuerte 1360 mit seinem Schwager Ludwig von Romrod den Pfandvertrag von 1350; zu dem damals Verpfändeten gab Ludwig jetzt noch ferner seine im Vogelsberg, theilweise in den Gerichten Felda und Engelrod gelegenen Güter und Zehnten zu Windhausen, Helfershain, Lanzenhain, Langenhausen, Oberhopfgarten, Hachebach, Fruleybs und Tribinhusen, und erhöhte die Pfandsumme auf 670 Schillinge Turnosse.

Um diese Zeit hatten sie bereits die Amtmannschaft über Lauterbach, wofür sie dem Abte von Fulda eine Summe Geldes gezahlt; 1360 erhielten sie noch eine jährliche Geldrente von 70 Pfd. Hlr. und 50 fl. auf die Stadtbete, so wie auf andere Orte 90 Pfd. Hlr. und 30 Schill. Hlr. angewiesen. Im J. 1362 bekamen sie endlich Lauterbach wieder in Pfandbesitz, und zwar mit allen seinen Zubehörungen, die Pfandsumme waren 800 fl. fl., 1100 Schill. Turnosse, und 2705 Pfd. Hlr., wozu noch 300 Pfd. Hlr. kamen, welche sie an der Burg verbauen sollten. Auch erneuerte der Abt die Rentenverschreibungen von 50 fl. auf die Stadtbete zu Lauterbach und der 90 Pfd.

385

Hlr. und 30 Schill. Hlr. auf die Michaelsbete zu Fulda. Im J. 1366 wurde die Pfandsumme auf Lauterbach auf 2905 Pfd. Hlr. bestimmt.

Die Schwester der Brüder v. E., Mechtilde, war dem mächtigen Friedrich v. Lisberg zur Gattin gegeben worden. Mit diesem ihrem Schwager kamen die v. E. wegen Gütern, die sie gemeinschaftlich besaßen, in Streit und sogar zur Fehde, von welcher uns jedoch nichts als die Sühne bekannt ist, welche am 25. Januar 1363 geschlossen wurde, und nach der sie über die strittigen Güter einen gemeinschaftlichen Amtmann setzen wollten. Am 5. Februar d. J. gaben sie dem Abte Heinrich von Fulda wiederum 750 Pfd. Hlr. zu den damals üblichen Zinsen (10 vom Hundert). Nachdem der Erbmarschall, Ritter Johann II., am 23. April d. J. zu Lauterbach einem Gerichte als Richter vorgesessen, findet er sich nicht wieder. Am 14. April 1366 war er nicht mehr am Leben. Seine Brüder Rörich und Heinrich hielten an diesem Tage mit dem Landgrafen Abrechnung über die in dessen Diensten erlittenen Verluste. Das Verzeichniß ist selbst für die allgemeine Geschichte nicht ohne Interesse. Es werden unter andern darin die Verluste aufgeführt, welche ihr Bruder Johann bei dem Landgrafen auf dem Harze [27], sowie von dem Grafen v. Arnsberg, und die beiden noch lebenden Brüder vor Vilmar erlitten; Rörich war mit des Landgrafen Tochter, Elisabeth, Gemahlin des Königs Kasimir von Polen in Ungarn gewesen und hatte dort ein Zelterpferd verloren [28]. Die Entschädi=

gungssumme betrug 1960 Pfd. Hlr., welche der Landgraf auf das Gericht Felda anwies.

Hierauf starb Heinrich und zwar ohne Söhne zu hinterlassen. Johann hatte dagegen einen gleichnamigen Sohn, Johann III. Den Bestimmungen des Lehnbriefs von 1342 zufolge, hätte dieser in dem Erbmarschallamte folgen müssen; doch schon 1367 empfing Ritter Rörich dasselbe mit den übrigen dazu gehörenden Lehngütern, dem Hause Ulrichstein, dem Gerichte Bobenhausen, dem Burgmannslehn auf Altenburg und den Wüstungen Waldolphshain und Petershain.

Rörich hatte Margarethe v. Schlitz zur Gattin, und war durch dieselbe zu einem Antheil an Schlitz, so wie am Schlosse Steinau, unfern Fulda, und deren bedeutenden Zugehörungen gelangt. Im J. 1369 verkaufte er jedoch mit seinen Schwägern Heinrich, Simon und Friedrich v. Schlitz, gen. v. Hohenberg, alle steinauischen in ihrem Besitze befindlichen Güter an Heinrich v. d. Thann und Johann v. Ebersberg für die Summe von 2500 fl. Im J. 1370 begabten Rörich und sein Neffe die Kapelle zu Ulrichstein mit ihrem Theile des Zehntens zu Helfershain und ihrem Hofe zu Oberseibertenrod, so wie einigen Gehölzen.

Allem Anscheine nach standen die v. E. im Sternerbunde; schon ihre Verwandtschaftsverhältnisse zu Friedrich v. Lisberg lassen dieses vermuthen. Nachdem sich dieser mit dem Landgrafen gesühnt, scheinen auch sie dem Beispiele desselben gefolgt zu seyn; sie erneuerten

1374 den Lehnvertrag, der nun dahin geändert wurde, daß, statt wie früher, nur der älteste Sohn des Erbmarschalls demselben im Amte folgen, dieses nun stets auf den Aeltesten des Stammes übergehen sollte. Ueber diese „Wandelung der ersten Briefe" stellten die v. E. eine besondere Urkunde aus, in der sie auf jede Ansprache und Forderung, die etwa darauf gemacht werden könnte, verzichteten. An demselben Tage, an dem dieses geschah, erklärten sie auch das Gericht Bobenhausen und die Wüstung Waldolphshain für 1600 Gfl. in Pfand zu haben.

Ungeachtet dieser nahen Verbindungen mit dem Landgrafen Hermann, war Rörich diesem doch nie aufrichtig ergeben und nahm keinen Anstand, bei jeder sich darbietenden Gelegenheit die Waffen gegen denselben zu erheben. So nahmen er und Johann auch an dem Kriege von 1385 gegen den Landgrafen Theil und sühnten sich wieder mit demselben, als der Krieg beendet. Schon im November desselben Jahres setzte sie der Landgraf über die Aemter Grünberg, Alsfeld, Altenburg und Romrod als Amtleute, und wies ihnen dafür jährlich 150 fl. und die Hälfte aller Bußen an. In d. J. erkauften auch Johann und seine Hausfrau Margarethe von Joh. v. Rodenstein alle dessen Hörige, die s. g. Peterlinge, so wie alle dessen andere eignen Leute in den Gerichten Felda, Bobenhausen und Oberohmen für 310 fl. auf einen Wiederkauf.[29])

Außer dem durch seine Hausfrau ererbten Antheile an Schlitz, hatte Rörich noch einen Pfandantheil, wel-

chen er von den v. Schlitz, gen. v. Görtz, mit 700 fl.
an sich gelöst. Dann war noch ein anderer Theil durch
den Tod seines Schwagers Simon v. Schlitz und dessen
Sohnes Heinrich erledigt worden. Wegen des letzteren
verglich sich Rörich 1388 mit seinem Neffen Simon
v. Schlitz gen. v. Hohenberg und traf eine gleiche Thei=
lung desselben, mit Simon zugleich einen ganerbschaft=
lichen Vertrag errichtend.

Im J. 1390 stifteten Rörich und Hans Seelen=
messen in der Kapelle zu Ulrichstein für ihrer Eltern
Seelenheil und überwiesen zu diesem Zwecke 7 Güter zu
Oberndorf, bei Herbstein.

Joh. v. E. kam hiernächst mit den beiden schlitzischen
Stämmen v. Görtz und v. Heisenstein in Streit, und
1392 in Fehde. Auch Landgraf Hermann lag mit den=
selben in Fehde, weshalb Johann am 5. Mai mit
demselben ein Bündniß schloß. Beide öffneten sich gegen=
seitig ihre Burgen und Johann versprach 8 Glevener
zu halten. Im Falle sie Lauterbach gewinnen wür=
den, sollte das Geld, welches Heinrich v. Schlitz gen.
v. Görtz und seine Brüder darauf hätten, getheilt werden;
Beute und Gefangene wollten sie nach Anzahl ihrer Man=
nen theilen; keiner sollte sich ohne den anderen sühnen,
und würden sie Schlitz erobern, wollten sie dasselbe ge=
meinschaftlich gebrauchen. Die Rüstungen sollten bis zum
24. Juni vollendet seyn. Weder die Ursache, noch der
Ausgang dieses Streites sind bekannt. Ueberhaupt gibt
uns dieser Vertrag einige Räthsel: Warum nahm nicht

auch Rörich Theil an diesem Streite? Wann und auf welche Weise waren die v. Schlitz zu dem Besitze von Lauterbach gekommen?

Am 1. Jan. 1394 löste Landgraf Hermann von Rörich und Johann die Hälfte der Gerichte Bobenhausen und Felda für 1800 fl.; die andere Hälfte behielten sie jedoch noch ferner im Versatze und nahmen beide Gerichte mit dem Landgrafen in gemeinschaftlichen Schutz und Schirm. In demselben Jahre kamen sie, mit dem Abte von Fulda, dem von Lisberg ꝛc. verbündet, in eine Fehde gegen die v. Lüder, welche zu Großenlüder ihren Sitz hatten. Erst gegen Ende d. J. wurden dieselben zur Unterwerfung genöthigt. [30]

Im Anfang des J. 1395 starb Rörich, der dritte Erbmarschall, der auch einige Zeit fuldischer Marschall gewesen war. Er hinterließ 4 Söhne: Rörich II. und Bernhard (Bernd, Bere), welche 1388 zuerst genannt werden, und Peter und Dietrich, welche sich dem geistlichen Stande widmeten, und von denen der erstere von 1410 — 1420 als Probst des Klosters Holzkirchen und letzterer von 1402 — 1419 als Archidiacon zu Würzburg und Pfarrer zu Fulda erscheint. Auch hatte Rörich eine Tochter Else, welche mit Hartnid v. Stein verehelicht war. Rörich folgte seinem Vater im Erbmarschallamte, wahrscheinlich in Folge einer Verzichtleistung seines sicher älteren Vetters Johann III. Rörich, der 1393 an einer Fehde gegen Frankfurt Theil genommen,[31] erkaufte 1394 mit seinem schlitzischen Ganerben Simon v. Schlitz-

Hohenberg von Friedrich v. Schlitz-Heuselstein das Dorf Queck an der Fulda und Güter zu Keinzell, und schenkte gemeinschaftlich mit seinem Bruder Bernhard und seinem Vetter Johann 1395 dem Kloster Blankenau die Eisengruben im Gerichte Stockhausen. ³²)

Bernhard, welcher Margarethe, die Tochter des Ritters Joh. v. Ebersberg zur Hausfrau hatte, erhielt 1397 vom Abte Johann von Fulda 150 fl. jährlicher Renten auf Fulda, Vach und Hammelburg angewiesen, welche jedoch nach seinem und Margarethens Tode verfallen sollten. Er hatte hierfür 1500 fl. gezahlt. Von jener Rente bestimmte er 10 fl. zu Seelenmessen für seinen Vater und seinen Schwäher der vom Abte Konrad gestifteten Kapelle der h. 3 Könige im Stifte Fulda und nach seinem Tode 20 fl. dem Kapellane an derselben.

In demselben Jahre kamen sie mit dem Landgrafen Hermann in Irrungen, welche durch Austräge beigelegt wurden. Diese sprachen, daß, nachdem der Landgraf ihnen den Brief über 200 Schill. Hlr. auf den Zoll zu Grünberg erneuert, alle früheren Briefe ungültig seyn sollten; die Briefe über Bobenhausen und Felda von 1370, und die über Ulrichstein sollten dagegen ihre Kraft behalten, und die 1350 und 1360 von Ludwig v. Romrod erworbenen Güter den v. E. bleiben, weil sie dieselben bereits seit 30 Jahren in ruhiger Wehre hergebracht.

Ulrichstein war — wie man oben gesehen haben wird — den v. E. von Hessen zu Lehn gegeben; einzelne Glieder der Familie konnten deshalb ohne Einwilligung der andern rechtlich nicht darüber verfügen; aber es gibt ein Recht des Stärkeren, dem oft das geschriebene Recht und das des Herkommens weichen muß. In dem Gefühle dieses Rechtes der Ueberlegenheit bewog Landgraf Hermann den Johann v. E., ihm das Schloß Ulrichstein zu überlassen. Johann that dieses durchaus einseitig, nur seinen Vortheil im Auge habend und sich über seine Pflichten hinwegsetzend. Am 3. September d. J. erklärte Johann, daß, da die Landgrafen den Ulrichstein mit seinem Thal, mit den Burgleuten und Thälern und mit allen, was dazu gehöre, geistlich und weltlich, den v. Eisenbach verschrieben hätten, so habe er dieses dem Landgrafen Hermann gegen 6000 fl. zu lösen gegeben, der ihm und seiner Hausfrau auch erlaubt, zu Grünberg, im Thal zu Ulrichstein, zu Alsfeld oder zu Altenburg frei zu wohnen. Statt der Zahlung der Hauptsumme wies ihm der Landgraf jährlich eine Rente von 500 fl. an. Daß beide, sowohl der Landgraf als Johann, das Unrecht fühlten, was sie durch diesen Handel begingen, sieht man daraus, daß sie Ulrichstein eine Pfandschaft und den Kauf eine Ablösung nennen. Ulrichstein, von den v. Eisenbach auf eigene Kosten aus seinen Trümmern auferbaut, war aber hessisches Mannlehn und nur das Gericht Bobenhausen, in dessen Bezirk es lag, war den v. E. früher ganz, später zum Theil in Pfand besitz gegeben worden. Wollte man aber auch ein Pfandschafts= verhältniß annehmen, so ändert dieses die Sache nur wenig, Johann hätte auch in diesem Falle nicht ein=

seitig handeln können, denn er war nicht der Alleinberechtigte; höchstens hätte er nur seinen Antheil zur Lösung reichen können. Der Landgraf beging eine Verletzung seiner lehnsherrlichen Pflichten, die ihm den Schutz seiner Lehnmannen auferlegten, und Johann einen Treubruch an seiner Familie. [33])

Die Sache war zu wichtig für Rörich und Bernhard, als daß sie sich dabei hätten beruhigen können. Sie erhoben ihre Ansprüche gegen den Landgrafen, aber nur mit geringem Erfolge. Schon am 18. Februar 1398 mußte Bernhard auf alle seine Ansprüche gegen den Landgrafen verzichten, nur seine Burgmannslehen zu Grünberg, Altenburg und Ulrichstein behielt er sich vor und unterwarf deren Besitz der Entscheidung seiner Freunde; wegen des Ulrichsteins mußte er sich verpflichten, binnen 12 Jahre den Landgrafen nicht wieder anzusprechen. Gleiches mußte Rörich thun. Nachdem derselbe am 18. März d. J. erklärt, daß ihm der Landgraf auf das Gericht Bobenhausen 400 Gfl. schulde, versprach ihm der Landgraf am 15. Aug. d. J. 1000 Gfl. um ihn wegen des Ulrichsteins zu beruhigen und gab ihm für diese Summe die Gerichte Bobenhausen und Felda auf zwei Jahre amtsweise ein. An demselben Tage leisteten auch beide Brüder auf das Dorf Petershain und die Wüstung Waldolphshain Verzicht; nur 4 in der letztern gelegene Güter nahmen sie davon aus. Die Verhandlungen waren noch nicht geschlossen. Es wurden Austräge bestellt und am 17. Nov. 1399 diesen die Entscheidung über jene 4 Güter und über Güter zu Wenigenrode und Strebendorf überwiesen. Erst am Ende d. J., am 20. Dez., leisteten beide Brüder auf Ulrichstein gänzlich Verzicht, desgleichen auf den Zehnten zu Windhausen und auf Wolfeldshain (Waldolphshain) und Petershain. Hierauf wurden sie von Neuem mit dem Erbmarschallamte und dem Burglehen zu Grünberg und Altenburg belehnt.

Bernhard erkaufte 1398 von den Schleifras deren Hof zu Lauterbach und alle deren daselbst gelegene fuldische Lehngüter und schenkte diese hierauf dem von seinen Vorfahren gestifteten Altare zu Lauterbach. Dieses genehmigte Abt Johann v. Fulda am 11. Aug. 1399. Auch bestätigte beiden Brüdern Erzbischof Johann v. Mainz am 5. März d. J., als er sich zu Göttingen aufhielt, als Diöcesan das Patronatrecht jenes Altars.

In demselben Jahre, am 19. August, gaben sie die von dem v. Blankenwald erworbene Hälfte des Gerichts vor der Stadt Herbstein dem Bruder des fuldischen Abts Johann, Heinrich v. Merlau „aus besonderer Liebe und Freundschaft", doch unter der Bedingung des Rückfalls der Hälfte derselben an Rörich's Söhne, wenn dieser welche hinterlassen würde.

Im J. 1400 erhielt Rörich vom Landgrafen ein Burgmannslehn von jährlich 20 fl.; damit sollten, erklärte er, alle anderen Briefe über Burgmannslehen, nur die über das altenburger ausgenommen, erloschen seyn.

Außer den wartenbergischen Gütern, welche die v. Eisenbach im Besitz hatten, waren andere in die

Hände der v. Hattenbach gekommen; wann und auf welche Weise dieses geschehen, ist mir nicht bekannt. Sie lagen zerstreut in den Gerichten Lauterbach (hier war es unter andern ein Hof zu Angersbach), Landenhausen und Schlirf. Am 25. Juli 1400 vermittelte Abt Johann v. Fulda zwischen den v. E. und Konrad v. Hattenbach einen Vertrag, wonach diese Güter nach Konrad's Tode den v. E. zufallen, diese aber dessen Wittwe dafür 400 fl. zahlen sollten. Hierauf starb Bernhard, schon am 21. September d. J. war er nicht mehr am Leben. Hinsichtlich jenes Uebereinkommens trat sein Bruder Dietrich an seine Stelle und fertigte mit Rörich an jenem Tage darüber eine Urkunde aus. Bernhard hinterließ keine Kinder.

Johann III. v. E., der 1395 eine Fehde mit Heinrich Schenk zu Schweinsberg hatte, scheint nach dem Verkaufe von Ulrichstein, alle Verbindung mit seiner Familie abbrechend, in Marburg oder dessen Nachbarschaft gelebt zu haben; 1416 war er Burgmann zu Marburg; in d. J., wo er noch Güter zu Reimershausen und Vers erkaufte, findet er sich zuletzt. Auch er starb kinderlos.

Rörich verkaufte 1401 die Höfe, welche von den Landgrafen den v. Lisberg verschrieben und auf ihn übergegangen waren, an die v. Ufhausen und gab in Gemeinschaft mit seiner Gattin seinen Theil der Vogtei zu Reuters (**Rudegers**) und seine Gerechtsame zu Fleschenbach dem Kloster Neuenberg, zu einem Seelgeräthe für seine Eltern.

Im folgenden Jahre kam er wieder mit dem Landgrafen in Fehde, wegen meist ehemals romrodischer Güter. Am 26. Dez. kam eine Sühne zu Stande. Sie vertrugen sich darin um allen Schaden an Nahme (Beute), Brand, Wunden und Todtschlägen, an Brandschatzungen und Gefangenen bis zum Tage der Sühne. Rörich verzichtete auf alle Ansprüche und Forderungen, und nahm nur die aus, welche er an Henne Riedesel d. ä. habe, über die der Landgraf entscheiden möge. Er erkannte dem Landgrafen alles Recht zu, welches Ludwig von Romrod am Dorfe Salzschlirf, das zum Schlosse Romrod gehöre, gehabt; begab sich aller Ansprüche auf die Dörfer Ilbeshausen und Reistenberg, nur seine dasigen Güter, Gülten und Hörigen sich vorbehaltend, und erklärte, daß der Landgraf das Recht haben sollte, die Dörfer „Lantzenhain, Richolffe, Spurglis, Zitin, Ztugkemantil und Zitin Engilmars" von ihm abzulösen. [34])

Im J. 1405 bestätigte er ein von den v. Lisberg gestiftetes Seelgeräthe zu Blankenau und besserte dessen Einkommen mit dem Fischwasser der Nente zwischen Dankerode und Risbach.

Nach Landgrafen Hermann's Tode folgte demselben dessen Sohn Ludwig I. Nicht lange nach seinem Regierungsantritte erklärte derselbe, an Rörich 1000 fl. zu schulden.

Rörich hatte keine Söhne und selbst die Aussicht, solche noch zu erhalten, mochte verschwunden seyn. Landgraf Ludwig ertheilte deshalb den Gebrüdern Eckhard und

Friedrich v. Röhrenfurt, um sie für ihre Dienste zu lohnen, mit Rörich's Einwilligung, einen Antwartschafts= brief auf das Erbmarschallamt. Dieses geschah am 27. Febr. 1418. Wenig später und Rörich stand gegen den Landgrafen in Waffen. Als naher Anverwandter der v. Rodenstein, welche als lisbergsche Allodialerben wegen des Schlosses Lisberg mit Hessen und Ziegenhain im Streite lagen, nahm er sich derselben an und wurde des Landgrafen und des Gr. v. Ziegenhain Feind. Doch seine Kräfte reichten nicht aus, er mußte sich am 24. August 1418 unterwerfen und auf alle fernere Anforderungen verzichten. [35])

Rörich hatte, wie ich schon bemerkt habe, keine Söhne und er war jetzt außer seinen geistlichen Brüdern, der einzige männliche Stammhalter seiner Familie. Der Heim= fall des größten Theils der eisenbachischen Güter war so= nach gewiß. Ob der Wunsch, seinen Töchtern möglichst viel zu retten, ihn geleitet, oder, ob er vom Abte von Fulda, der hier Gelegenheit zu einem Gewinne sah, überredet wurde, weiß ich nicht; möglich daß beides der Fall war; genug, Rörich ließ sich mit dem Abte in Un= terhandlungen ein, die ihn endlich verleiteten, seine Lehns= pflichten gegen Ziegenhain zu vergessen, und sich von Fulda mit dem Schlosse Eisenbach unmittelbar belehnen zu lassen. Dieses war nämlich bisher fuldisches Lehen der Grafen von Ziegenhain, und ziegenhainsches Afterlehen der v. Ei= senbach gewesen. Zu gleicher Zeit (15. Juni 1419) verkaufte er auch dem Abte alle seine fuldischen Lehngüter in der Stadt und dem Gerichte Lauterbach nebst dem Centgrafenamte für 2000 fl.; nur die geistlichen und weltlichen Lehen, die seine Familie nicht von Stifts=, sondern von eigenem oder Erbgute gemacht, nahm er von dem Kaufe aus und bestimmte, daß nach seinem Tode, die erstern seinen Erben und die letztern dem Stifte Fulda anfallen sollten.

Daß die Grafen von Ziegenhain zu dieser Entfremdung ihres Rechtes nicht schweigen würden, war vorauszusehen. Sie wendeten sich an Rörich's geistliche Brüder und vermochten dieselben, um die Belehnung mit Eisenbach für sich nachzusuchen, weil Rörich durch den Wechsel des Lehnsherrn das Lehn verwirkt habe. Peter v. E. reiste hierauf nach Ziegenhain und wurde daselbst am 10. Juli 1419 für sich und seinen Bruder Dietrich mit Eisenbach belehnt und erhielt das Versprechen, daß die Grafen, wenn er und sein Bruder darum bitten würden, das Lehn auf Eberhard's v. Buchenau Sohn übertragen wollten. Auch machten sich die Grafen verbindlich, im Falle einer Fehde mit Fulda ihnen Hülfe zu leisten.[36]) Rörich warf sich nun völlig in die Arme des Abtes und wiederholte am 7. Januar 1420 seine Erklärung, daß Eisenbach fuldisches Lehen sey.[37])

Am 25. Juli 1420 verpfändete hierauf Abt Johann von Fulda an Rörich für die Summe von 5000 fl. Burg und Stadt Lauterbach, nebst den von ihm erkauften Gütern und setzte 1424 noch 300 fl. zu Bauten an der Burg auf. Wenig später kam jedoch ein neuer Vertrag zu Stande. Rörich gab Lauterbach dem Abte zurück und erklärte, demselben auch das Schloß Eisenbach verkauft zu haben. Dagegen versprach ihm der Abt eine lebenslängliche jährliche Rente von 800 fl., von denen nach seinem Tode 300 fl. an das Stift zurückfallen und die übrigen 500 fl. mit 5000 fl. ablösbar seyn sollten. Zu seinem Sitze wies er ihm das Schloß Gisela, jetzt Giesel, im Zunderhard, südwestlich von Fulda, an.[38]) Auffer diesem räumte er ihm auch das dazu gehörige Amt, den Fronhof zu Reichenbach nebst einer Anzahl Geld= und Fruchtgefällen ein.

Nachdem Rörich auch seiner dritten Tochter, Margarethe im Januar 1428 einen Gatten gegeben und eine jährliche Rente von 60 fl., welche ihm der Erzbischof Konrad von Mainz auf die Kellerei Orb verschrieben, an Reinhard Hr. v. Hanau für 600 fl. verkauft hatte, starb er noch vor dem Ausgange des Jahrs 1428 als der letzte seines Hauses.

Er war zweimal verehelicht gewesen. Nachdem ihm seine erste Gattin Anne, geb. Schenk zu Erbach, um's J. 1426 gestorben, war er ein zweites Ehebündniß, wahrscheinlich in der Hoffnung noch Söhne zu erhalten, mit Margarethe, geb. v. Schlitz, eingegangen, welcher der Abt von Fulda am 5. Juli 1429. 500 fl. verbriefte. Später ehelichte dieselbe den Grafen Adolph v. Weilnau.[39])

Rörich's Töchter waren Anne, Else, Margarethe und Agnes, verehelicht an Gottschalk v. Buchenau,

Schweder v. Löwenstein-Westerburg, Johann Riedesel und Wilhelm Meysenbug. Der bei weitem größte Theil der Güter gelangte auf die Familie Riedesel.

Das Wappen des wartenbergischen Stammes der v. Eisenbach zeigte eine Burg mit zwei Thürmen und als Helmzierde zwei emporgerichtete menschliche Arme mit ausgespreizten Fingern; doch sind die vorhandenen Siegel nicht immer deutlich genug, als daß man die Arme nicht auch zuweilen für Thierklauen halten könnte. Hinsichtlich des Wappenschildes fand also eine Gleichheit mit dem des älteren eisenbachischen Geschlechtes statt, während das der v. Wartenberg davon verschieden war. Nach der neuen Heraldik würde dieses ein Beweis gegen meine oben entwickelte Annahme des wartenbergischen Ursprungs der jüngeren v. Eisenbach seyn; denn diese nimmt an, daß Niemandem eine willkürliche Veränderung seines Wappens zustehe und dehnt dieses selbst auf die Stellung der Zeichen ꝛc. aus. Daran dachte man aber im Mittelalter nicht, wie es sich durch Hunderte von Beispielen beweisen läßt, wo das alte Wappen mit einem neuen vertauscht wurde, ohne daß man irgend einen Grund dazu finden könnte. Ich führe nur die v. Gudenberg (bei Zierenberg) an, welche bis zum 15. Jahrhunderte mit jeder Generation ein neues Wappen annahmen. — In dem gegenwärtigen Falle ist der Wechsel erklärlich: der neue eisenbachische Stamm nahm als Nachfolger des alten mit dessen Schlosse und Namen auch dessen Wappen an.

Die hinterlassenen Güter der v. Eisenbach bestanden in folgenden:

1) fuldische Lehen: Patronatrechte zu Lauterbach ꝛc.

2) hessische Lehen: das Erbmarschallamt, das Patronatrecht der Kapelle zu Altenburg und Burgmannslehen daselbst und zu Grünberg;

3) ziegenhainisches Lehen: Eisenbach, die Vogtei und das Centgrafenamt zu Lauterbach, die Vorstadt von Lauterbach, der Wörth genannt, ꝛc.

3) hersfeldische Lehen: die Gerichte Engelrod und Hopfmannsfeld;

4) pfälzische Lehen: die Gerichte Freiensteinau und Moos und die Naxburg.

---

(Die Fortsetzung dieser Abhandlung, nämlich die Geschichte der Riedesel zu Eisenbach, wird im folgenden Bande geliefert werden.)

## Anmerkungen.

Diejenigen Nachrichten, deren Quellen nicht angegeben, sind aus dem kurhessischen Haus- und Staatsarchive zu Kassel, den Archiven des Lehnhofs und der Regierung daselbst, der Handschriften-Sammlung der Landesbibliothek daselbst, ferner dem hessischen Gesammtarchive zu Ziegenhain, dem Landesarchive zu Fulda, der Bibliothek daselbst, namentlich aus einem in derselben befindlichen Kopialbuch (lib. Dicasterii fuldensis) aus der Zeit des fuldischen Abtes Heinrich VI; dem Regierungsarchive zu Hanau und dem großherzoglich hessischen geheimen Staatsarchive zu Darmstadt. Ferner erhielt ich Beiträge aus dem freiherrlich riedeselischen Gesammtarchive zu Lauterbach, namentlich ein ziemlich reichhaltiges Kopialbuch des verstorbenen riedeselischen Sekretars J. C. W. Baumann. Auch habe ich die Sammlungen des Herrn geh. Medizinal-Raths Dr. Nebel zu Giessen benutzt.

1) Schannat T. Fuld. p. 199. — 2) Schannat Buch. vet. 340. Schannat Hist. Fuld. C. P. 199 & 269. — 3) Später findet man zwar noch v. Angersbach, diese waren aber sehr unbedeutende Adelige, die sich später als Bürger zu Lauterbach verloren zu haben scheinen. — 4) Die Belege für diesen und das Folgende, s. theilweise in Kuchenbeckers Abhandlung v. d. Erbhofämtern. Beil. S. 20—26. — 5) Statt dessen erscheint 1272 Camo, wahrscheinlich ein Schreibfehler für Cumph; ich halte wenigstens diesen und Tragebodo für ein und dieselbe Person. 6) Würdtwein Dioec. Mog. III. 229: Kremers dipl. Beitr. S. 231. 7) Schannat u. a. In einer zu Alsfeld 1270 ausgestellten Urkunde (Or. im geh. Staatsarchive zu Darmstadt) erscheint dominus Helewicus plebanus in Esenbach. Ob dieses Eisenbach seyn soll? 8) In dieser Urk. (ap. Joann. Spicileg. I. 384 — 386) heißt es: Partem vero meam (se. Dietr.) arce castri Eysenbach sibi non dedi. Sed si ipsum castrum reedificaverit in hoc ipsum non debeo verbo vel opere impedire. Was die Gerichte Holzmannsfeld und Engelrod be-

trifft, so werden dieselben anfänglich meist unter dem einen oder dem anderen Namen als ein Gericht aufgeführt, bis sie endlich zu einem Gerichte, unter der Bezeichnung des Gerichts Engelrod verschmolzen wurden. Im J. 1306 findet sich Adelheid v. Eisenbach als Meisterin des Klosters Immichenhain. Wahrscheinlich gehörte dieselbe zu diesem Stamme. — 9) Das, was in Schneiders Buchonia IV.1. S. 170 ꝛc., über die v. Wartenberg, oder, wie hier gesagt wird, Wartenbach, Geschichtliches mitgetheilt wird, bedarf keiner Widerlegung. Es lebte zur Zeit des Erlöschens der v. W. kein Kuno, Graf v. Ziegenhain und der Wigger v. Wartberg, der als zu unserm Geschlecht gehörend aufgeführt wird, gehört nach Thüringen. Eben so gab es weder Hrn. v. Sonnenberg noch ein Schloß Sonnenberg, beide Annahmen beruhen auf dem Namen eines Berges bei Angersbach ꝛc. — 10) Schannat H. Fuld. C. P. 202 u. ungedr. Urk. Gud. c. d. I. 609. — 11) Schannat. H. Fuld. l. c. — 12) Schannat Buch. vet. 368. — 13) Dieses Verhältniß geht zwar erst aus spätern Urkunden hervor, die aber deutlich hierfür sprechen. So nennen Trabodo's Söhne Dietrich v. W. ihren Eltervater und treten als Ganerben Friedrich's auf, auch wurden sie nach dem Erlöschen der v. Wartenberg deren Erben. — 14) Schannat Dioec. & Hierach. Fuld. 299 u. ungedr. Urk. — 15) Später findet man in Hessen zwar noch v. Wartenberg, die man jedoch mit diesen nicht verwechseln darf. — 16) S. d. Lehnbrief von 1435 ap. Senkenbg. Sel. jur. & hist. V. 590 etc. — 17) Wenck II. Ukbch. 227. — 18) Senkenberg Sel. jur. & hist. III. 540 — 553. Joann. Spicileg. I. 415 — 417. — 19) Senkenbg. II. 617. Wenck II. Uk. 378. — 20) Kopp's Beitr. zur Gesch. des Salzwerks in den Sooden bei Allendorf S. 63. Lünig's Reichsarchiv P. Sp. C. II. T. VIII. p. 181. — 21) Das Paradies war der meist von einer Gallerie bedeckte oder umschlossene Vorhof der Kirche. Ueber das Paradies der fuldischen Hauptkirche gibt eine Urk. bei Brower. Antiq. Fuldens. L. II. c. VI. Nachricht: Wernherus omni devotione diligens decorem domus Dei, fecit Paradisum in orientali parte ecclesiae, columnis, porticibus inferioribus & superioribus, honorifice constructis. Capellam etiam regia dignitate fulgentem apposuit, ita ut locum ipsum Paradisum voluptatis non immerito appellare possumus. — 22) Kuchenbecker Erbhofämter Beil. S. 29 & Estor orig. jur.

publ. Hsss. p. 249. — 23) Wenck II. Ukbch. S. 359. — 24) Daſ. S. 367. — 25) Kuchenbecker in ſeiner Abhandlung über die heſſ, Erbhofämter läßt Heinrich erſt nach 1366 ſterben und liefert als Beleg hierfür S. 24. Anm. 9. die ſpäter erwähnt werdende Urkunde von 1366 im Auszuge. Dieſer Heinrich war aber des erſten Erbmarſchalls Sohn. — 26) Senkenberg l. c. II. 632. — 27) Hierauf ſcheint ſich eine Orig. Urkunde im Sammtarchive zu Ziegenhain vom J. 1357 „offe den erſtin Sunnabint nach ſant Jacobistage des heilgen Apoſtels" zu beziehen. In dieſer Urkunde erklären Landgraf Heinrich v. Heſſen und Herzog Ernſt v. Braunſchweig (des Landgrafen Eidam), daß die v. Saldir, v. Walmede, v. Bortfelde, v. Vtze, v. Kramme, v. Oberge, „vnd alle dy mit in offe dem Hartze warin mit vns eyne zune (Sühne) vnd eyne gantze richtunge habin vmme die geſchit (Geſchichte) die an vns Lantgrebin Heinrich — vnd an vnſer Tochtir der Kuneginne von Polon offe dem Hartze geſchin iſt vnd yn ſolle wir odir nymand von vns wein ſie vortme dar vmme beſchuldigin noch beteidingin ꝛc." — 28) Ich gebe hier nach einer ſehr alten Abſchrift (im H. u. St. Archiv) der landgräflichen Urkunde, das fragliche Schadensverzeichniß: „von des ſchaden wegen, den Johann v. Eiſenbach ſelige nham by vns off dem Hartze, von des ſchadin wegen, den die egenantin v. Eiſenbach nhamen vor fylmar, vme eyn zeldenpherdt das Rorich — lies zu Vngern, do her mit vnſer dochtir, der koniginnen da was vnd von des ſchaden wegen, den Johann von Eyſenbach — vnd ſine geſellin nhamen von den greffin von Arnspergk ꝛc. — 29) Senkenberg l. c. V. 539. — 30) S. B. II. 78. — 31) Frankfurter Fehdebuch. Handſch. auf der Stadtbibliothek zu Frankfurt. — 32) Die Urkunde ſagt: „ſolichin yßenſtein, den man grebet in dem gericht zu Stogkhuſen vnd darmit alle vnßere Gerechtigkeit, ſo wir vom Gericht wegen haben an dem Arnbergk vnd Stickelſteyn." — 33) Wollte man auch einwenden, daß zwiſchen Johann und ſeinen Vettern eine Theilung Statt gefunden, ſo entgegne ich, daß dieſe nur in einer Mutſchirung, alſo nur in einer Theilung der Einkünfte, beſtanden haben könnte. Und eine ſolche ſcheint allerdings beſtanden zu haben und in dieſer dem Johann Ulrichſtein zugefallen zu ſeyn. Aber dieſes ändert das gemeinſchaftliche Beſitzrecht nicht. — 34) Wenck II. Ukbch. S. 472. — 35) S.

B. II. 82. — 36) Senkenbg. V. 380 — 385. — Schannat. Client. Fuld. Prob. 288. — 38) Giesel wird auch Döppengiesel genannt, das Stift Fulda bezog aus demselben seine Töpferwaaren („Hefen vnd Krüse"). — 39) Joann. Res. Mog. I. 741. Auf den zuletzt erwähnten Briefe von 1429 steht von späterer Hand: „Der von wilnawe Briff vber funffhundert gulden."